价值营销战略模型

用三大价值构建白酒营销系统

李学 编著

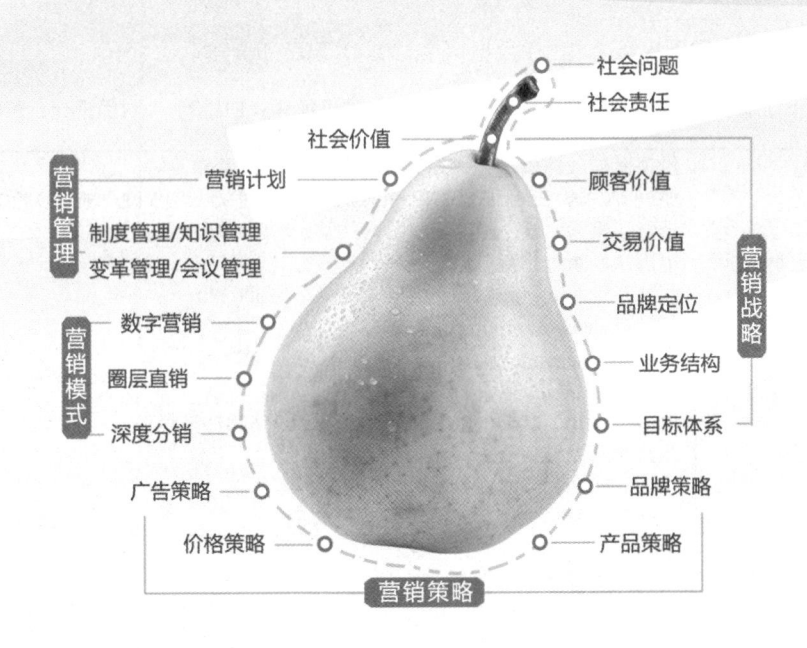

- 社会问题
- 社会责任
- 社会价值
- 顾客价值
- 交易价值
- 品牌定位
- 业务结构
- 目标体系
- 品牌策略
- 产品策略

营销管理
- 营销计划
- 制度管理/知识管理
- 变革管理/会议管理

营销模式
- 数字营销
- 圈层直销
- 深度分销

营销策略
- 广告策略
- 价格策略

营销战略

中国水利水电出版社

·北京·

内 容 提 要

本书以企业的价值创造和价值输出为主线来构建营销系统，内容涵盖如何选择营销方向，以及如何根据战略定位选择品牌定位和业务路径；如何围绕品牌定位规划渠道策略、产品策略、价格策略、广告策略；如何抓住营销管理的关键环节搭建简单而必要的营销支持系统；如何用结构化的思考模型把各个层级的营销管理、财务管理、人力资源、产销计划通过营销计划黏合在一起。

本书把与市场营销相关的经典理论和成功实践案例应用到白酒行业中，为白酒营销的决策者提供一套涵盖白酒营销全过程的结构化模型。

本书适合在白酒生产企业或销售企业从事营销工作的人士阅读和参考。

图书在版编目（CIP）数据

价值营销战略模型：用三大价值构建白酒营销系统 / 李学编著. -- 北京：中国水利水电出版社，2024.2
ISBN 978-7-5226-2362-7

Ⅰ.①价… Ⅱ.①李… Ⅲ.①白酒－市场营销学－研究－中国 Ⅳ.①F724.782

中国国家版本馆CIP数据核字(2024)第021405号

策划编辑：周益丹　　责任编辑：张玉玲　　加工编辑：白绍昀　　封面设计：苏敏

书　　名	**价值营销战略模型——用三大价值构建白酒营销系统** JIAZHI YINGXIAO ZHANLÜE MOXING—YONG SAN DA JIAZHI GOUJIAN BAIJIU YINGXIAO XITONG
作　　者	李学　编著
出版发行	中国水利水电出版社 （北京市海淀区玉渊潭南路1号D座　100038） 网址：www.waterpub.com.cn E-mail：mchannel@263.net（答疑） 　　　　sales@mwr.gov.cn 电话：（010）68545888（营销中心）、82562819（组稿）
经　　售	北京科水图书销售有限公司 电话：（010）68545874、63202643 全国各地新华书店和相关出版物销售网点
排　　版	北京万水电子信息有限公司
印　　刷	三河市德贤弘印务有限公司
规　　格	170mm×230mm　16开本　16印张　252千字
版　　次	2024年2月第1版　2024年2月第1次印刷
定　　价	68.00元

凡购买我社图书，如有缺页、倒页、脱页的，本社营销中心负责调换
版权所有·侵权必究

推荐序一

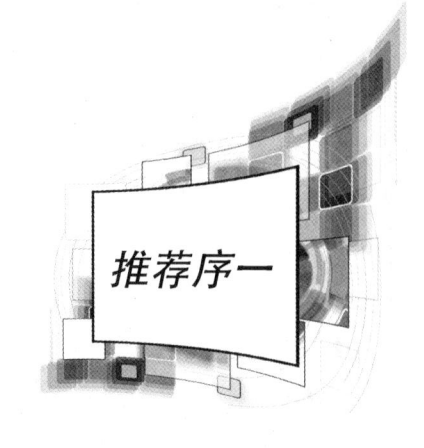

美酒具有物质和精神双重属性价值，美酒所表达的物质价值即品质追求、风味独特；精神价值即情绪价值、人文情怀和情感共鸣。《论语》有云："君子和而不同"，也就是说君子应持有和谐友善的态度，这是君子之德。美酒所展示的价值也是和而不同之美，在于各美其美、各表其美、美美与共。酿造美酒就是酿造美好，营销美酒就是传递美好，就是为消费者带来价值。

2023 年是酒业开启新征程之年，未来十年更是中国酒业高质量发展的关键时期，酒类消费市场也将呈现出新的特点，品牌营销、数字营销、内容营销、体验营销、文化营销、跨界营销方兴未艾，竞争格局和市场格局也在随着产业的发展而加速变化。全国统一大市场带动了酒类市场的新一轮发展，新零售、新消费、新服务也在加快重塑消费者行为和需求。在不断发展的运营过程中，品牌营销成为共同的选择，品牌营销能力的强弱将成为酒业变革的重要力量。

本书作者李学对酒业营销的体系化进行了深入思考，以价值输出为营销的起点。从哲学范畴来看，价值具有普遍性和概括性，这个价值是酒类产业及企业所创造的社会价值。价值营销就是向消费者输出价值。品牌是价值认同的体现，品牌文化是持续提升消费需求的支撑力。品位是价值的极致体现，极致品质的核心表达同样浸润着丰富的文化内涵。品牌文化在于通过价值认同构建起目标消费群体共同的价值观和普世共鸣。

人才是衡量一个产业发展的重要指标，酒业同样如此。随着酒业百亿级甚至千亿级企业的持续扩容，产业需要更多高质量人才的支撑，但酒业长期存在"人才赤字"。营销人才的培养和企业的系统化、体系化建设其实是一件事。本书从营销战略、营销策略、营销模式、营销管理四个维度构建了一个完整的白酒产业营销系统，这其中涉及了营销的方向和目标、营销实现的路径和策略、具体的营销方法和管理。本书为不同企业在不同发展阶段的人才培养提供了相应的素材和理论工具。

李学把前沿的营销理论和酒业实践相结合编写的这本《价值营销战略模型——用三大价值构建白酒营销系统》，对酒类生产企业和流通企业都有很好的参考、借鉴和学习意义，也充溢着启发与创见。衷心希望读者能够从中有所收获并引发思考，用智慧启迪智慧，以创新取得突破。

中国酒业协会理事长　宋书玉
2023年5月

推荐序二

李学和我是项目合作伙伴,是品牌与营销工作中的同事,是相互交流学习的朋友,未来我们一定会成为白酒营销思想的同伴。我认真研读了本书,李学将营销理论和自己的实践经验相结合形成了一个结构化的模板,把营销的价值创造活动归纳成社会价值、顾客价值和交易价值,从而把企业的经营目标、营销过程的管理目标、商业生态的共同目标统一到企业营销战略框架中,这是很有价值的创新。三个价值是把长期目标和短期行为做了统筹,实现了营销的决策者、执行者、合作伙伴三者的不同诉求和行为协调统一。

本书还创造性地用目标体系来描述营销战略目标,包括直接体现营销结果的经济指标,围绕三个价值输出的价值指标达成经济指标所需要的关键过程,支撑指标实现所需要的企业资源与能力,这个目标体系把财务管理、运营管理、人力资源管理这三块职能结合到营销战略中。

本书把品牌的"心智份额"与产品销售的"市场份额"做了相互参照,依据品牌渗透程度来制定不同市场的销售策略,从品牌拉力与销售推力的现实表现中判断虚假销售的程度,这对区域市场的发展策略很有指导意义。围绕产品的不同层次塑造产品特性,依据产品特性与品类特性、品牌特性的一致性开展产品线管理,把品牌管理与产品管理结合起来,这也是很多白酒品牌非常需要的策略。

作者总结的深度分销、圈层直销、数字营销三个营销模式,是可以边学边用的实操性很强的销售方法。他对营销管理四个方面有高度的提炼,特别是知识管理的内容,值得企业借鉴。很多企业学习了各种营销方法,但是没有形成自己可以持续使用和迭代的营销文化,就是忽略了"岗位经验内化"这个环节。

我希望这本书能增强白酒营销工作者做好销售的信心,我相信书中系统化和结构化的营销知识与观点能提高读者的执行力，我更希望李学先生能收集更多的案例以便做创新研究，出新书、育新人，为中国白酒营销事业努力，努力，再努力。

致敬读者。

原泸州老窖集团董事长　张良

2023 年 3 月 14 日

推荐序三

和李学相识于 2001 年他在康师傅上班的时候，那时他刚刚大学毕业。22 年过去了，这个当年青涩的小伙子早已经离开方便面行业，在酒行业充分实践了 17 年。我很欣喜地看了这本书，为李学对营销工作的认真思考感到高兴，更高兴的是他将多年的营销认知总结沉淀为这样系统性的文字，为行业营销人赋能的行动。虽然我们不在同一个行业，但是看到书里关于深度分销的章节和销售管理的章节，仍然颇为熟悉与认可，说明营销在底层逻辑上是相通的，也能感受到他多年工作成功经验在书中的体现。

希望李学这本《价值营销战略模型——用三大价值构建白酒营销系统》能够被更多的营销人读到，也希望李学再接再厉、不断总结、保持思考，用不断迭代的知识保持思想的青春。

康师傅控股百事饮品中国区总裁　唐有民
2023 年 5 月 17 日

李学写的这本《价值营销战略模型——用三大价值构建白酒营销系统》系统讲解了白酒营销的具体操作。回顾丹泉品牌这几年快速发展的历程，很多地方都与书中讲述的相吻合，包括丹泉聚焦场景培育大单品、对三条业务路径的规划和对丹泉品鉴基地业务方式的探索。

我和李学是 2007 年在丰谷工作时认识的，现在我们又一起在丹泉共事。很高兴看到李学把这些年的工作经验做了很好的总结和提炼，并且用营销理论加以印证。感谢李学从去年服务丹泉以来，在丹泉品牌定位和宣传、区域平台公司商业模式设计，以及很多营销创新工作上给予我的支持。希望这本书能够帮助到更多的白酒营销人，也希望中国白酒业有更多的品牌找准自己的发展路径，百花齐放、美美与共。

广西丹泉酒业营销公司总经理　魏洪
2023年5月19日

　　最近李学先生送来一本他的新作《价值营销战略模型——用三大价值构建白酒营销系统》，并约我做些讨论，读后确认其有学习、应用、推广、实践的价值。白酒是快消品行业竞争最为惨烈、最不讲规则、最不计成本的一个行业，所以营销人更有必要读一下本书，或许能有一些借鉴，便于寻找路径，减少一些失误。

　　我和李学先生相识于十几年前，曾经在一起共事。他在康师傅工作期间成长为了营销管理者，也有在白酒行业摸爬滚打的经历，还曾做过咨询培训，应该说他既有实践经验又有一定的理论基础。

　　我认为在白酒行业的"非理性"竞争环境下，读一读本书，对指导我们的营销实践是有意义的。

十里香股份公司董事长　祁建发
2023年5月19日

　　李学是我的好朋友，2016年我们在金六福共事，最早他是金六福聘请的顾问，负责深度分销的落地执行，后来负责营销中心的管理工作。我们有一段非常愉快的合作经历，我很高兴他把当时在金六福围绕"黄金网点"培育"附属市场"的一些实战经验写进了这本书。这是一本实战性很强的工具书，甚至包括了怎么做广告创意、怎么写营销计划的细节。

　　这本书对我的启发很大，"1号选酒"这个项目是通过世界级选酒大师为消费者选酒，用权威、信任构建社交圈层，享受世界美酒和交遍世界朋友。这个业务模式与书中讲述的圈层直销很吻合，都是基于个人圈层的社交资源转化。我非常看好中国市场，看好日益开放的中国社会与世界交朋友，希望李学的书也能同"1号选酒"一样扎根中国市场，成为更多好朋友挑选更多好酒的媒介。

原英国首相私人助理，金六福酒业总裁，现任1号选酒董事长　李奥 Leo Austin
2023年5月17日李学老师的《价值营销战略模型——用三大价值构建白酒营销系统》是一本系统阐述酒类营销的工具书。这本书以价值创造为线索，把企业的社会价值与营销的顾客价值关联起来，这是一个创造性的新视角。从商业生态竞争力的角度思考定价策略，在产品不同层次中塑造产品特性和开展基于品牌定位的产品线管理，这些观点对酒类营销很有启发。

李学老师为广东酒协会员的营销师公益培训做了大量卓有成效的工作，并把培训中的酒类营销一线实践经验内化进了本书中，我深感欣慰。希望李学老师的书被更多行业人员阅读到，帮助更多企业拓宽视野，提升营销水平，以长期主义的态度构建系统的营销模式。

广东省酒类行业协会会长　彭洪
2023 年 5 月 12 日

用价值创造和价值输出来指导白酒营销，这是一个很有价值的思考。李学用社会价值、顾客价值和交易价值，把竞争战略、市场营销、商业模式这三个理论做了摘选与整合，从而搭建了一个白酒营销的价值系统。这是一个完善的、实用性强的营销知识系统。

在白酒的价值创造过程中，我认为文化的价值是应该重点塑造的。白酒是有社交属性的情绪饮品，而文化是最好的社交货币。任何一个行业如果在文化层面不能深刻地结合，就很难做得长远。中国白酒是中华民族传统文化的杰出代表，源远流长且不曾间断，独特的中国白酒文化早已深入中国人的生活，深入中国人的心灵，我们很难想象能有其他饮品代替白酒来见证那些重要的人生场景。

白酒营销需要系统的理论和深度的思考，李学的《价值营销战略模型——用三大价值构建白酒营销系统》是不可多得的白酒营销理论与实践结合的书籍。

中国黔酒大师，贵州民族大学夜郎文化研究院院长　董兵
2023 年 5 月 19 日一口气读完《价值营销战略模型——用三大价值构建白酒营销系统》一书，我获益良多。李学先生深厚的学识功底，以及多家知名白酒企业营销管理与营销咨询的实践经验为本书提供了坚实的理论基础与实务支撑，值得行业人士一读。

白酒是当下中国最重要的传统产业，是我国传统文化的重要代表与载体，酒为药之长，酒为礼之器，诗酒盛中国，是联系古今与未来的桥梁之一。经过改革开放四十多年的发展，中国白酒从籍籍无名，已然成为世界最大的蒸馏酒种与高端蒸馏酒的代表，成为国民经济二十大产业及资本市场六大板块之一（高光时刻）。白酒之美，不仅仅在于它的豪放与诗意，还在于它的商业与经营价值。

过去三十年，部分企业将西方经典的营销理论用于我国白酒市场，几乎无一成功，究其原因，主要还是对我国白酒市场缺乏深刻的了解。我国白酒市场不同于西方蒸馏酒市场，原因（特点）有四：一是产品不同，白酒主要以高粱为原料（米香白酒以大米为原料），配以制曲生香的独特工艺，形成了完全不同于西方蒸馏酒的品质风格，这对白酒的饮用方式与适用场景形成了限制，不同于西方蒸馏酒的可自由调配与宽适用场景；二是市场消费不同，我国是发展中国家，也是快速实现了工业化与城市化的发展中国家，经济快速发展与全民消费快速升级，奠定了白酒市场的消费基础，而特定阶段的资源分配方式、资源分配方式所决定的财富形成机制，以及不同财富结构下形成的社会消费结构导致白酒呈现出非常独特的消费特点，嗜好消费、宴席商务与佐餐饮用是白酒的主要消费市场；三是竞争不同，在 12500 余家白酒企业中，国有控股的 10 多家白酒企业销售额市场占比超过 60%，成为市场的绝对主力，剩下 99.5%的民营酒厂及部分混合制企业，销售数量占比超过 70%，是大众市场的核心承载力量，这样的市场竞争结构决定了多样风格的经营管理与营销模式；四是品牌模式不同，由于渠道生态与市场媒体结构的极大不同，自媒体与互联网媒体的繁盛、电子商务与视频直销的快速崛起，信息强约束下资讯传播方式与接受习惯造就了我国独特的白酒品牌塑造模式。白酒市场的四大特点如何与营销学结合，就成为白酒价值塑造与营销成长模式的求解。

李学先生的这本书，在一定意义上解决了这一营销难题，从市场需要的社会价值塑造出发，基于消费市场与产业竞争结构状况构建企业营销战略，通过深度分销、圈层直销、数字营销等营销工具与传播手段的运用，强化企业知识、制度、变革、会议等营销管理，最后达成价值创造的营销闭环，以实现企业营销规模的扩大与品牌价值的提升。李学白酒，白酒理学，一管之见，是为荐言。

文化学者，酒类战略咨询专家，四川省酒类流通协会执行会长　铁犁
2023年5月18日

快与慢，知与行，理论与实践，这些思辨总是会伴随着营销工作者成长。本书是作者在白酒行业驰骋20多年的实践、提炼与总结，更有当下最前沿战略营销理论的审思与研判。本书是白酒营销工作者的速成书，更为可贵的是它给所有营销工作者提供了一种范式，在当下的中国，历经西学东渐野蛮生长，进入新时期新未知领域，所有行业都需要总结提炼抽象并实践。

四川峨眉山竹叶青茶叶有限公司顾问　冯云飞
2023年3月4日

酒业竞争已经进入白热化阶段，量缩价升，快速集中，大规模企业面临生存空间日渐逼仄的困境。李学先生的《价值营销战略模型——用三大价值构建白酒营销系统》在这个背景下应运而生，实为行业之福。

李学是我的良师益友，和大部分的咨询策划人有所不同，他不是一个盲目追求独创性的宗派主义者，而是以实务效率为愿景的认识论、方法论的技术集成者，他致力解决多年营销实践中所遇见的普遍性、实操性的真问题，大胆摸索，不拘泥于门户传统，博采众长、化繁为简，在大量实操案例的基础上创建了这套以"价值共创"为纲领的营销战略方法论模型，可谓夯基架梁、高屋建瓴，对于白酒营销执行过程中的战略战术问题具有广泛的指导价值，如庖丁解牛，以无厚入有间，游刃有余。这本书是不可多得的实务、实战之论。

上朴品牌营销机构董事长　李春林
2023年4月6日

前言

　　白酒营销最常见的问题是新产品动销困难,无论是厂家还是经销商都把产品动销难的原因归结为三个因素:人不行、货不对、没方法。"人不行"是指销售人员只会招商压货,用资源换销售,不会做动销;"货不对"是指好卖的名酒大单品不赚钱,利润率高的新产品不好卖;"没方法"是指厂家和经销商都缺少系统的产品销售方法。所以,常常会看到白酒销售人员的流动性大,新产品成功率低且包装更换频率高。企业采用的销售模式主要是厂家负责经销商的费用投入,经销商则根据厂家的费用向终端获得回款。实际上,这三个因素背后隐含了白酒市场营销中由于缺乏系统性而带来的短期心理和机会主义。营销管理者寄希望于通过换人解决营销问题,有的企业招聘甚至提出"带资源入职、带经销商入职"的要求,反映了企业对短期回款的渴望和对营销系统建设的忽视。厂家的产品卖不动就换包装,卖得动又马上增加规格,卖得好而渠道利润下降也换包装,把产品包装当成快速解决销售问题的工具而不是满足消费者需求的载体。厂家和经销商寻求的营销方法更多的是偏向快速促进产品分销的方法,或者促进消费者非计划购买的手段,而这种"一招制胜"的方法或点子并不是有普遍指导意义的营销模式。

　　市场营销是一个整体系统,产品动销问题应该放在系统中寻找答案。白酒价值营销战略模型是在市场营销学的基础上,融入了竞争思维、品牌定位、商业模式,形成了一整套包含营销战略、营销策略、营销模式、营销管理的结构化模板。其中既有理论知识在白酒营销中的应用,也有来自白酒营销实践方法的归纳总结,涵盖了白酒营销的主要过程。

　　在营销管理部分,用费用管理、绩效管理、产销协调这三个基本营销制度,在营销的效益、效能、效率上建立制度规范，减少个人在营销过程中的随意性；从知识管理的角度把通用的营销理论与岗位操作实践相结合，开展"岗位经验内化"，形成企业营销知识结构，挖掘隐形营销经验，建立知识运用的结构化、标准化、模型化、系统化；从变革管理的角度阐述企业内部推动创新和改变的不同阶段和不同方法，帮助企业内部员工和外部客户达成思想和行动的一致性和自我驱动力；通过会议管理和营销计划管理，培养员工结构化思考和数字化沟通的能力；在营销战略的目标体系中，还提出了企业"资源能力"的发展目标，这是跟员工能力密切相关的指标。这些内容帮助企业从系统化的营销管理层面规范营销行为，帮助员工成长，解决白酒营销中普遍的"人不行"问题。

针对"货不对"问题，把产品定义成"企业践行使命、实现社会价值，解决顾客痛点问题的具体方案，承载品牌信息与顾客沟通的桥梁"。从"如何通过营销活动创造顾客价值"视角，在品牌策略部分阐述了品牌定位发展的不同阶段，品牌心智份额与销售份额的关系及应该遵循的销售策略，通过品牌价值提升顾客价值。在产品策略部分，按照市场营销学对产品的五个层次区分，在不同的产品层次上塑造产品特性来提升顾客价值；通过产品特性与品牌定位和品类特性的一致性要求来开展产品线管理和打造超级单品；用"包装就是购买理由"的概念来指导产品设计。在价格策略部分，以顾客价值作为定价源头和价格基准，通过交易管理消费者价格认知，用商业模式的交易收支管理思维把企业内外一体化，通过定价提升整体价值链的竞争力。在广告策略部分，从广告创意和广告传播两个维度，围绕"购买理由"创意表达方式，达成"买我产品、传我美名"的传播目标。

在营销模式部分，从白酒营销发展历程中总结了深度分销、圈层直销、数字营销三种有成功案例可供借鉴的典型白酒销售方法。这些方法适用于不同价格和消费场景的产品，可以进入企业知识管理的范畴，内化成企业自己的营销知识和销售方法，以此解决白酒动销难的"没方法"问题。

营销战略的价值创造过程就是社会价值、顾客价值、交易价值的实现过程。其中战略定位回答企业的使命是什么，就是选择满足什么样的顾客的何种需求来实现企业的社会价值。市场营销回答企业营销输出的过程和结果是什么，就是创造什么样的顾客价值，以及如何创造顾客价值来满足需求的问题。商业模式回答企业要实现营销过程应整合哪些资源能力，以及如何最有效地整合这些资源能力，通过资源能力的交易价值构建商业生态的综合竞争力。白酒价值营销战略模型从企业创造社会价值开始，用战略定位来识别和选择资源能力，用商业模式交易资源能力和分配交易价值，用市场营销方法创造和输出顾客价值、满足战略定位确定的顾客需求。白酒价值营销战略模型从发现需求到满足需求形成价值创造和交易的闭环，整个过程构成了一个不可分割的整体结构，称为白酒价值营销战略的"不分梨模型"。

编写本书的起因是 2022 年为广东省酒类行业协会所做的"会员'初级营销师'公益培训"，感谢广东省酒类行业协会和彭洪会长对我的鼓励和支持；感谢冯云飞先生和李春林先生给我推荐了很多非常有价值的理论和观点；感谢我的同事邹蕊薇女士对本书内容的细致校正；感谢广西丹泉酒业的支持，让本书内容在丹泉品牌营销实践中得到了不断修正和完善。

本书旨在把与市场营销相关的经典理论和成功实践案例应用到中国白酒这个行业中，为白酒营销的决策者提供一套涵盖白酒营销全过程的结构化模型，展现营销理论在白酒行业的具体应用。为了持续提高本书的实践价值，诚挚希望白酒企业的营销决策者们给予本书宝贵意见，也希望书中的内容可以在白酒企业有更多的成功应用。

李学
2022 年 8 月 19 日于成都

目录

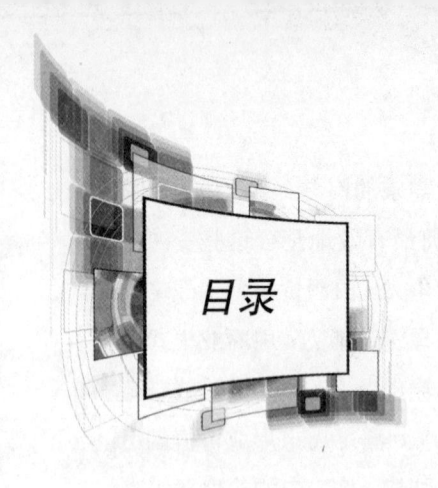

推荐序一

推荐序二

推荐序三

前言

第一部分　营销战略篇

第一章　寻找价值营销的三个源头 ·· 2
　　一、营销的目的是创造顾客价值 ·· 2
　　二、战略定位定的是企业的社会价值 ·· 6
　　三、商业模式的核心是创造和分配交易价值 ··································· 8

第二章　价值营销的构成是一个不可分离的整体结构 ···················· 13
　　一、营销战略的价值创造逻辑 ·· 13
　　二、白酒价值营销战略的定义 ·· 14
　　三、白酒价值营销战略的"不分梨模型" ····································· 17

第三章　创造社会价值是企业的社会责任 ······································ 22
　　一、社会冲突可能隐含巨大的营销机会 ······································· 22
　　二、社会问题背后的四个"痛点" ·· 22
　　三、用使命、愿景、价值观表述企业的社会价值 ··························· 24

第四章　顾客价值是促使顾客重复购买的原因 · 27
　　一、从冲突中发现需求 · 27
　　二、梦想激发欲望 · 28
　　三、顾客价值的公式 · 29

第五章　交易价值形成价值链的竞争优势 · 32
　　一、商业模式让价值空间最大化 · 32
　　二、创新是对市场变迁的主动响应 · 34
　　三、三个层级的差异化构成竞争战略的差异 · 36
　　四、合作是扩大价值空间的正和博弈 · 40

第六章　品牌是在心智战场竞争的基本单位 · 46
　　一、品牌是固化的偏好 · 46
　　二、品牌才是竞争的基本单位 · 47
　　三、品牌通过"心智预售"创造顾客 · 49
　　四、品牌定位就是让品牌代言品类特性 · 49
　　五、构建品牌核心资产的六个方面 · 52

第七章　业务结构是在物理战场竞争的谋篇布局 · 56
　　一、核心业务是企业的生命线 · 56
　　二、增长业务是企业的进攻路线图 · 57
　　三、覆盖业务也有存在的意义 · 62
　　四、撤退业务是经营中的"减法" · 63
　　五、公关业务是企业为社会提供的服务产品 · 64

第八章　目标体系既是运营结果也是运营路径 · 68
　　一、价值和过程目标是运营的关键 · 68
　　二、资源和能力目标是运营的支撑 · 69
　　三、财务目标是运营的结果 · 72

第二部分 营销策略篇

第九章 品牌策略是用品牌发展指挥销售管理 ································ 76
一、导入期是培养原点人群认知和验证商业假设 ···························· 76
二、发展期是把认知成果兑现为第一波商业价值 ···························· 79
三、进攻期是进入主流渠道挑战领导品牌 ···································· 81
四、防守期是同时占据心智份额和市场份额的领导品牌面对的挑战 ········ 83
五、撤退期必须放弃原有的品类特性 ··· 85
六、品牌定位周期理论在白酒行业的应用 ···································· 85

第十章 产品策略是用品牌定位统领产品管理 ································ 90
一、塑造产品特性就是增加顾客价值 ··· 90
二、塑造产品特性应该遵循品牌定位 ··· 93
三、产品是为包装服务的 ·· 95
四、商业设计中的美学选择 ·· 96
五、打造超级单品的管理 ·· 97

第十一章 价格策略是商业生态的全链路管理 ································ 99
一、战略定位决定价格基准，顾客价值影响需求量 ························· 99
二、价格只有在交易中才有意义 ··· 100
三、定价决定价值链的竞争力 ·· 101
四、价格决定规模、渠道和竞争 ··· 106

第十二章 广告策略是围绕品牌定位的内容创造和传播 ···················· 109
一、广告是通过改变认知进而改变行为 ····································· 109
二、广告创意的四个方法论 ·· 110
三、广告策略的商业目标和传播目标 ·· 112
四、广告创意需要三种人群洞察 ··· 114
五、办法、看法、说法的广告创意逻辑 ····································· 117

六、用广告调性改变感受是直击本质的做法……………………122

七、如何评价广告文案和创意……………………………………124

八、广告如何互动传播……………………………………………127

第三部分　营销模式篇

第十三章　白酒营销的发展历程……………………………………135

第十四章　深度分销是通过社会化终端实现销售……………………141

一、消费者购买行为理论…………………………………………141

二、用营销手段从外部刺激消费者的五率指标体系……………147

三、深度分销的"12345"密码…………………………………148

四、深度分销必需的配套管理……………………………………164

第十五章　圈层直销是通过"人找人"实现销售……………………168

一、圈层直销商的角色定位………………………………………168

二、圈层直销的道场：酒文化体验馆……………………………170

三、圈层直销的核心业务：走出去与请进来……………………172

四、圈层直销的其他工作…………………………………………178

第十六章　数字营销是利用互联网实现"货找人"的品效合一……181

一、用户思维：货找人的主动营销………………………………181

二、成交思维：只有成交才能形成闭环…………………………188

第四部分　营销管理篇

第十七章　营销管理…………………………………………………194

一、白酒营销管理的三个基本规则………………………………194

二、用知识管理把岗位经验内化成企业自己的营销文化………203

三、开展变革管理，不断打破舒适区……………………………205

四、营销会议是为了提高效率，杜绝无效会议…………………209

第十八章　营销计划 ·· 217
一、分析资源能力、确定业务路径是做好营销计划的前提 ············· 217
二、制定目标体系就是厘清业务路径 ·· 218
三、细化营销策略是自上而下和自下而上的反复碰撞 ····················· 220
四、固定费用影响财务"保本点" ··· 224
五、平衡营销费用的"进""出"两本账 ··· 227
六、预算两张财表 ·· 231

参考文献 ·· 236

第一部分

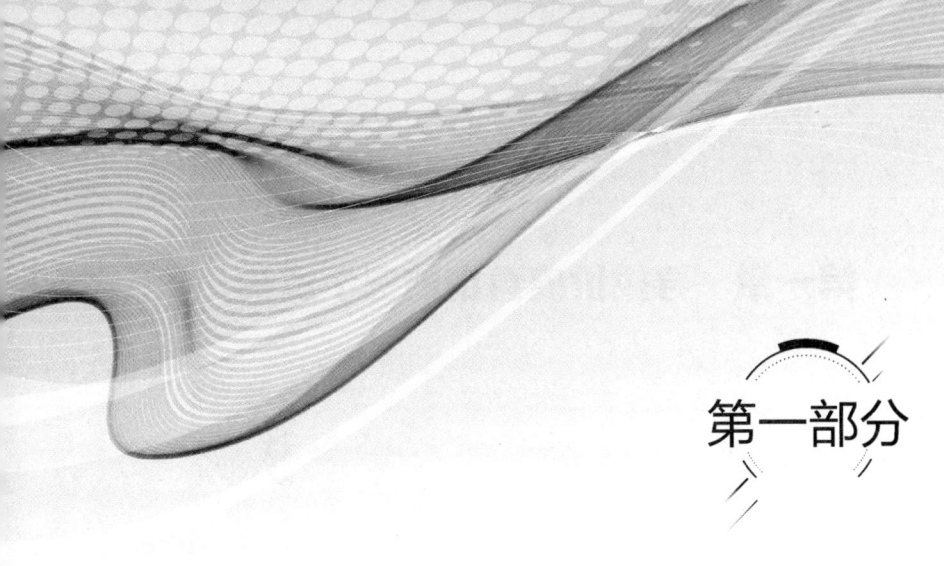

营销战略篇

- 第一章　寻找价值营销的三个源头
- 第二章　价值营销的构成是一个不可分离的整体结构
- 第三章　创造社会价值是企业的社会责任
- 第四章　顾客价值是促使顾客重复购买的原因
- 第五章　交易价值形成价值链的竞争优势
- 第六章　品牌是在心智战场竞争的基本单位
- 第七章　业务结构是在物理战场竞争的谋篇布局
- 第八章　目标体系既是运营结果也是运营路径

第一章 寻找价值营销的三个源头

一、营销的目的是创造顾客价值

（一）市场营销学定义的价值和需求

市场营销的思想起始于20世纪初的美国，在70年代末随着改革开放进入中国。当代市场营销学权威菲利普·科特勒，从社会作用的角度给市场营销做了定义："营销是个人和集体通过创造，提供出售，并同别人自由交换产品和价值，以获得其所需所欲之物的一种社会过程。"

这个定义有两个关键点。第一个关键点指出营销者生产并交易的是产品和价值。产品是具体的事物或服务，比较容易理解，但是价值是一种主观的感受，容易被忽略。营销学定义的价值是指"顾客价值"，经济学认为，顾客购买产品的原因是企业创造的顾客价值大于顾客付出的成本，用经济术语称顾客获得了"消费者盈余"。顾客价值虽然是生产企业创造的，但是对顾客而言是他个人主观对商品的估值，这个估值并不是以顾客个人愿望为基础，而是以顾客所愿意放弃的其他商品的数量来计算的。比如说你买了一瓶五粮液，就放弃了买其他酒类，那么五粮液的顾客价值是以你放弃的你认为最有价值的商品（如飞天茅台）来衡量的，你可能会认为一瓶五粮液带给你的价值盈余超过一瓶茅台的效用，这很正常，毕竟茅台价格更高。在这里所说的价值不是指价格，而是指一种"效用"，也就是消费商品带来的满足或愉悦程度。

所以，顾客价值既不可比较，又可以衡量，"不可比较"说的是价值是一种主观存在，受个人认知的影响，不同价值之间难以比较；"可以衡量"说的是，价值的大小可以用顾客愿意支付的其他商品的最高数量来衡量，这里就自然产生了商品之间的竞争和替代关系。在经济学理论中，成本是放弃的最大代价，放弃的代价是面向未来的，实际并没有发生，所以只能靠主观想象来确定。顾客主观感受的价值要大于顾客主观放弃的代价，才能产生购买行为。由此，可以说顾客的购买行为主要发生在顾客个人的意识里，其次才是现实的交易，营销的战场主要在顾客的头脑中。

营销学定义的第二个关键点指出营销是为了获得"所需所欲"之物。所需和所欲是不同的，所欲指的是欲望，是人类与生俱来的，发自本能的，没有经过理性思考的从生理到身体的渴望。欲望并没有明确的指向，是表达一种自我状态：我渴了、我饿了、我累了。欲望通过表达有可能发展成需要，但是这取决于表达者的认知水平，婴儿饥饿、口渴、疼痛、撒尿都可能通过哭来表达，但是由于婴儿表达能力受限，父母要逐一排查确认他的需要是渴了、饿了还是其他。所以，当欲望的表达有匹配产品的时候，欲望就变成了需要，从欲望跃迁到需要，因素就是有与之匹配的产品或者产品集合。我想吃饭、我想喝水、我想出去玩，这是需要，需要是基于认知水平的情况下对欲望和产品的加工选择的结果。需要虽然对接了产品或者产品集合，但是往往并不能直接进入营销过程，因为满足需要的产品可能不是商品，不能达到营销定义中"出售和自由交换"的要求，比如满足想出去玩的需要可能不涉及任何营销活动。

顾客产生的需要想要变成需求有三个条件：一是必须明确到可以进入购买决策的商品；二是顾客有支付商品的购买能力；三是必须被商品生产者获取到这个信息，满足这三个条件，需要才能转变成需求。经济学讲"一种商品的需求是指消费者一定时期内，在各种可能的价格水平下，愿意而且能够购买的该商品的数量。"市场营销学定义的所需所欲实际上是一个转化过程：了解消费者欲望，激发消费者欲望，引导消费者从欲望到需要进行有效表达，进而明确成对具体商品的需求，为了满足这个需求实现商品购买。

在实际应用中，营销常常被描述为推销产品的艺术。但是，推销并不是营销学最重要的内容，它只不过是营销露出水面的很少的一部分。管理学大师彼得·德鲁克有一句经典的名言："企业唯一的目的就是创造顾客。"企业创造顾客是通过营销活动来实现的。德鲁克对营销和推销的区别做了重要澄清，他说："可以设想，某些推销工作总是需要的，然而，营销的目的就是要使推销成为多余，其目的在于深刻地认识和了解顾客,从而使产品或服务完全适合他的需要而形成产品自我销售。理想的营销会产生一个已经准备来购买的顾客,剩下的事就是如何便于顾客得到这些产品或服务。"那么营销是怎么创造顾客的呢?顾客感到口渴,在看到百事可乐之前脑袋里已经想好了"我要买一瓶百事可乐",然后走到副食店冰柜前,直接拿出来一瓶结账,这种购买现象称为"指名购买",就是对品牌或者产品指名道姓的购买,这种购买是品牌或者产品在左右顾客的选择。营销创造顾客就是用品牌或者产品在顾客的头脑中提前实现销售,从而创造一个"准备来购买的顾客"。

市场营销的定义可以理解为:一方面要通过激发和引导顾客欲望变成具体需求,让品牌或者产品与需求关联;另一方面要在顾客头脑中创造价值,同时降低选择成本,用品牌或者产品左右顾客选择,在顾客的心智中提前实现销售来满足这个需求。营销活动不断重复这个过程,在满足顾客需求的同时持续激发他的欲望,使需求不断变大变强。

(二)市场营销学的实践

市场营销的目标是通过创造顾客价值来满足顾客需求。菲利普·科特勒的市场营销学把实现这个目标的路径按照时间维度分成寻找机会(分析营销机会)、选择目标(发展营销战略)、确定产品(塑造市场供应品)、实施方案(管理和传递营销方案)这四个部分的营销工作来管理。

菲利普·科特勒市场营销的内容

分析营销机会	发展营销战略	塑造市场供应品	管理和传递营销方案
✓ 扫描营销环境 ✓ 分析消费者市场和购买行为 ✓ 分析经销市场和购买行为 ✓ 分析行业竞争	✓ 市场细分 ✓ 目标市场 ✓ 品牌定位	✓ 产品和产品组合 ✓ 品牌策略 ✓ 价格策略	✓ 设计和管理营销渠道 ✓ 广告、销售促进、公共关系 ✓ 管理整合营销传播 ✓ 设计和管理销售组织
探查	分割、优先、定位	产品、价格	渠道、促销、组织、传播

第一阶段,找到营销机会(分析营销机会),包括营销环境分析、消费者行为分析、渠道行为分析、竞争对手分析。第二阶段,选择营销目标(发展营销战

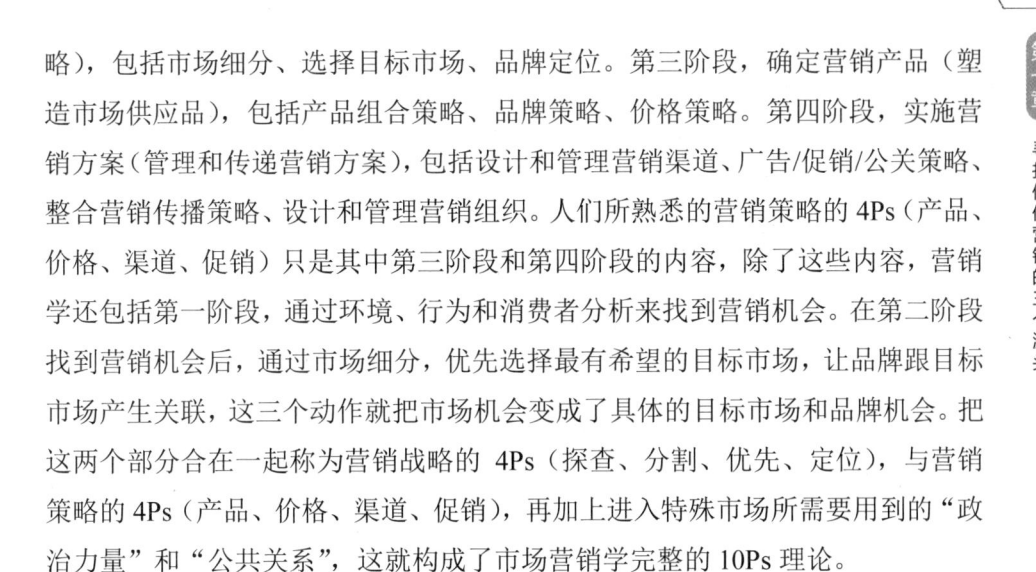

略），包括市场细分、选择目标市场、品牌定位。第三阶段，确定营销产品（塑造市场供应品），包括产品组合策略、品牌策略、价格策略。第四阶段，实施营销方案（管理和传递营销方案），包括设计和管理营销渠道、广告/促销/公关策略、整合营销传播策略、设计和管理营销组织。人们所熟悉的营销策略的 4Ps（产品、价格、渠道、促销）只是其中第三阶段和第四阶段的内容，除了这些内容，营销学还包括第一阶段，通过环境、行为和消费者分析来找到营销机会。在第二阶段找到营销机会后，通过市场细分，优先选择最有希望的目标市场，让品牌跟目标市场产生关联，这三个动作就把市场机会变成了具体的目标市场和品牌机会。把这两个部分合在一起称为营销战略的 4Ps（探查、分割、优先、定位），与营销策略的 4Ps（产品、价格、渠道、促销），再加上进入特殊市场所需要用到的"政治力量"和"公共关系"，这就构成了市场营销学完整的 10Ps 理论。

（三）市场竞争的目的

菲利普·科特勒的市场营销学理论包括发现需求、激发需求、创造顾客价值、满足需求，是具有普适性的营销管理闭环。这个管理闭环加上"创造利润"的管理目标，就构成了企业营销的完整表述：**"企业通过有利润地创造顾客价值来满足顾客需求"**。在传统的营销视角下，企业通过塑造品牌来创造顾客，用顾客价值来满足顾客需求，建立成本优势和规模效益来应对竞争，这些工作降低了顾客的选择成本和自身的运营成本，提高了顾客的转换成本，提高了对手的进入门槛。这些营销工作的本质都是在帮助企业获得垄断地位，无论是在顾客心智中的垄断还是在市场上的垄断，因为垄断意味着企业掌握了定价权，能够获取更大的利润。

在现实条件下，企业很难获得真正的垄断或者持续的垄断。技术的创新可能迅速引发顾客的需求变化；互联网带来的信息获取方式的改变、物流体系的完善都会影响顾客的购买决策机制；大数据和人工智能更容易识别顾客的差异化需求，可以快速地创造更多品牌来满足需求。顾客的需求总是在不断变化，大众化的品牌更容易失效或者被分化，分销渠道也在不断迭代，依赖于品牌和规模构建的垄断优势会面临不断的挑战。亚当·斯密在《国富论》里说："在任何情况下，垄断价格都是所能得到的最高价格；在任何情况下，垄断价格都是从买主那里勒索的,或者可以说是买主同意支付的最高价格。相反,自然价格或自由竞争价格,即使不是在任何情况下,也是在较长时间里所能拿到的最低价格,是卖主可以接受而又不妨碍其继续经营其业务的最低价格。"亚当·斯密清楚地描述了在竞争条件下,企业追求的是"不妨碍其继续经营其业务",也就是生存,生存就是永续经营,这是企业在竞争状态下追求的终极目标。

二、战略定位定的是企业的社会价值

(一)社会价值是竞争战略的起点

要回答企业如何才能永续经营的问题,我们先看一下企业存在的本质到底是什么。企业是一种社会分工机制,彼得·德鲁克说,企业是社会的重要器官,是为了某种特殊目的、使命和某种特殊的社会职能而存在的。企业存在的本质就是为了承担某种社会分工的角色,永续经营就要永远扮演好社会角色,永远对社会有价值,社会才不会抛弃你。高瓴资本的张磊在《价值》中说:"看企业不能看表面,而要看业务本身能否为社会解决问题和创造价值。"

企业要实现永续经营,需要对经营活动做长期的规划,这是企业战略的问题。企业积极承担某个社会责任,积极解决某个社会问题,对社会有价值才能实现永续经营,这才是战略的起点,所以战略是为企业承担某个社会责任、解决某个社会问题制定的。竞争战略就是**在竞争环境下创造社会价值,使企业可以永续经营。**

(二)战略定位是业务方向的选择

商业管理界公认的竞争战略之父——迈克尔·波特在1980年出版了《竞争战略》,但是对于竞争战略的概念,他始终非常慎重,没有给出清晰的定义,直到1996年他在《哈佛商业评论》中发表文章《什么是战略》,才明确了竞争战略的定义。波特对竞争战略的定义通常被翻译成:"形成一套独具的运营活动,去创建一个价值独特的定位。"竞争战略包含了战略定位和运营活动,两者是相辅相成的,战略定位影响对运营活动的选择,差异化的运营活动支撑战略定位的实现。战略定位是企业结合外部环境和内部资源能力在社会价值创造过程中选择的业务方向，这种选择通常来自以下三个不同的出发点：

（1）基于产品或品类的细分选择业务方向，比如哈弗汽车选择做运动型多用途汽车（Sport Utility Vehicle，SUV）品类专业户，放弃轿车生产。

（2）基于用户需求的细分选择业务方向，比如好市多（Costco）通过会员费筛选自己最想要的顾客。

（3）基于销售渠道的细分选择业务方向，比如歌德盈香选择老酒连锁的业务建立战略定位。

（三）运营活动是匹配战略定位的路径

运营活动选择是规划竞争战略的另一个重要内容，它包含对企业内部生产、营销、人力资源、研发、财务等各项职能的规划。运营活动与战略定位表达的是同一件事情，战略定位确定了业务方向，而运营活动描述实现这个战略定位的必要路径。所以，运营活动是基于战略定位做出的选择及这些选择的组合，把这种组合叫作运营配称，意思是让各种运营活动之间配合得当。关于运营活动的选择与设计主要有以下三点：

（1）运营活动要有独特性。为了实现战略定位，企业必须建立一套独特的内部运营活动，通过运营活动的累积来强化战略定位的实现，没有建立起独特且有别于竞争对手的运营活动，战略定位只能沦为自说自话的口号，是经不起竞争考验的。好市多与沃尔玛竞争，后者拥有最全的商品、最低的价格、最高的人流量，前者只能从沃尔玛的顾客中筛选出一部分顾客，用更少的品种、更大的包装、更低的价格和会员"占便宜"的心态等运营活动设计，让顾客消费更多从而降低会费成本，这些运营活动就是有别于竞争对手的专用配称。

（2）企业对运营活动要做取舍。运营活动对强化战略定位的作用有大有小、有先有后，这就需要企业在这些运营活动中做出取舍。简单地说就是想要在某件事情上做得更到位，就只能在另一件事情上做得差些，这种取舍本质上是围绕战略定位建立运营长板和不断强化长板效应。竞争战略一定是围绕定位运用长板理论，不需要每一项运营活动都优秀，必须做出取舍，可能弱化一些运营活动也可能放弃一些暂时没必要投入的市场，才能获得持续的竞争优势。

（3）运营活动之间要建立相互强化的关联，使各项活动之间的配合不断优化、持续改进，从而发挥协同效应。这种关联可以分为三个层面：第一层面是保持运营活动与战略定位的简单一致性，运营活动必须是能促进战略定位实现的，这样能确保各项活动产生的竞争优势不断累积，不会减弱或自动消失；第二层面是各项活动之间能相互加强；第三层面超越了各项活动之间的相互加强，叫作"整体系统最优化"。整体系统比任何一项单独活动都重要，竞争优势来自企业内部各项活动形成的整体系统，各项活动之间的关联可以大幅降低成本或增加差异性。

竞争战略就是在竞争的环境下，通过选择战略定位（业务方向）配合运营活动来解决某个社会问题，从而为企业建立独特的社会价值，帮助企业持续发展。竞争战略与市场营销的结合，使企业在发现需求和满足需求的同时，找到营销活动背后隐含的对社会的价值和意义；使企业不再拘泥于只用产品的迭代、渠道的优化、品牌的塑造来满足不断变化的消费需求；使企业从内部价值观、员工行为、外部营销服务、公共关系等更多维度开展更具差异化和创新力的商业竞争。

三、商业模式的核心是创造和分配交易价值

（一）价值链的综合竞争力决定企业的竞争力

迈克尔·波特在1985年提出了价值链的概念，他认为："每一个企业都是用来进行设计、生产、营销及对产品起辅助作用的各种活动的集合。所有这些活动可以用一个价值链来表明"。价值链理论的基本观点是在一个企业众多的"价值活动"中，并不是每一个环节都创造价值，企业所创造的价值实际上来自企业价值链上的某些特定的价值活动。这些真正创造价值的经营活动，就是企业价值链的"战略环节"。企业在竞争中的优势，尤其是能够长期保持的优势，就是企业在价值链某些特定战略环节上的优势，战略定位就是抓住这些关键环节，也就抓住了整个价值链。波特的价值链理论指出，企业与企业的竞争不只是某个环节的竞争，而是整个价值链的竞争，价值链的综合竞争力决定企业的竞争力。

价值链是企业一系列内部和外部相互关联的经济活动的价值创造总和，这些经济活动需要用到很多资源能力，有些是企业自己拥有的，有些是需要从外部交易得到的。这些经济活动涉及不同的主体，有些是企业内部的部门，如研发部门、生产部门等；有些是企业外部的经济主体，如广告商、经销商等。企业需要识别自己需要哪些资源能力，找到拥有这些资源能力的主体，设计一套互动关系把它们集合起来，用这种互动关系驱动各个环节的价值创造和价值分配。**商业模式就是通过创造和分配各个环节的交易价值来建立价值链的竞争优势。**

（二）商业模式就是利益相关者的交易结构

北京大学的魏炜教授和清华大学的朱武祥教授提出了"魏朱商业模式"，他们对商业模式的定义是**利益相关者的交易结构**。利益相关者就是业务开展过程中所涉及的交易方，既包括企业内部的个人、部门，也包括企业以外的合作商，如供应商、经销商等。一个好的商业模式，就是通过巧妙的交易结构把利益相关者链接到一起，让每一个交易方都能获得更大的价值。

商业模式既是利益主体之间的组合，又是资源能力之间的组合，同时也是它们交易关系的组合。好的商业模式并不需要企业单方面具备超强的资源能力，相反要通过切割和简化来促进这些资源能力通过交易创造价值。商业模式的视角就是要打破企业资源能力边界，从商业生态中寻找能让交易价值最大化的资源能力和交易方式。

一个人要想和别人交易成功，既要识别自己拥有的资源能力，也要识别现有和潜在交易对象的资源能力，以及这些资源能力的价值。很多时候交易失败，一方面是没有形成有价值的资源能力，另一方面是没有发现这个资源能力和它的交易价值。优秀企业家善于发现商机，实际上发现商机既包括发现市场需求的机会，也包括发现有交易价值的资源能力。

另外，企业家和创业者在企业发展过程中，还要善于提前预测下一个发展阶段可能产生的新的资源能力，如果这个新的资源能力可以产生更大的价值，那么现在的业务可以低价甚至免费。比如，丹泉酒的体验馆丹品轩，如果从几百家发展到上千家，那么会带来一个新的重要资源——销售量。足够大的销售量可以让一些原本包装成本很高的文创酒和定制酒在包装设计和采购成本上都大幅下降。丹品轩如果发展到2000家以上，它在酒类流通市场就会产生重要的品牌价值，这又是一个新的重要资源。丹品轩全国加盟商链接的众多企业和个人消费者，叠加上丹品轩这个独立的品牌，这些资源组合在一起就有了更多的商业变现方式。所以，现在为了拓展业务，企业应该加强对加盟商的扶持，甚至用战略亏损来发展和布局。如果没有发现未来这个新的销售量资源和品牌价值资源，只关注当期的损益不关注加盟商的生意健康度，可能导致加盟商因不赚钱而流失，公司扩张也就难以持续。

德鲁克说："当今企业的竞争，不单是产品竞争，而是商业模式之间的竞争，如果能不断带来新的资源，从中获得更多的收益，就能在竞争中站稳脚跟。"现在很多互联网企业、独角兽企业前期都愿意亏损，这就是为了获取后续更多、更有价值的资源，裂变出更多的业态。如阿里巴巴，当经营规模起来了后可以裂变出支付宝、天弘基金、蚂蚁金服等新业务，产生新的收益来源。

商业模式就是利益相关者的交易结构，彼此有利益才会有交易，而交易之前要识别自己有什么资源能力、需要去交易什么资源能力、这些资源能力在谁手上，还要提前预判未来是否会产生新的资源能力，这个新资源能力的价值有多大。需要说明的是，资源能力是两个概念，资源是静态的，判定标准是有或者没有；能力是动态的，判定标准是强或者弱。识别清楚资源能力才可能设计好商业模式。

（三）找对交易主体才能撬动资源能力

如前所述，白酒营销最常见的难题是新产品卖不动，原因可以归结到"人不行、货不对、没方法"。如果仅从商业模式的角度看，新产品卖不动很可能是没有找对交易主体，也就是选择和谁做交易的问题。

交易主体有两种类型：一是对产品有意愿并且能够支付更高价格的主体；二是他人拥有的资源能力能够有效解决自身的问题，特别是冲突的问题。白酒新品牌进入陌生市场，一定会经历品牌定位初创，通过聚焦原点市场、原点渠道、原点人群来培养品牌认知，以及验证商业假设的过程，这个过程称为品牌定位的导入期。其中原点人群就是新品牌进入陌生市场选择的交易主体，是从潜在顾客群体中筛选的具有某种共性的精准顾客，这种共性就是对品牌定位的价值非常敏感，同时对价格的敏感度相对较低。这个人群是容易接受品牌定位的群体，而且他们最能忍受品牌还不完善的价值，有助于产生良好的口碑。

比如丹泉酒走出广西开发新市场，通过实践不断试错，沉淀了以下四种有真实消费的原点人群：①广西人；②在广西投资或者生活过的人；③到过丹泉洞天酒海的人；④当地经销商直接认识的朋友（一度人脉）。陌生市场导入期的用户发展策略就是找到第①、②类消费者，通过经销商不断发展更多的第③、④类消费者。

价值营销的主要观点

- 营销定义的价值是指"顾客价值"，经济学认为，顾客购买产品的原因是企业创造的顾客价值大于顾客付出的成本，用经济学术语称顾客获得了"消费者盈余"。
- 顾客的购买行为主要发生在顾客个人的意识里，其次才是现实的交易，营销的战场主要在顾客的头脑中。
- 营销创造顾客就是用品牌或者产品在顾客的头脑中提前实现销售，从而创造一个"准备来购买的顾客"。
- 市场营销的定义可以理解为，一方面要通过激发和引导顾客欲望变成具体需求，让品牌或者产品与需求关联；另一方面要在顾客头脑中创造价值，同时降低选择成本，用品牌或者产品左右顾客选择，在顾客的心智中提前实现销售，来满足这个需求。
- 市场营销是企业通过有利润地创造顾客价值来满足顾客需求。
- 企业存在的本质就是为了承担某种社会分工的角色，永续经营就要永远扮演好社会角色，永远对社会有价值，社会才不会抛弃你。
- 战略是为企业承担某个社会责任、解决某个社会问题制定的。竞争战略就是在竞争环境下创造社会价值，使企业可以永续经营。
- 竞争战略与市场营销的结合，使企业在发现需求和满足需求的同时，找到营销活动背后隐含的对社会的价值和意义。

- 企业与企业的竞争，不只是某个环节的竞争，而是整个价值链的竞争，价值链的综合竞争力决定企业的竞争力。
- 商业模式就是通过创造和分配各个环节的交易价值来建立价值链的竞争优势。
- 商业模式就是利益相关者的交易结构。
- 商业模式既是利益主体之间的组合，又是资源能力之间的组合，同时也是它们交易关系的组合。

第二章　价值营销的构成是一个不可分离的整体结构

一、营销战略的价值创造逻辑

战略是为企业承担某种社会责任、解决某个社会问题制定的，竞争战略核心的目的是创造社会价值使企业可以永续经营。市场营销的目标是创造顾客价值来满足需求，如果企业的市场营销活动同时也能解决社会问题，成为企业履行社会责任的一部分，那么营销与战略就达成了一致。具体来说就是企业通过市场营销活动创造顾客价值，满足了特定人群的特定需求，这个过程解决了某个具有广泛性的社会问题，营销战略成为企业战略的一部分。要完成这一系列营销活动，需要拥有相关的资源能力，这些资源能力有些在企业内部可以找到或者培养，有些需要从企业外部获得。不管是在企业内部还是在企业外部，都需要设计一套交易结构让资源能力有序流动，这个交易结构就是商业模式，其中每一个参与交易的主体都要从交易中获得价值，这些价值的总和就是交易价值。顾客和交易主体都是构成社会的一部分，所以顾客价值和交易价值都是社会价值的一部分。

营销战略的价值创造过程就是社会价值、顾客价值、交易价值的实现过程，其中，战略定位回答企业选择什么业务方向来创造何种社会价值；市场营销回答企业创造什么顾客价值，以及如何创造顾客价值来满足顾客的何种需求的问题；商业模式回答企业要实现营销过程应该整合哪些资源能力以及如何最有效地整合这些资源能力，实现价值优化。

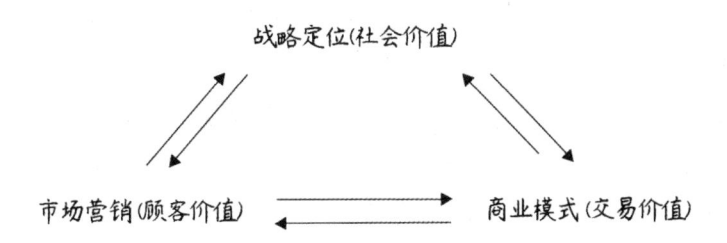

二、白酒价值营销战略的定义

白酒产业是我国的传统产业，其消费市场主要在国内，市场竞争主要发生在国内的白酒企业和品牌之间，不像日化用品、饮料、食品这些行业，30 年前就受到了来自宝洁、可口可乐、雀巢的冲击，这些产业在与世界 500 强企业竞争过程中也在学习和成长。很多人把来自日化用品、饮料、食品这些快消品行业的营销模式套用到白酒营销上，大多都没有产生预想的结果，究其原因，白酒并不是标准的快消品。事实上，快消品这个词源于营销人员对这类商品开展研究而给予的分类称谓，并不是消费者对品类的划分，消费者不会对自己说，我要去沃尔玛采购哪些快消品、哪些耐消品。

快消品的"消"是指消费，快消品也就是能够快速消耗，而且重复购买的商品。但是，白酒并不是在所有的使用场景中都是快速消耗的商品。现在白酒的使用场景可以用"喝、送、藏、投"来概括，其中喝和送的场景最接近快速消耗和重复购买的定义。但是最近几年酱酒流行"买新喝老"，新酒买来存储，或者到酒厂去封坛存酒，存够一定时间后，再把酒拿出来喝，购买和消费的时间跨度被拉长了，不再是快速消耗的商品。收藏和投资的场景更是改变了白酒快速消耗和重复购买的属性。

有的研究者对快消品的消字有不同意见，他们认为，既然这个分类是为了研究产品属性，而且这个分类也只是对销售有意义，对消费者没有意义，所以这个字应该是销售的"销"字，应该叫"快销品"，这类产品的属性就是价格相对低廉，消费者不需要过多关注产品，消费者能够"瞬间决策"，商家能够快速销售。这个新的定义对白酒也不是完全适用，很多白酒产品价格并不低廉，甚至有些商品已经接近高端奢侈品的定价范围，比如一些年份老酒。并且，消费者将购买的白酒用于重要宴请或者是送礼的时候，因为宴请对象或送礼对象的社会地位可能比他高，购买的酒往往是超出自己平时的消费水平的，其购买决策是趋于谨慎的，哪怕是从众购买流行的名酒大单品，如茅台、五粮液、国窖 1573，他也要谨慎避免买到假酒。这个购买决策过程肯定不是瞬间决策，品牌方和销售商往往也要花费很多时间去培育消费者、转化消费者。

白酒与包装食品或者饮料的消费行为有明显差别，以饮料为例，口感决定消费者爱不爱喝，品牌决定消费者愿不愿喝；而白酒的消费行为除了这两个外，酒量决定消费者能喝多少，在不同场合下消费者是主动喝还是被动喝，在不同的地方，喝酒方式还有差异，比如山东的喝酒方式和广东的就不一样。

从销售行为来看，白酒是聚在一起消费的产品，消费者和购买者是分离的，很多高档酒的消费者并不是购买者。以广西某个地级市为例，该地级市喝千元价格带高档酒的人数多达2000人，但是实际长期购买千元价格带酒的个人和企业加在一起也就200多人。所以高档白酒的营销，既要做意见领袖消费引领，又要争夺为数不多的购买者。并且，白酒的消费场景差异很大，对同一个购买者来说，买酒的原因可能是工作中重要的商务接待，也可能是家庭聚会、同学聚会、朋友聚会，不同场景下购买的产品和消费水平还可能不一样。

白酒与饮料的不同之处还在于白酒的社会影响力巨大，常常成为社会关注的热点，这是因为白酒与社会生活紧密关联，有独特的酒文化体系。酒有一个非常重要的特性——两面性，酒文化是针对酒的两面性而发展出来的一个系统。很多流传至今的故事都显示古人对酒的作用以褒扬为主，不管是酒与诗词歌赋的故事，还是武松打虎的故事。而现代人对不健康社会文明的指责也往往通过酒来表达，比如谴责唐山酒后打人事件、谴责某企业员工在济南酒后侵犯事件等，这些事件都是社会关注的热点问题，又都与喝酒有关。

白酒营销在实践过程中，产生了很多的成功案例和方法，但是缺少完整和系统的理论支撑。白酒营销需要在学习了经典的营销理论和管理理论后，结合白酒行业的特点，中国式社交文化，白酒的产品属性、消费场景、购买行为等，在白酒行业的实践中组合应用，构建出一个普遍适合白酒企业的营销理论框架。本书结合市场营销理论、竞争战略理论和商业模式理论为白酒营销战略作出一个宽泛的定义：**企业通过整合资源能力，创造顾客价值，满足特定人群的特定需求，进而实现企业社会价值**。这个定义不一定很严谨，但是把"价值创造"这个目标涵盖在了营销工作的全过程中。白酒企业通过识别和交易资源能力创造更大的交易价值空间，通过品牌、产品和服务的顾客价值创造"消费者盈余"来满足目标人群的特定需求，这个过程解决了某个具有广泛性的社会痛点问题，成为企业履行社会责任的一部分，实现企业的社会价值。所以，把这个营销战略称为"价值营销战略"。

类似于竞争战略的概念，价值营销战略仍然包含运营活动和战略定位两个部分，运营活动是营销价值创造过程的业务活动和管理活动，以及这些活动的组织方式和交易结构；战略定位是从品牌定位、交易方式、顾客需求三个角度描述营销战略的独特价值。价值营销战略定位有以下三种表述方式：

（1）选择什么品类/品类特性（品牌定位），通过什么交易方式（分销渠道），满足什么顾客的何种需求。

（2）选择交易方式（分销渠道），用什么品类/品类特性（品牌定位）去满足什么顾客的何种需求。

（3）为了满足什么顾客的何种需求，选择用什么品类/品类特性（品牌定位）和什么样的交易方式（分销渠道）来实现。

这三个战略定位出发点在营销战略定位中的优先顺序跟企业所处的行业有关，也跟企业选择的战略方向有关，更重要的是跟企业参与竞争的基本单位有关。品牌就是企业参与竞争的基本单位，以实体产品构建的品牌，战略定位往往选择品牌定位为出发点，比如，茅台占据高端商务用酒品类，通过协议分销和直销的渠道满足企业或者有经济实力的个人商务接待和礼品的需求；劲酒占据保健酒品类，通过经销商服务广泛的社会化销售终端，满足中年男性消费者非商务健康饮酒的需求。渠道类的品牌往往选择交易方式为出发点，比如，歌德盈香选择老酒连锁渠道，用瓶储年份名酒满足企业或者有经济实力的个人饮酒或者投资的需求。业务多元或者平台类企业往往选择需求为出发点，比如，好市多满足部分有购买量的顾客需求，用更少的品种、更大的包装、更低的价格，以会员制服务的方式来实现。

选择营销战略定位需要分析企业自身资源能否达到，战略定位可能带来巨大的商业机会，但是企业必须评估自己所能获取的资源和能力是不是足以抓住机会。而低估实现难度和所需投入是企业很容易犯的错误，很多时候由于资源和实力不足，刚刚显出苗头的机会可能被大企业用资源优势收割了，战略定位就可能遭遇失败。这种评估可以从以下四个方面进行：

（1）企业现在有什么跟战略定位相关的资源？还可以从外部以合理的代价得到什么资源？

（2）实现战略定位是否存在无法回避的关键技术或产权壁垒？

（3）现有竞争对手有没有选择相同的战略定位？对手是否已经成为这个战略定位的公认领先企业？他的相关资源和实力如何？

（4）企业现有关键人才的能力和对这个战略定位的认可程度如何？企业能否从外部找到有相关能力和意愿的关键人才？

三、白酒价值营销战略的"不分梨模型"

营销战略不应该只是纲领性的表述，麦克尔·波特的竞争战略概念明确了战略就应该是运营活动与战略定位的组合。白酒营销战略同样要涵盖运营活动，把必要的运营活动和必要的管理活动以时间为序放到一个模型化的框架当中，形成一个运营和管理的闭环。

白酒价值营销战略模型从企业创造社会价值开始，用战略定位来识别和选择资源能力，用商业模式交易资源能力和分配交易价值，用市场营销的方法创造和输出顾客价值，满足战略定位确定的顾客需求。白酒价值营销战略模型从发现需求到满足需求形成价值创造和交易的闭环，整个过程构成了一个不可分割的整体结构，这称为白酒价值营销战略的"不分梨模型"。

（一）营销战略篇

企业发现社会问题，分析社会问题背后可能隐含的商业机会，把承担解决社会问题的责任当作企业使命，并由此衍生企业的愿景和价值观，使命、愿景、价值观成为企业发展的内驱动力。企业立足于解决社会问题，在企业外部为自己创造了被社会需要的价值，这个社会价值是营销战略定位的基础。

营销战略定位要能够创造顾客价值才能使商业逻辑成立，顾客价值由产品价值、品牌价值、服务价值组合构成；整合营销战略所需要的资源能力，需要找到有资源能力的交易主体，并设计使交易价值增值的交易结构，才能让资源能力从交易主体手中有序流动形成高效的商业模式。

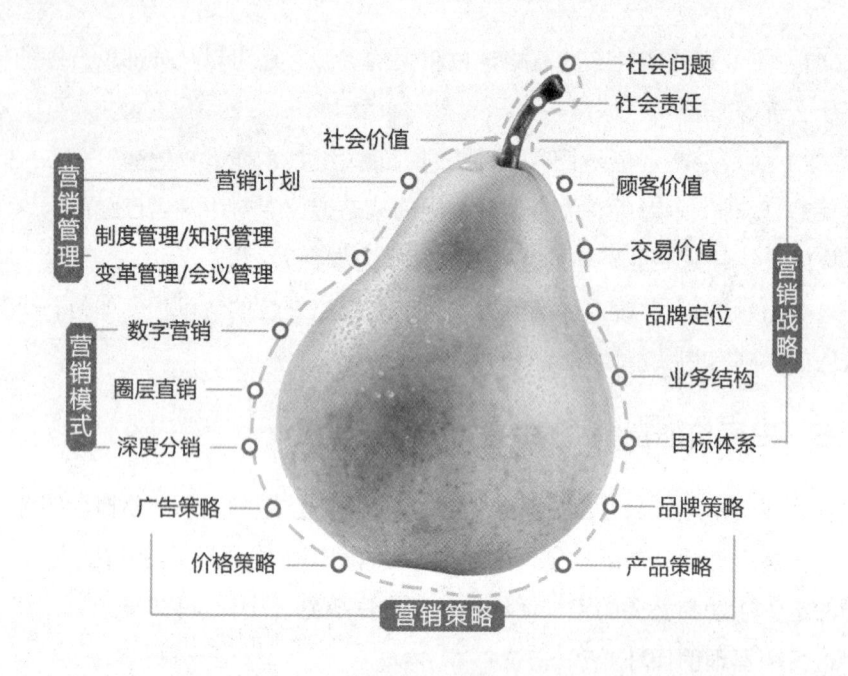

价值营销战略模型——用三大价值构建白酒营销系统

营销管理
- 营销计划
- 制度管理/知识管理
- 变革管理/会议管理

营销模式
- 数字营销
- 圈层直销
- 深度分销

营销策略
- 广告策略
- 价格策略
- 产品策略
- 品牌策略
- 目标体系
- 业务结构
- 品牌定位
- 交易价值
- 顾客价值
- 社会价值
- 社会责任
- 社会问题

营销战略

　　企业参与市场竞争的单位是品牌，企业要完成品牌定位才能进入市场竞争；企业通过具体的产品和服务来满足需求并履行对社会的承诺，业务形式是企业承载产品连接市场的桥梁，产品和服务需要通过具体的业务形式触达用户，业务结构是战略发展路径的关键之一。

　　战略从规划层面落地实施，首先是在确定的战略时间期内建立战略目标，这个目标是由经济指标、价值指标、能力指标三个方面组合而成的目标体系。经济指标是企业战略期要达到的经济成果，如销售收入、利润等，这个指标由财务负责核算。价值指标又分成两个部分：一个是围绕企业的价值创造和价值输出的指标，包括社会价值、顾客价值、交易价值所涉及的一些关键指标；另一个是为了达成经济指标必须实现的关键过程，这些过程涉及的评价指标也是价值指标的一部分。价值指标通常应该由营销各级负责人清楚地提炼出来以后，在营销过程中进行管理。能力指标是企业或者企业内部的部门为了达成价值指标所必须具备的能力，达成这些能力或通过人才引进，或通过能力培育，或通过外部交易，总之企业只有具备这些能力才能实现价值指标，而只有价值指标推动经济指标才是可持续的发展，能力指标通常需要企业人力资源部门介入。由经济指标、价值指标、

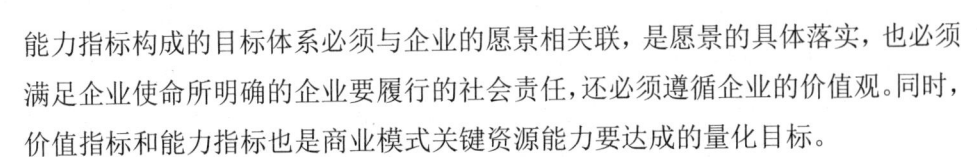

能力指标构成的目标体系必须与企业的愿景相关联，是愿景的具体落实，也必须满足企业使命所明确的企业要履行的社会责任，还必须遵循企业的价值观。同时，价值指标和能力指标也是商业模式关键资源能力要达成的量化目标。

以上可以认为是企业营销战略规划的部分，对应市场营销学的发现营销机会和选择营销目标，即营销战略的 4Ps（探查、分割、优先、定位）。

（二）营销策略

营销战略在实施过程中需要从四个方面制定营销策略，其中品牌策略是承接品牌定位的落地实施，是在品牌定位发展周期的不同阶段对品牌所做的策略。由于市场发展的不均衡，企业的品牌定位在不同市场处于不同的阶段时应该采取不同的销售策略与之匹配。品牌策略的核心是让品牌定位的心智占有率与产品销售的市场占有率尽量同步发展，避免因盲目追求渠道销售或者多产品汇量销售带来的虚假库存转移，这是建立可持续增长的销售底层逻辑。

产品策略围绕如何从产品提升顾客价值，采用产品价值分层管理的方法分别在核心产品、基础产品、期望产品、附加产品、潜在产品五个层次上塑造产品价值。遵循品牌定位开展产品线管理，使产品特性与品牌定位、品类特性保持一致，避免品牌和产品南辕北辙，形不成合力还相互干扰；遵循"包装就是购买理由"，通过包装的商业化设计管理提升顾客价值，把打造超级单品的过程分成种草、育草、拔草三个阶段。

价格策略是从顾客价值定价和价值链竞争力的角度，以商业生态中的交易结构来确定价格的策略。广告策略包括广告创意和广告传播两个部分，这部分与市场营销策略的 4Ps 是重合的。

（三）营销模式

营销模式是针对不同渠道、不同场景、不同消费群体的具体销售措施和管理办法，包括深度分销、圈层直销、数字营销，这三种都是有成功案例可供借鉴的典型白酒销售方法。针对不同的产品选择不同的营销模式，意味着搭建不同的分销渠道，并且开展不同的组织管理方式。

（四）营销管理

营销管理的制度管理部分以三个基本营销制度：费用管理、绩效管理、产销协调，从营销活动的效益、效能、效率，减少个人在营销过程中的随意性。从知识管理的角度，把通用的营销理论与岗位操作实践相结合，开展"岗位经验内化"，形成企业营销知识结构，挖掘隐形营销经验，建立知识运用的结构化、标准化、模型化、系统化。从变革管理的角度阐述企业内部推动创新和改变的不同阶段和不同方法，帮助企业内部员工和外部客户达成思想和行动的一致和自我驱动力。通过会议管理和营销计划管理培养员工结构化思考和数字化沟通的能力。营销计划是一个结构化的工具，通过结构化思维把上述的目标和策略分解到具体的执行单元，使销售计划可以向后端传递形成生产计划、采购计划和全面的财务预算。营销模式和营销管理偏重于营销战略的执行过程。

白酒价值营销战略的"不分梨模型"以企业承担社会责任的使命为起点，围绕创造企业社会价值的"初心"，把持续创造顾客价值作为营销的底层逻辑，从方向到路径构建完整的战略规划，从目标到策略形成独特的运营活动，从计划到复盘确保战略能落地实施，并对照"初心"不断纠偏、不断完善，全部过程环环相扣且形成管理闭环。白酒价值营销战略的"不分梨模型"兼顾市场营销的各个环节，使营销运营和战略定位紧密衔接，形成营销战略完整的不可分离的整体。

价值营销的主要观点

- 市场营销的目标是创造顾客价值来满足需求，如果企业的市场营销活动同时也能解决社会痛点问题，成为企业履行社会责任的一部分，那么营销与战略就达成了一致。

- 营销战略的价值创造过程就是社会价值、顾客价值、交易价值的实现过程，其中战略定位回答企业选择什么业务方向来创造何种社会价值；市场营销回答企业创造什么顾客价值，以及如何创造顾客价值来满足顾客的何种需求的问题；商业模式回答企业要实现营销过程应整合哪些资源能力以及如何最有效地整合这些资源能力。

- 企业通过整合资源能力创造顾客价值，满足特定人群的特定需求，进而实现企业社会价值。
- 白酒价值营销战略模型从企业创造社会价值开始，用战略定位来识别和选择资源能力，用商业模式交易资源能力和分配交易价值，用市场营销的方法创造和输出顾客价值，满足战略定位确定的顾客需求。白酒价值营销战略模型从发现需求到满足需求形成价值创造和交易的闭环，整个过程构成了一个不可分割的整体结构，将其称为白酒价值营销战略的"不分梨模型"。
- 白酒价值营销战略的"不分梨模型"以企业承担社会责任的使命为起点，围绕创造企业社会价值的"初心"，把持续创造顾客价值作为营销的底层逻辑，从方向到路径构建完整的战略规划，从目标到策略形成独特的运营活动，从计划到复盘确保战略能落地实施，并对照"初心"不断纠偏、不断完善，全部过程环环相扣且形成管理闭环。

第三章　创造社会价值是企业的社会责任

一、社会冲突可能隐含巨大的营销机会

市场营销的第一步是通过分析市场环境、购买行为和消费者来找到营销机会。这种分析常常会以行业内部的视角展开，可能被企业自身的资源和经验所局限，找到的营销机会往往是在已有的市场或是在明确的消费需求之上优化的。

战略是为企业承担某种社会责任、解决某个社会问题制定的，跨出行业从社会问题着眼寻找企业营销机会是一个很好的外部视角。社会关注的热点问题背后，可能潜藏了一些与行业相关的，让顾客焦虑的冲突。"在顾客克制的理性思考和冲动的感性行为之间，在有限的需求和无限的欲望之间，就是这些冲突的原点。"这些冲突也可能隐含了顾客还不够明确的需要，需要背后往往是更纯粹的欲望，激发这些欲望带来的需求有可能会创造出巨大的市场，也就意味着诞生一个战略级的营销机会。在苹果手机出现之前，顾客对随时获取和操控信息的渴望与互联网固定接入终端的现实之间存在冲突，顾客对手机的傻瓜式一键操作智能化与信息系统复杂的软件切换也有冲突。在苹果手机出现之前，顾客并不明确自己的需求是什么，苹果公司引导了顾客的需求，同时激发了更大的欲望，创造出巨大的智能手机市场。

二、社会问题背后的四个"痛点"

企业选择的社会问题需要遵循四个步骤。首先是来自顾客的痛点，而顾客的痛点往往就是顾客未能满足的需求或者是失败的体验，找到这些需求和体验是选择社会问题的第一步。顾客的痛点指的是某一群人共同的痛点，或者叫作这个人群在认知上的共性。痛点不能只是少数人特别敏感的问题，因为痛点背后的人群可能就是营销的目标顾客，如果这个群体不够大，那么这个营销机会的价值就不

够大。酒类零售商基本上都聚焦在产品保真和配送时效这两个问题上，当然名酒假冒泛滥是社会问题，也是顾客的痛点，但是如果所有商家都集中争夺这一个机会，就太拥挤了，不能形成战略上的差异化。在我国的酒桌文化里，非常讲究喝酒的绝对公平，用带刻度的分酒器展示饮酒量，用碰杯必干控制参与者的饮用量。但是，每个人身体条件各异，且酒量是不一样的，这种绝对公平的喝酒方式带来的是实际上的不公平。酒桌上常常分成两种人：一种是酒量大的，来者不拒还主动出击频频举杯，这种为主动喝酒型；另一种是酒量小的，不敢在酒桌上多话或者一开始就不喝，这种为被动喝酒型。那些酒量不好或身体不适宜饮酒，却又常常必须参与酒桌社交的被动喝酒型人，常常因喝多了造成身体不适，取悦了别人但是痛苦了自己。他们在酒桌上的需求就没有被很好地满足，或者说他们的喝酒体验感不好，这个就是这类顾客的痛点，也是可能从需求上细分的战略定位。

找到顾客痛点之后的第二步是看该痛点是不是行业痛点，或者该痛点是否是行业没有解决的问题。如果这个顾客痛点不是行业普遍性的，或者有企业已经在解决这个问题了，就要考虑是否选择该痛点，因为这个痛点背后的市场可能不大或者竞争激烈。被动饮酒、过度劝酒、醉酒伤身便是行业还没有解决的痛点问题。

第三步是要看找到的痛点是不是社会痛点，也就是说这个痛点是不是会跨出行业形成普遍问题或者引起广泛关注。酒后危险驾驶、醉酒突破道德底线、劝酒引发冲突等已经是社会普遍存在的痛点问题，国家对醉驾入刑立法并严查醉驾。如果企业的战略定位瞄准解决社会的痛点问题，那么它将具有很高的社会价值和道德优势。通过健康饮酒文化解决酗酒、滥酒、灌酒的负面问题是具有社会价值和道德优势的。

最后一步是看痛点是否符合顾客、行业、社会的痛点，也必须是企业经营者自身感同身受的点，只有自己心痛，另外三个点才会真痛。也只有自己心痛，才能诚意、正心地解决问题，才能把社会问题变成企业的使命，也才能创造出解决这个问题的真正的营销机会。如果企业家真的为负面的饮酒文化影响消费者身体感到痛心，对行业的健康发展感到担心，对社会的文明进步感到忧心，一定可以把健康饮酒文化的推广当成企业的社会责任和使命，才能真正抓住这个营销机会。

三、用使命、愿景、价值观表述企业的社会价值

企业选择并承担解决某个社会问题的责任就是企业使命，这个使命要能够指引企业的营销战略定位，如果企业使命要解决的社会问题背后隐含了与行业相关的、顾客层面的某种冲突，那么企业使命与营销战略定位将达成高度一致，形成合力。

企业使命是一个企业存在的理由，也是企业承担的社会责任，是企业被社会所需要的原因。使命的表达方式常常是"我能让别人得到什么？"，意思是企业通过自己的付出给社会创造了什么价值来解决什么社会问题，是一种"目的"式的表达。父母的使命是照顾好孩子，目的是让孩子健康成长；小米的使命是始终做感动人心、价格厚道的好产品，目的是让人们用上高性价比的产品；阿里巴巴的使命是让天下没有难做的生意，目的是让生意人做生意更简单。使命体现在企业内部是形成一种强烈的自驱力量，体现在企业外部是创造了某种社会价值，这种社会价值是企业营销战略定位的基础，营销战略定位必须符合企业的使命才能享有企业创造的社会价值。

愿景（Vision）有一种明确的视觉化的含义：这个企业和品牌往前发展，

最终能看到的样子是什么。愿景是给别人看的,是给消费者、合作伙伴、股东看的,是告诉大家我们要成为什么样的。愿景源于使命,是使命的具体化,是一种"目标"式的表达,企业努力付出是为了达到什么目标,而这个目标背后隐含企业对自身所得的诉求,所以企业往往把愿景描述得更加委婉。父母的愿景是未来孩子会足够优秀,子成龙、女成凤,隐含的诉求是父母的晚年会在精神和物质上更加幸福,老有所依;小米的愿景是和用户交朋友,做用户心中最酷的公司,隐含的诉求是得到用户的心,自然而然持续从用户那里获取利润;阿里巴巴的愿景是成为一家持续发展102年的企业,隐含的诉求是公司能够长命百岁,利润丰厚。使命述说企业的目的,愿景使目的更具体、更明确,而战略目标则是根据企业愿景制定的具体目标,是对愿景进一步明确化和具象化。愿景必须以使命为基础来指导战略目标的分解,企业愿景刻画了一个在可以预见的未来要达到的图景,而战略目标所描述的是在使命和愿景指导下,一个确定的时期内,企业要达到的水平。

　　企业的价值观其实是一个范围。达成企业使命和愿景所界定的目的与目标有很多路径可以选择,在这些路径中,哪些是可以接受的,哪些是坚决不能接受的,这个部分就是价值观来确定的。价值观是道德规范,一个企业规章制度里规定的内容是有限的,当员工面临复杂的商业环境想不起来或者没有对应的规定时,价值观就是企业的道德标准。如何达到使命和愿景?价值观表达了达成目的与目标的方法和底线,就是要如何做事以及哪些事不能做。父母的价值观是尊重孩子、引导孩子、不体罚孩子,但不会为了让孩子更优秀而不择手段。小米的价值观是真诚、热爱,真诚是不欺人也不自欺,也就是哪些事不能做;热爱是全身心投入并享受其中,也就是如何做事。阿里巴巴的价值观是客户第一、团队合作、拥抱变化、激情、诚信、敬业,也就是要想达到目标,一定要把客户放在第一位而非投资人,要积极地适应变化、自我革命而非固步自封,要诚信,不诚信的事情不能做。所以使命、愿景、价值观的关系是:使命是原点,讲述了企业为什么存在;愿景是未来的样子,讲述要去向何处;价值观是企业完成使命与实现愿景的保障和手段。

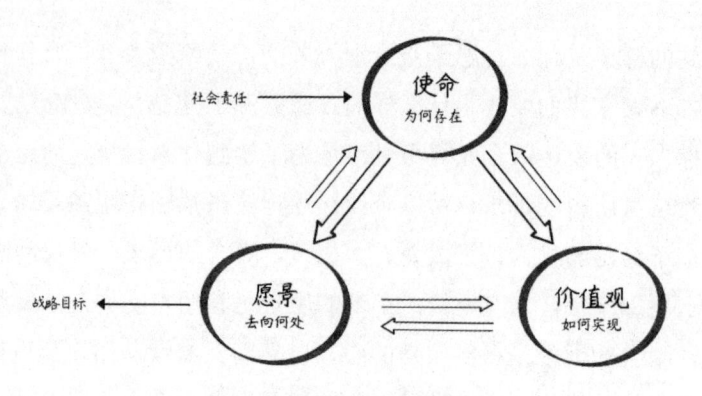

```
                使命
      社会责任 → 为何存在

         ↕        ↕

  战略目标   愿景  ⇄  价值观
          去向何处    如何实现
```

价值营销的主要观点

- 企业选择并承担解决某个社会问题的责任就是企业使命，这个使命要能够指引企业的营销战略定位，如果企业使命要解决的社会问题背后隐含了与行业相关的、顾客层面的某种冲突，那么企业使命与营销战略定位将达成高度一致，形成合力。

- 使命体现在企业内部是形成一种强烈的自驱力量，体现在企业外部是创造了某种社会价值，这种社会价值是企业营销战略定位的基础，营销战略定位必须符合企业的使命才能享有企业创造的社会价值。

- 使命、愿景、价值观的关系是：使命是原点，讲述了企业为什么存在；愿景是未来的样子，讲述要去向何处；价值观是企业完成使命与实现愿景的保障和手段。

第四章　顾客价值是促使顾客重复购买的原因

使命是企业存在的目的，是企业向社会承诺和提供的价值，也是营销战略定位的起点，营销战略定位要符合企业使命。但是，从使命推导出来的战略定位是不是具备营销价值还需要进行商业化验证。营销通过交易满足需求，顾客购买产品的原因是企业创造的顾客价值大于顾客付出的成本，用经济学术语称顾客获得了"消费者盈余"。如果顾客意识到购买产品得不偿失，交易就不会发生。营销战略定位的商业化验证就是这个战略定位与创造顾客价值的相关性，也就是企业社会价值和顾客价值的关联程度。市场营销活动服从于战略定位的安排，营销活动创造的顾客价值必须符合企业的社会价值，这样战略才能跟营销形成合力。

顾客价值是企业通过产品、品牌、服务创造的，是附着在具体的产品、品牌或者服务之上，满足顾客需要的一种效用。顾客价值的大小是由顾客决定的，更准确地说是由顾客认知决定的，是一种顾客主观上感知的效益大小。

一、从冲突中发现需求

创造顾客价值的源头在于目标消费者的需求或欲望，需求是消费者已经明确的且有购买能力的对某个具体产品或者品类的需要。营销工作的核心是创造价值来满足需求，企业选择满足顾客已经存在的显性需求，往往意味着进入一个竞争激烈的传统赛道；企业发现顾客还没有被充分满足的隐性需求，通过引导和加工后与自己的产品（品牌）关联，才可能创造出更有价值的新市场。叶茂中的《冲突》一书中介绍了从冲突中洞察需求和广告创意的方法，"冲突就是指对立的、互不相容的力量或性质（如观念、利益、意志）的相互干扰"。人的生理需求是有限的，但是心理需求却是无限的，因而生理需求和心理需求就会产生冲突。需要和想要之间有了冲突后就会产生需求。

美国心理生物学家罗杰·斯佩里博士发现了"左右脑分工理论",人类的左脑被称为"理性脑",主要处理文字和数据等抽象信息,具有理解、分析、判断等抽象思维功能,有理性和逻辑性的特点;右脑被称为"感性脑",负责处理声音和图像等具体信息,具有抽象、创意、灵感和超高速反应(超高速记忆和计算)等功能,有感性和直观的特点。两种脑代表的理性和感性、经验和想象力同时并存于思想和行为过程中,这也导致人们在分析、判断事物时往往会出现理性和感性不一致的情况。比如左脑追求性价比、实用性,往往带来更多的限制和理性分析;右脑追求浪漫、价值感,往往带来更多的欲望和冲动,左右脑的理性和感性冲突也是发现需求的机会。

事实上,冲突无处不在,信息不对称、兴趣点不同、资源有限、认知差异等都会在人和人、人和事、文化和文化、时间和空间……之间产生冲突。无论是基于哪种原因产生的冲突都有可能产生营销机会,认识到冲突发生的原因就会诞生相应的解决之道,就意味着赋予新的顾客价值来满足需求。鸳鸯锅解决了吃辣和不吃辣的人同时就餐的需求,支付宝解决了支付诚信的冲突,滴滴出行解决了乘客和司机信息不对称的冲突……发现冲突就是发现需求。发现冲突的过程就是寻找社会问题痛点的过程,以顾客为中心的冲突有哪些?以行业竞争对手为中心的冲突有哪些?具有广泛社会影响的相关冲突是什么?以自我为中心,产品或者服务解决了什么冲突?

冲突理论不止于通过发现冲突来找到需求,还可以通过制造冲突来创造需求,如果市场上缺乏有价值的冲突,则意味着现有的细分市场(需求)已经被竞争对手占据。这个时候,企业应该向内求索找到产品自身的价值点,通过价值重构的方式制造新的冲突。比如洗发水已有细分市场竞争饱和的时候,"滋源"洗发水的广告语"洗了一辈子头发,你洗过头皮吗?",提出了"头皮好,头发才好"的价值主张,通过制造新冲突创造了一个新的需求,成为新的竞争赛道。

二、梦想激发欲望

心理学的欲望是指生物本性产生的想要达到某种目的的需要,是最原始、最基本的本能。一切生物最基本的欲望就是生存和发展,简单来说就是活着和不满足。在欲望的推动下，人们不断占有和改变客观世界，从这个意义上说，欲望是人改造世界和自己的根本动力。世间一切人类活动，无论是政治、战争、商业，还是文化、艺术、宗教，都是人类欲望驱动后的结果。在《消费社会》里，鲍德里亚说："消费主义指的是，消费的目的不是满足'实际需求'，而是不断追求被制造出来的、被刺激的欲望。"

梦想是欲望的一种具象的表达方式，是依据个人认知对未来的描述，是经过努力可能达到的一种期待。但有时，仅仅是存在梦想就会让人快乐，所以梦想甚至可以被认为是一种信仰。创造更高的顾客价值需要回应顾客的梦想而不是具体的需求，这种回应需要将梦想所承载的功能性分离出来。比如，从功能价值来看，去现场看世界杯的比赛并不一定会比利用现代直播技术看得更清楚，也不一定比在家里的沙发上坐着舒服，但是每个球迷都会受体验性和梦想的驱使而希望去现场争得一个好位置。

梦想是由品牌的知名度和拥有度共同决定的，也就是说产品满足梦想的顾客价值是由知道产品的人和买得起产品的人共同定义的。首先，没有知名度就没有梦想，产品或者品牌要广为人知才会产生象征价值，拥有者能够通过产品（品牌）来表达与众不同的信息，这种象征价值刺激人们占有产品（品牌）的欲望。其次，如果产品（品牌）知名度很高，那么创造梦想的就是知晓品牌的人数和真正购买品牌人数之间的差距。对创造梦想的产品（品牌）而言，广泛的销售会使它失去独一无二的特性，也就失去了象征价值和引起购买欲望的作用。因此，有必要缩小销售范围，为购买设置障碍，这可以通过大幅提高价格和减少售点来实现，也可以通过强制附带销售同品牌的其他产品来筛选顾客。飞天茅台的配额制及弱化分销加强直销也符合这样的原理。

三、顾客价值的公式

顾客价值包含产品价值，消费者通过购买产品的使用功能来满足自己的需求，这称为产品的内在价值，就是在一个人的世界里也有的价值，比如御寒保暖是衣服的使用功能，哪怕是鲁滨逊一个人流落到荒岛上也需要衣服御寒，这就是衣服的内在价值。

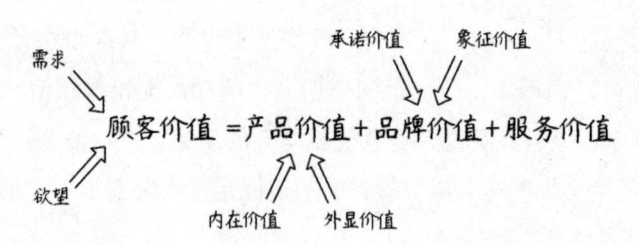

$$顾客价值 = 产品价值 + 品牌价值 + 服务价值$$

（需求、欲望 → 顾客价值；承诺价值、象征价值 → 品牌价值；内在价值、外显价值 → 产品价值）

消费者也会购买因为别人的看法而改变价值的产品，这称为产品的外显价值，就是只能在多人世界里存在的产品价值，比如某人去重要的正式场合要穿合身的正装，让别人知道他重视这次社交，懂得社交礼仪，这就是衣服的外显价值。广东有一家销售茅台镇酱酒的企业，有三条业务线：常规包装成品酒、千斤封坛酒、礼品酒。它的封坛酒售价为168元/斤，成品酒实际平均价格也在200元左右，但是有一款坛装酒平均售价可以达到1200元/斤，而且是公司销售规模最大的单品。这个产品是由国瓷永丰源定制的包装，器型、颜色和工艺细节都非常好，用客户的反馈来解释"这个产品摆到人家花费上百万装修的办公室和客厅才匹配"，这就是产品外显价值的直观反映。当产品的内在功能难以区隔的时候，创造顾客价值的策略就需要有相应的改变，否则就会钻进功能性利益的死胡同。

顾客价值还应该包括品牌价值，顾客会为不同品牌的同样产品支付不同的价格，这说明品牌有价值。顾客做出购买决策的时候会面临各种风险，比如产品是否具备所宣称的功能，是否具有副作用，是否买贵了，等等。品牌的承诺价值就在于消除顾客在购买环节的各种担心，给顾客提供安全感，让顾客放心、快速地做出决定。一瓶飞天茅台装在瓶子里的时候可以卖到3000元，是因为消费者相信茅台是中国最好的白酒，是非常有面子的白酒，这是茅台品牌给消费者的承诺。当消费者请客吃饭的时候提前把茅台酒摆在桌上，当着客人的面开瓶倒酒，这是因为茅台品牌能带来接待尊贵感的象征意义，称为品牌的象征价值。顾客在消费品牌的时候，在他人心目中产生沟通性价值，即顾客有意无意通过自己消费的品牌向别人传递某些信息，比如彰显自己的身份、地位、财富、学识、品位、文化、信仰、观点、态度、爱心等。用于聚饮消费的社交化白酒，品牌的象征价值尤其重要，因为"彰显"是一种社交沟通，需要他人感知才能生效。

顾客价值还可能包含服务价值，一个家庭经常去海底捞吃饭，可能是因为海底捞提供小孩安全玩耍的场地和员工监护服务。

企业选择健康饮酒这个战略定位该怎么创造顾客价值呢？有可能通过研发一种在体内代谢特别快的酒体，让顾客始终微醺但不会醉酒失控，这是从产品内在价值的层面创造顾客价值。也可能是在华美的包装上显示健康饮酒的信息，传递产品与众不同的外显价值。当然，也可以通过品牌向顾客承诺生产的酒具备"慢醉快醒"的特点，适量饮酒能更快速代谢的优势；或者通过塑造文明饮酒的品牌形象来映射消费者的社会形象，这些是品牌的承诺价值和象征价值创造出的顾客价值。通过在包装里或者买酒时赠送代驾抵用券，赠送醒酒和护肝保健品，附带同饮不同量的酒具等服务，也可以创造顾客价值。

价值营销的主要观点

- 营销战略定位的商业化验证就是这个战略定位与创造顾客价值的相关性，也就是企业社会价值和顾客价值的关联程度。市场营销活动服从于战略定位的安排，营销活动创造的顾客价值必须符合企业的社会价值，这样战略才能跟营销形成合力。
- 无论是基于哪种原因产生的冲突都有可能产生营销机会，认识到冲突发生的原因就会诞生相应的解决之道，就意味着赋予新的顾客价值来满足需求。
- 创造更高的顾客价值需要回应顾客的梦想而不是具体的需求，这种回应需要将梦想所承载的功能性分离出来。
- 梦想是由品牌的知名度和拥有度共同决定的，也就是说产品满足梦想的顾客价值是由知道产品的人和买得起产品的人共同定义的。

第五章 交易价值形成价值链的竞争优势

交易价值是整个商业模式所有利益相关者总收入的价值，是整个商业生态系统，而不仅仅是交易中的某一方。商业生态系统的总收入来源于各利益相关方投入资源能力后共同创造的价值，各利益相关方在交易中分配收入的规则取决于资源能力的稀缺性和对商业模式的重要性。如果每一方分到的价值超过了它投入资源能力的机会成本，这个交易结构就会越来越稳固。

一、商业模式让价值空间最大化

每一种交易结构都创造了交易价值及对应的交易成本，也存在交易失败的不确定性风险。交易成本就是交易方为了达成交易付出的代价，交易风险可以用概率来衡量。商业模式的交易价值减去交易成本就是模式的价值空间。除了交易成本，交易结构中还存在企业和利益相关者运营活动付出的管理成本、采购成本等其他成本。价值空间减去货币成本就是交易结构为所有利益相关者实现的价值增值。

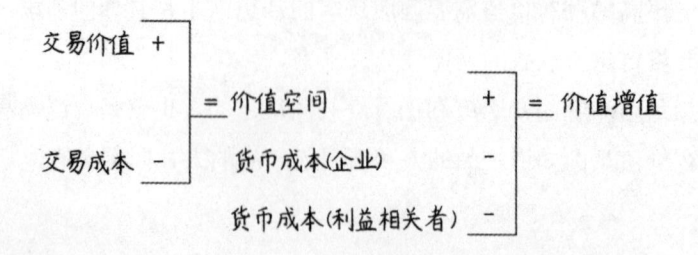

```
交易价值   +
           } = 价值空间    +    = 价值增值
交易成本   -      货币成本(企业)       -
                  货币成本(利益相关者)  -
```

如果商业模式创新能够提升交易价值或降低交易成本，就能获取更大的价值空间，从而提高价值增值。从商业模式整体来看，价值增值受三个方面影响，其中交易价值由战略定位决定，企业选择提供什么样的顾客价值，以什么样的交易方式满足什么人的何种需求，已经决定了营销战略总体的交易价值，这个部分称

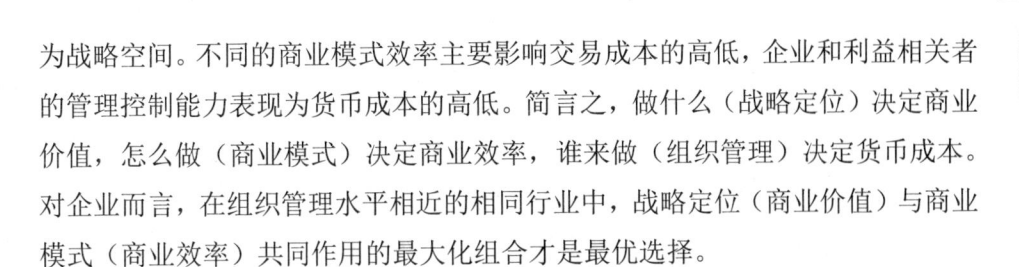

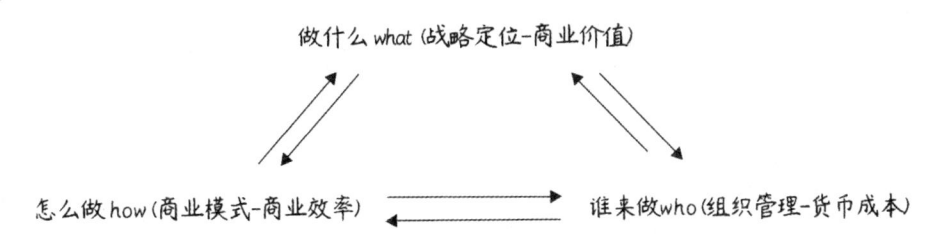

为战略空间。不同的商业模式效率主要影响交易成本的高低，企业和利益相关者的管理控制能力表现为货币成本的高低。简言之，做什么（战略定位）决定商业价值，怎么做（商业模式）决定商业效率，谁来做（组织管理）决定货币成本。对企业而言，在组织管理水平相近的相同行业中，战略定位（商业价值）与商业模式（商业效率）共同作用的最大化组合才是最优选择。

```
              做什么what（战略定位-商业价值）
                    ↗↙        ↘↖
                   ↙            ↘
   怎么做how（商业模式-商业效率）  ⇄  谁来做who（组织管理-货币成本）
```

具体来说，产品卖给什么人，满足他的什么需求，这个战略定位已经决定了产品销售的价格和数量范围，也就是商业生态的总价值。用什么方式来卖，组织哪些资源能力来实现销售过程，决定了产品的盈利空间有多大，也就是商业生态的交易成本。怎么管理好整个交易的过程，界定这个生意的规模经济和范围经济边界，影响商业生态中企业的运营成本，这三者构成影响交易增值的因素。

交易的价值空间大小主要取决于三方面因素：价值创造、价值共享和价值耗散。价值创造是指商业模式创新带来的新的市场增量空间，意味着交易价值空间的提高；价值共享是指只有建立在共赢基础上的商业模式才能持久和增值；价值耗散是指商业模式的总价值大于所有参与者分配到的价值总和，意味着一部分价值被耗散在交易成本上，在商业模式效率上表现出高交易成本。按照价值创造和价值耗散两个维度可以把商业模式分成四大类。

	价值耗散 高	价值耗散 低
价值创造 高	高创造，高耗散	高创造，低耗散
价值创造 低	低创造，高耗散	低创造，低耗散

商业模式的利益相关方把各自的资源能力拿出来交易，形成生态系统的价值链。每一个交易主体拥有资源能力的量并不一定完全匹配一个交易方，所以大家可能同时跟多个主体发生交易，比如包材生产商会同时向多家酒厂供货，酒厂也会同时采购多家供应商的包材。如果某个资源能力被一个交易方完全垄断，短期来看会降低交易成本，但是这种降本是以垄断方掌握生态链控制权、掠夺其他交易者的合理利益产生的，并不符合好的商业模式的分享机制。因为其他价值链的竞争者甚至同一个价值链的相关者都会积极想办法寻找这个资源能力的替代方案。

好的商业模式标准是高价值创造、低价值耗散及价值共享。这种商业模式能够为企业和利益相关者创造巨大的交易价值，而交易耗散又能被较好地控制，同时价值分配合理形成共赢，才能持续创造增值。

二、创新是对市场变迁的主动响应

创新是商业模式的前提。经济学家约瑟夫·熊彼特在《经济发展理论》中说："经济本身是循环流动不会发展的，就像农业社会几千年也没有发展，直到工业革命蒸汽机出现，经济就飞速发展。但是蒸汽机这个科学发明不是推动经济发展的原因，只有当企业家把科学发明用于建立一个新的商业组合，出现了企业家的创新，才推动了经济的发展。"熊彼特说企业家要获得利润只有一条路，就是创新，大多数没有创新的企业仅仅能获得微薄的利润，这个利润实际上不叫利润，是社会付给企业的"管理者工资"。熊彼特对企业家的定义也做了更新，他说企业家不是一个身份，更不是一个阶层，而是一种创新的状态，只有当一个人创新的时候他才是企业家，可以获得企业家利润；其他时间这个人可能是董事长、总经理，但不是企业家，只能拿到管理者工资。熊彼特提出了五个创新的方法：

（1）采用新的产品或者赋予老产品一种新的特性。

（2）采用一种新的生产方法。

（3）开辟一个新的市场，这个市场以前可能存在也可能不存在。

（4）采用一种新的原材料或者新供应来源，不管是已存在还是第一次创造。

（5）实现一种新的商业组合，形成或打破一种垄断。

哈佛大学管理学教授克莱顿·克里斯坦森在"创新三部曲"中对创新的诠释与许多人认为的不同，他所强调的创新，其关键不在于技术进步，更不在于科学发现，而在于**对市场变迁的主动响应**。高瓴资本的张磊在《价值》中提出"用创新构建企业动态的护城河"概念，他说："世界上只有一条护城河，就是企业家们不断创新、不断疯狂地创造长期价值。"张磊提出了理解动态护城河的三个创新视角：

（1）理解企业所处的时代背景和生态环境，用自我革命和内部创新主动响应市场环境的变化。亚马逊从网上书店起步，在享有近乎"印钞机"式赚钱模式的同时，仍然不断自我颠覆，涉足云计算，开发智能设备，不断突破业务边界。阿里巴巴从电子商务网站起家，通过对用户端（Consumer 端，C 端）用户的不断理解和对自身商业模式的自我精进，不断用创造性思维解决问题，把解决方案变成不同的产品，成为了一家综合性科技公司。

（2）在不同领域之间创造联系，以不同的视角看问题，形成全新的思维角度。创意重构已经成为最主要的生产力驱动因素，任何商业都无法预知其他领域、其他维度带来的竞争。当麦当劳和肯德基交战正酣的时候，它们才发现最大的竞争对手其实是便利店，人们在便利店用几块钱就可以吃早餐。而当外卖业态出现的时候，很有可能便利店的生意也会面临巨大挑战。这就是更高格局上的竞争，终于把本领域的竞争对手击败了，便会发现其他领域的竞争对手又出现了。张磊说："商业竞争的本质要看格局、要看价值、要升维思考，以更大的框架、更广阔的视角去看给消费者创造怎样的价值。"

（3）保持开放性视角，敢于打破自身的垄断地位，从内部打破边界，构建一个资源开放、互利共赢的生态系统。以京东和腾讯的合作为例，两家企业蕴含完全不同的基因，腾讯的虚拟产品是基于社交生态系统产生的，并不像京东那样具备完善的供应链系统，而京东的电商需要腾讯的移动端入口。用开放的视角、以合作共赢的思维，把资源"唯我所有"变成"为我所用"，最终两家卓越的企业在开放共赢的理念下，通过开放、共享、融合共同打造新型企业的护城河。

三、三个层级的差异化构成竞争战略的差异

形成竞争战略差异化可以从三个层级来构建：资源差异化、模式差异化、认知差异化。这三个层级由前到后的顺序也是构建商业模式差异化的路径，企业可以从中找到某一个层级来构建商业模式的差异化，如果三个层级都能形成差异化，那么商业模式就拥有强大和不可复制的优势。

资源差异化是指企业拥有或者可以通过交易结构获得某些竞争对手没有的稀缺资源。俄亥俄州立大学教授杰恩·巴尼定义了资源的公式："资源=有形资产+无形资产+能力"。形成商业模式差异化的关键资源必然具备稀缺性和经济价值，稀缺性是指资源绝对量少，而且难以被模仿和复制；经济价值是资源的垄断价值和衍生价值。垄断价值是某种资源占据了行业的战略咽喉，拥有这种资源的企业自然拥有这方面的竞争优势，缺少这种资源的企业不得不绕开它，从其他方面构建商业模式可能花费巨大的代价。衍生价值是资源具备很强的延展性，可以开发多种使用价值，也可以延伸进入其他业务，还可能衍生出新的业务。在资源差异化的思维下构建商业模式，企业要学会识别、控制和运用具有垄断价值或衍生价值的稀缺资源，以这些关键资源来构建商业模式的差异化。丹泉酒在广西南丹县有规模巨大的天然储酒溶洞——"洞天酒海"，其被评为 4A 级旅游景区并入选"2022 年国家工业旅游示范基地"。丹泉集团还在南丹县打造了歌娅思谷、瑶望天下、矿物地磁温泉、酒文化小镇、土司大酒店等多个旅游景点和酒店，并且南丹县距贵州荔波小七孔景区仅 60 公里路程。丹泉集团围绕洞天酒海天然储酒洞的稀缺资源，依托丰富的旅游与接待资源，构建丹泉酒"回厂买酒"的体验式营销模式，与其他白酒品牌形成商业模式差异化。联合广西其他白酒企业将老熟期的"洞藏"企业标准推动成为广西白酒地方标准。建立丹泉酒"洞藏老酒"的品牌定位，塑造老酒品类的洞藏特性和价值，引入全国大商构建"共享酒厂与洞藏老酒资源"的运营平台，发展行业外经销商，以圈层直销方式开展"回厂游"。这个商业模式的设计是建立在"稀缺"的洞藏与老酒资源和本地旅游资源的基础上，通过品牌定位传播资源价值，以共享模式获取行业大商的资金和运营能力，利用圈层直销模式精准

获客，最终形成差异化的商业模式。

模式差异化是指当企业在资源上无法与竞争对手形成差异的时候，可以通过重构这些资源的布局逻辑和利益相关者的交易方式形成新的差异化。西班牙 IESE 商学院的克里斯托弗·佐特教授指出：商业模式就是通过重组资源形成自己创新的差异化框架。模式差异化有两个途径：资源重组和价值重构。资源重组是通过交易方式巧妙串联各种非稀缺的资源，实现模式的差异。爱彼迎是一家采用共享经济思维的 O2O（Online to Offline，在线离线）在线房屋短租平台，通过把业主私人闲置房屋短租给旅行者，收取双方佣金盈利。爱彼迎在供给侧引导房东提供高质量的个性化食宿空间，在需求侧传递"颜值经济"的产品差异化和本地生活的服务差异化，成为了旅游、人文的综合体验提供者。爱彼迎于 2008 年成立，2019 年以 1600 多名员工管理全球 190 多个国家和地区的 100 多万个房间，成为全球共享经济的领军企业之一。价值重构是通过对顾客价值进行差异化取舍形成在某个细分要素上的差异化优势。英国保险公司 By Miles 针对特斯拉车主，以实际行驶里程为基础来收取保险费，这个商业模式虽然放弃了高里程顾客，但是对行驶里程少的顾客有致命的吸引力。白酒企业与包装设计公司普遍的合作方式是企业指定设计公司，预付包装设计款后由设计公司创意交付。这种方式对品牌方而言锁定了获取设计结果的途径，一旦设计产品达不到预期，付出的设计费还是小事，耽误的时间无法弥补。所以，品牌方倾向于寻找有成功设计案例和口碑的设计公司合作，以此来降低合作风险。丹泉酒在文创产品设计合作上可创新商业模式，集团面向所有设计公司和包装供应商征集文创设计，筛选优秀作品形成图文介绍或样品，通过全国专卖店体系向固定用户（主要是企业）推荐，汇集了订单以后，再组织供应商定量生产，按照生产量向设计公司支付变动费用。这个模式虽然供应周期拉长，但是开放了设计创意来源，有利于发现好的创意，并丰富了原有的包装供应商，把文创特型酒包装和常规商品酒包装分开供应渠道，减少对常规品的供应干扰。同时，从供应的角度来看，"以销定产"降低了产品开发失败风险；从销售的角度来看，"以产定销"有利于控制产品售价，提高顾客价值。

认知差异化是指当企业的资源、模式都一样，提供的产品也差不多时，如何在顾客心智中建立独特的形象来形成竞争差异，使顾客仍然认为企业提供的产品或服务不一样。认知差异化是依靠品牌来实现的，具体来说是由品牌定位、核心价值、信任状构成的一张品牌认知网。信任状就是让品牌定位显得可信的事实，作为信任状的事实不一定是客观事实，也可以是"认知事实"，就是顾客认知中被当作事实的观念。认知事实对于品牌来说是一种"准事实"，并且是客观存在于顾客的大脑中，改变认知事实的难度并不亚于改变客观事实的难度。按照不同事实的构建方式，大致可以分成以下三种信任状：

（1）品牌对顾客的可信承诺。

品牌向顾客承诺某些功能、效果等可以打消或者降低顾客疑虑；向顾客承诺无效退款、无理由退货等，通过交易可逆的方式降低顾客交易成本。品牌向顾客承诺的有效性不仅仅取决于承诺的内容，还取决于品牌提供的有形资产和无形资产作为信任背书。通过地摊而不是奢华专卖店销售劳力士手表，即使品牌作出"假一赔十"的承诺也不可信。知名企业的商誉或母品牌，甚至企业家个人声望也可以成为无形资产来背书品牌承诺。

（2）顾客自行验证的事实。

顾客自行验证的事实包括产品本身的包装、质量、性能、设计品位、店面形象、热销氛围、老顾客口碑、广告媒介价值等，这是最丰富的信任状内容。其中产品本身是品牌最基本的信任状，包装设计、做工等都是顾客可以直接感知的内容。顾客自行验证的事实很多是认知事实，是符合认知规律的习惯、文化、知识等，比如中秋团圆的文化，拜年发压岁钱的习惯，等等。

（3）第三方信任背书。

由可信的第三方为品牌证明或者背书，包括官方认证、专家推荐、获奖证明、名人代言等，大致可以分成机构权威背书、专家知识背书和名人信用背书这三类。

三大信任状构成了品牌多维度立体信任状，在协调一致的立体信任状支持下，品牌定位才能被顾客充分认知。建立认知差异化并不是要罗列品牌拥有的所有信任状信息，而是同时满足本企业有、竞争对手没有、顾客需要这三个条件的认知优势。企业和竞争对手都具备的竞争优势是品牌竞争的共性门槛，只有放大竞争对手不具备的优势才能形成认知差异。

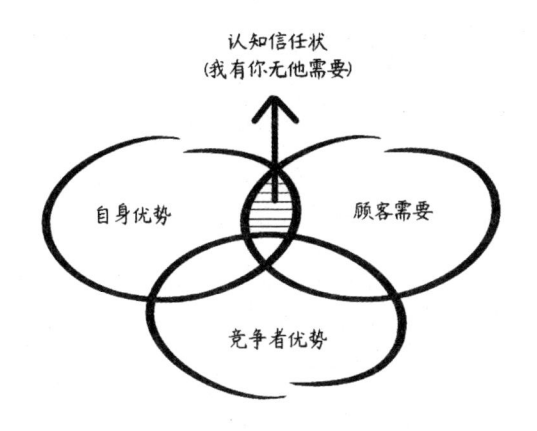

```
          认知信任状
        (我有你无他需要)
              ↑
      ⬭⬭⬭⬭⬭⬭⬭⬭
   自身优势      顾客需要
        ⬭⬭⬭⬭
         竞争者优势
```

丹泉酒厂位于广西，并不在酱酒核心产区，如果从酱酒这个角度介绍产品，与酱酒核心产区的品牌相比，在消费者心智上有天生劣势。但是丹泉酒厂所在的广西河池市是中国首个世界级长寿市，有包括巴马县在内的六个广西长寿县，这里的健康文化、养生文化、长寿文化和水质、空气、生态等自然资源优势是消费者心智中的固有认知，而且是竞争对手不具备的条件，同时，健康、长寿也是消费者确定的需要，甚至是消费者非常关注的痛点。如何围绕产地优势构建认知信任状？丹泉专卖店可向顾客承诺"创造健康养生的生活和社交方式"，通过最直观的回厂体验影响和转化顾客。专卖店可同时销售原产地健康、原生态、时令的农特产品，以此来传递丹泉产地优势的信息，把"健康饮酒"的理念具体落实到酒桌文化，用行动来传递健康饮酒文化。丹泉酒厂还可与地方政府合作，参与并获得政府对丹泉专卖店"桂品出乡、乡村振兴"的认可背书，使销售商获得更有利于跟顾客交流的新角色。这些信任状形成多维度、可验证的"认知事实"，建立丹泉酒和竞争品牌的认知差异化。

品牌的核心价值源于企业的社会价值和顾客价值，是形成品牌认知差异化的关键。无论这些价值是否属于企业专属，都应该有明确的信任状来佐证。企业在构建商业模式时要放大专属的核心价值，这些价值是说明品牌特性的关键，由品类特性构成的品牌定位必然是一个差异化的认知结果。品牌定位、核心价值、信任状构成的品牌认知网回答了顾客关注的三个问题，分别是：你是什么？有何不同？何以见得？这就是在认知层级构建的差异化。

四、合作是扩大价值空间的正和博弈

美国耶鲁大学教授拜瑞·内勒巴夫和哈佛大学教授亚当·布兰登勃格在合著的《合作竞争》一书中提出，企业在市场上的行为正如博弈论的场域，但是这种博弈并非一定是负和博弈或零和博弈，也可以是正和博弈。换句话讲，市场中的博弈结局并不一定指向你死我伤，对手之间可以正向进化出双方获利的局势，这就是"合作竞争"理论。合作也是获得商业模式所需要的资源和能力的方式之一。从白酒行业竞争来看合作目的有四个：一是扩大市场规模，二是提高准入门槛，三是通过价值输出整合资源，四是形成战略联盟。

（一）扩大市场规模

白酒销售商在同一个区域市场建立某种畅销名酒的价格联盟，规范的价格有助于识别和抵御外来窜货，也能得到厂家的保护。价格的刚性有助于减少顾客疑虑，增加产品在当地的销量。当某个品牌的定位需要开创和领导一个新的品类时，往往需要用更宽容的竞争方式吸引更多品牌进入新品类，这时的合作是为了一起提高品类的心智份额。

（二）提高准入门槛

白酒领导品牌可以通过销售规模提高竞争的准入门槛，比如劲酒、牛栏山以及一些区域强势低端酒，它们已有的销售规模分摊了大量固定费用，为新进入的品牌制造了很高的门槛。白酒销售商也可以用较高的人效比阻止新的销售商加入，这些属于零和博弈或负和博弈的竞争。事实上也可以通过正和博弈的合作来提高准入门槛，比如区域白酒生产企业合作制定和维护本区域的行业标准，仁怀市通过这种合作方式抵制劣质酱酒和不规范的产品标识，提高酱酒的准入门槛，构建产区整体价值。广东米酒生产企业合作制定本区域米酒生产标准，并且建立广东米酒自己的品评标准，通过向顾客传播区域标准提高准入门槛。

（三）通过价值输出整合资源

华致酒行在行业低谷期意识到团购碎片化对白酒零售的影响，为了快速获取更多团购资源，采用输出"华致酒库"品牌和供应链的加盟方式整合优质终端，快速发展了需求端的生意，以此为基础在上游开发优质名酒产品和利润产品。2019年华致酒行上市后，继续向合作商家输出"上市公司卖名酒"的价值，并且尝试线上线下联动形成O2O平台继续为商家赋能。

（四）形成战略联盟

丹泉酒从2018年开始发展"专卖店"，到2022年全国已有数百家店，但是加盟商因为品牌专卖导致销售规模受限，专卖店的固定经营成本难以消化，且同一个市场专卖店数量太多，导致内卷杀价进一步降低了加盟商盈利水平。丹泉营销公司从2023年开始组织主要城市的加盟商成立合伙平台公司，形成商家"共建、共管、共赢"的机制。商家的诉求通过平台公司统一整理后，与厂家平等沟通，规避了以前厂家同时面对众多商家，单独沟通形成的信息不对称等问题，降低了双方交易成本，形成了"控盘分利的战略联盟"。平台公司可以与厂家签订恒定的结算价合同，由平台公司自我控制小步提价，提高商家盈利水平，解决产品提价中的多方博弈和利益分配。平台公司将掌握大量社会资源的经销商提至更高层级的分利环节，通过固定的股权分红保证加盟商的基本费用，用"多劳多得、优者更优"的阶梯式销售奖励激励商家行为，由商家共同决策当地的分销渠道，并且共同承诺兜底销售指标，极大地调动了经销商的积极性，最大限度地共享本地市场发展红利。控盘分利有以下几个关键点：

（1）控制一个区域内销售商的数量。

（2）整合一个区域内销售商的关系，形成"共管、共赢、共享"的利益共同体。

（3）控制供应量，通过空白市场招商分担增长压力，而不是老经销商加量。

（4）控制产品的暴露价格（暗流价），实行平推倒返、股权（期权）分红等方式，提高顾客通过任何渠道的感知价格。

（5）提高顾客价值（包装、品牌、服务），推行以产定销，掌控定价权。

（6）将核心用户与销售商的固定关系纳入客户关系管理（Customer Relationship Management，CRM）系统。

丹泉丹品轩商业模式案例

截至 2022 年，丹泉酒在全国发展了数百家专卖店（公司内部也称为品鉴基地）。这些店的形象从外部看与市场上更换了丹泉酒招牌的烟酒店没有区别，丹泉公司对专卖店的销售指导与其他合作的团购型烟酒店也没有太大不同，丹泉的这些专卖店与白酒行业其他品牌专卖店在销售模式上基本相似，都是厂家的一个高度约束的分销渠道。丹泉专卖店的销售规模受限于丹泉产品专卖的约束，难以消化固定费用，厂家对加盟商经营费用的兜底方式严重影响利润。

丹泉专卖店的优化首先从名字开始，专卖店是白酒推广销售的场所，提供的商品既包括丹泉酒，也包括与销售白酒相关的各种服务。之前专卖店使用"丹泉"这个名字开展营销，但是丹泉是白酒品牌，它最有价值的方式是代表高品质好酒，丹泉品牌如果还要代表某个销售组织、某种服务方式，甚至其他非酒产品，那么认知就被分散了，结果是顾客不相信，且品牌价值被稀释。所以，有必要为所有专卖店取一个既与丹泉相关又有独立价值的名字"丹品轩"，着重于强调丹品轩的服务功能。这是一个定位于提供服务商品的品牌，这个品牌也是丹泉酒业的无形资产，通过授权的方式使用。"存在即定义"，能说清楚自己是什么才是真的存在，有独立的品牌和名字，丹泉专卖店开始走上自我驱动的道路。

丹品轩是丹泉专卖店系统最重要的业务单元，每家丹品轩都是秉持"健康、养生的生活和社交方式"这个企业使命，打造"高端人士健康文化的共享社交空间"。丹泉公司既要通过发展丹品轩的数量触达和转化更多用户，又要辅导、服务和管理好每一家丹品轩，让他们形成自我驱动力，共同控制好产品价格。所以有必要在每个重点城市，将各家丹品轩组织起来形成一个有自驱力的团队，一起开展控盘分利的销售模式。区域丹品轩平台公司就是组织本地区丹品轩加盟商实现区域市场"共创、共赢、共享"的管理平台。

丹品轩商业模式的业务系统是以"区域丹品轩平台公司"为焦点企业，把区域丹品轩平台公司内外部与之有业务往来的经营主体当作"利益相关者"来构建的业务系统。"区域丹品轩平台公司"是由丹泉酒业和主要操盘手（或运营公司）发起的，由区域内丹品轩门店参与的股份制企业。平台内部的丹品轩门店、签约销售商是内部类利益相关者，他们参与交易的关键资源是围绕门店老板和销售商的人脉资源、一定规模的白酒销售资源、门店老板和销售商的时间/精力、门店老板和销售商的社会影响力，关键能力是门店老板和销售商的积极主动性、门店老板和销售商转化白酒用户的能力。

丹泉酒业既是平台公司的发起人也是平台公司的供应商。丹泉酒业参与交易的关键资源是丹泉产品和品牌、丹品轩品牌、丹泉酒厂体验资源，关键能力是圈层直销模式的输出能力和服务产品化输出的能力。丹品轩商业模式有以下四个创新：

（1）把服务品牌化和产品化。把丹品轩作为服务品牌单独定位，把丹品家宴、主题会销、洞天盛宴、巴马丹泉健康体验游四个服务产品化管理，通过服务提升顾客价值。

（2）把圈层推广和终端分销分开管理。以丹品轩门店为载体的股权商主要承担圈层发展和品牌推广，开展直接团购。市场上部分团购能力强的名烟名酒店和团购商，主要承担分销功能，附带协助品牌推广。通过分销实现的利润由平台统一分配。

（3）把酒厂和商家业务分开。厂家负责不断提升产品价值，研发销售服务工具并且把服务产品化，开展培训等赋能工作。商家的核心业务按照"走出去，请进来"，围绕拓宽社交圈层、识别关键用户、维护关键用户，主要是基于"人"开展工作。厂商合作围绕四个场景开展用户转化工作。

（4）商家角色创新。之前商家的角色就只是"酒商"，很多跨行业的加盟商很难为他的社交圈层提供新的"价值"，在社交关系中容易处于弱势地位。丹品轩引入原产地生态、健康的非酒类产品，输出康养文化、会员康养服务、健康饮酒知识等，帮助商家向用户输出价值，补齐社交短板。

践行丹品轩"创造健康、养生的生活和社交方式"的企业使命，需要附带营销河池本地的健康特色农产品。提供丹泉品牌的顾客价值，也需要从产品包装上进行更多创造性的突破，文创酒和礼盒酒是在白酒"喝、送、藏、投"多元化场景中围绕礼品和收藏的特殊需求，提高丹泉产品顾客价值的路径。这些异型产品的生产、销售方式与之前相比有很大创新，需要通过新的组织方式来实现。丹泉酒业可以成立丹品荟供应链公司，为全国丹品轩商家设计精美的异型包装的文创、礼盒产品，并且通过创新的组织方式实现订单拉动式柔性生产和定量供应。同时丹品荟供应链公司也承担为全国丹品轩商家寻找河池原产地生态健康特色农产品的责任，并且提供采购和品控管理的功能。

丹品荟供应链公司是由丹泉酒业和主要操盘手发起的，由核心管理团队、丹泉核心经销商、丹泉主要供应商、河池原产地健康特色农产品供应商、外部服务机构（包装设计、广告）、财务投资人等组建的公司。丹品荟供应链公司参与交易的关键资源是集合一定数量订单的采购资源、股东的广告/资金/包材供应等资源，关键能力是特殊包装酒的开发设计能力、原产地非酒产品采供能力、全国丹品轩招商组织能力。

价值营销的主要观点

- 交易价值是整个商业模式所有利益相关者总收入的价值，关注的是商业生态系统而不仅仅是交易中的某一方。
- 做什么（战略定位）决定商业价值，怎么做（商业模式）决定商业效率，谁来做（组织管理）决定货币成本。对企业而言，在组织管理水平相近的相同行业中，战略定位（商业价值）与商业模式（商业效率）共同作用的最大化组合才是企业的最优选择。
- 好的商业模式标准是高价值创造、低价值耗散、价值共享。这种商业模式为企业和利益相关者能够创造巨大的交易价值，而交易耗散又能够较好控制，同时价值分配合理形成共赢，才能持续创造增值。
- 创新的关键不在于技术进步，更不在于科学发现，而在于对市场变迁的主动响应。
- 企业终将进入一个较为充分竞争的市场，如果采用的竞争战略没有差异化，将导致竞争变得异常残酷，这也就是为什么一些企业并没有做错，

但是却被市场淘汰的原因。
- 形成竞争战略差异化可以从三个层级来构建：资源差异化、模式差异化、认知差异化。这三个层级由前到后的顺序也是构建商业模式差异化的路径，企业可以从中找到某一个层级来构建商业模式的差异化，如果三个层级都能形成差异化，那么商业模式就拥有强大和不可复制的优势。
- 品牌定位、核心价值、信任状构成的品牌认知网回答了顾客关注的三个问题，分别是你是什么？有何不同？何以见得？
- 市场中的博弈结局并不一定指向你死我伤，对手之间可以正向进化出双方获利的局势，这就是"合作竞争"理论。

第六章　品牌是在心智战场竞争的基本单位

一、品牌是固化的偏好

品牌（Brand）这个词的中文意思是"烙印"，当时西方游牧部落在马背上打上不同的烙印，用以区分财产，这是原始的商品命名方式。1960年，美国营销协会（American Marketing Association，AMA）给品牌作了定义：**品牌是一种名称、术语、标记、符号和设计，或者是它们的组合运用，其目的是借以辨认某个销售商或者他的产品和服务，并使之同竞争对手的产品和服务区分开来。**这个概念很容易理解，品牌就是用来让消费者辨别的，既是辨别产品也是辨别提供产品的人。

但是，仅仅用来辨识产品，这个概念的强度还不够，也容易产生误导。如果听到有人说："我有一个很好的品牌，叫什么酱，或者什么国酒、什么郎，而且已经注册了的。"由此推断出他可能是没有区分清楚名字、商标、品牌这几个概念，把名字、注册商标当成品牌。

当想到宝马轿车的时候，人们的认知是"驾驶的乐趣"；当想到奔驰轿车的时候，人们的认知是"乘坐舒适"；当想到丽江的时候，人们脑海中最快浮现的可能是"美丽风景"；当想到某个人的时候，你可能马上通过他的音容笑貌联想到美丽、豪爽、严谨等词汇。从品牌存在的状态来看，品牌是一种主观存在而且有意义的东西，当它走进人们的心里而且有了意义它才会存在，它并不只是客观的名字、商标、包装、设计等。品牌是以认知差异化方式存在的，宝马被认为是驾驶的乐趣，奔驰被认为是乘坐舒适，它们各自名字的背后是有认识差异的。

从品牌建设的角度来说，品牌是一个结果，是通过很多品牌管理工作后在人们心中产生的结果。建设品牌是希望品牌在潜在顾客的认知中成为一种**"固化的**

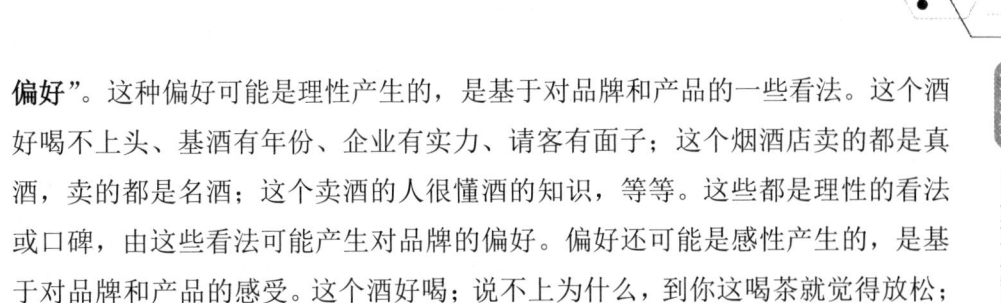

偏好"。这种偏好可能是理性产生的，是基于对品牌和产品的一些看法。这个酒好喝不上头、基酒有年份、企业有实力、请客有面子；这个烟酒店卖的都是真酒，卖的都是名酒；这个卖酒的人很懂酒的知识，等等。这些都是理性的看法或口碑，由这些看法可能产生对品牌的偏好。偏好还可能是感性产生的，是基于对品牌和产品的感受。这个酒好喝；说不上为什么，到你这喝茶就觉得放松；没什么原因，就是觉得跟你投缘，等等。这些都是感受，由这些感受同样会产生对品牌的偏好。

对产品或服务的喜爱并不直接等同于对品牌的偏好，这种喜爱是具体的、特定的、理性的。塑造品牌是要把对产品或服务的喜爱慢慢累积为对品牌的固化偏好，把客观的喜爱固化成主观的偏好，把需要理由支撑的喜爱变成无缘无故的爱，把通过产品或服务建立起的某些具体理性的看法或口碑变成抽象的、泛化的、非理性的偏好。品牌的偏好一定脱离于产品才算成功。

品牌的作用就是要消费者记住，和别人不一样，对消费者有意义的价值，从而使其在消费者心里变成唯一。品牌不是来说明它比别人好，因为好的标准有时很难衡量，而是用来让消费者喜欢、爱戴、愿意接触的。

二、品牌才是竞争的基本单位

在第一章讲市场营销学定义的时候提到，顾客购买的原因是能获得"消费者盈余"，也就是获得的顾客价值大于付出的顾客成本。试想一下，有一位游客在旅游中行李被盗，现在身无分文，只剩下手上戴着的一块劳力士手表。于是他站在路边向过往的游客兜售这块手表，结果当初花了 10 万元买来的名表现在 200 元也卖不出去。为什么游客不愿意买这块手表？也许是因为他们不相信这块手表是真的，也许是担心这是个骗局的诱饵，又或者担心它是偷盗的赃物。显然，决定顾客买不买这块手表的关键因素不是这块手表事实上的真假或者是合法性，而是顾客认为它是真还是假，或者是顾客认为购买有可能带来法律风险、安全风险等其他成本，这些都是顾客的认知。这就是品牌定位理论中所说的"认知大于事实"，真正决定顾客行为的是顾客的认知，无论是顾客价值还是顾客成本都是顾客主观上的认知。如果一个人的行为不是由他的认知决定的，就等于他不知道自己在干什么。

接下来的问题是顾客的认知从何而来？那位游客当初为什么会花 10 万元买这块劳力士手表？当初决定他购买行为的认知是如何形成的？可以根据常识推断，当初他被劳力士手表的广告或者口碑吸引，在购物中心豪华的专卖店里接受了非常舒心的服务，从广告、口碑、产品、品牌故事、店内服务等感受到劳力士手表带给他的价值。这个价值经过他评估以后大于要付出的成本，于是他购买了这块表。也就是说，决定他购买行为的认知必然直接或间接地来源于被他所感知的某些事实。

这一分析建立了商业竞争的战场全景：**竞争的终极战场是顾客心智，但企业不能凭空改变顾客心智，只能在产品、渠道和媒介三个物理战场上构建某些事实，从而影响、操控顾客心智，在心智战场上产生有利于企业的认知变化。**心智战场与三个物理战场构成了商业竞争地图的基本轮廓，心智战场看不见摸不着，却是物理战场上所有行动的终极归宿。

在顾客的心智中，又是什么和什么在竞争呢？很多人会认为是企业与企业之间的竞争。彼得·德鲁克在《21 世纪的管理挑战》一书中说道："公司是一个法律上的实体。对股东、债权人、员工及税务人员而言，它是真实的存在。然而从经济层面观之，这个实体并不存在。"企业之所以存在是因为它对社会有价值，但是顾客却不可能把企业装进脑袋里，顾客不会依据企业就作出购买选择。比如绝大多数顾客并不知道"瓜子二手车"属于"车好多旧机动车经纪（北京）有限公司"，也不知道"今日头条"属于"北京字节跳动科技有限公司"，但这并不妨碍顾客使用它们。事实上，从顾客的角度看，他更关心品牌或者产品，而不是这个品牌或者产品所属的企业。当顾客谈论一件产品时，他更可能问出的问题是"什么牌子"而不是"哪个企业生产的"，顾客往往是依据品牌或者产品做出购买选择。商业竞争的表现是企业以品牌或者产品在外部市场展开争夺，而企业是一个运营组织，它本身并不能置身市场。实际上可以把企业看成一个运营的成本中心，而品牌和产品是创造顾客的利润中心。企业只有在产品、品牌、服务上创造顾客价值才能获得业绩。而竞争发生在顾客的心智中，产品本身并不能进入消费者心智，将消费者对产品的感受转换成对品牌的认知才能进入心智。**品牌才是在消费者心智中开展商业竞争的基本单位。**

三、品牌通过"心智预售"创造顾客

彼得·德鲁克说企业的经营成果在企业外部，在企业内部只有成本。定位理论进一步发展了德鲁克的这个概念，定位理论认为：企业的核心经营成果在顾客的心智中，这个能左右顾客选择并且创造顾客的成果就是"品牌"。只有完成品牌定位之后，品牌才能真正参与到商业竞争之中，品牌定位的意义就是要通过**心智预售**左右顾客选择，在顾客的头脑里提前完成销售。比如顾客在出门前或看到产品前，或者打开京东 App（应用程序）前，就已经想好了为了明天的接待要买两瓶五粮液准备着，于是直接到专卖店问"五粮液什么价"，这种现象称为"指名购买"。与这个相反，没有完成心智预售的品牌，消费者在见到产品之前根本想不到它，购买行为表现为在现场"随机购买"，那么就需要让产品进入更多终端，开展更多陈列和消费者促销，给予店主利益让其推销，总之是在销售现场争取更大的卖出概率。但是，这些顾客实际上是终端创造的不是产品创造的，可能是终端售点完成了心智预售，创造了顾客价值，产品想要得到这些顾客必须向终端支付费用，还要跟其他产品展开竞争。所以，通过打造品牌实现心智预售来创造顾客，被创造的顾客因为指名购买降低了各种交易费用，交易费用的降低最终变成企业的超额利润。没有实现心智预售的品牌实际上不是品牌，只是一个商标。

四、品牌定位就是让品牌代言品类特性

品牌定位中的"定位"与营销战略定位中的"定位"不一样。营销战略定位是为了满足特定需求的一套独特的价值组合，品牌定位中的"定位"指的是由"品类+特性"构成的一个概念。品牌定位就是在消费者心智中把品牌跟这个概念关联，让品牌能代表这个概念。

品类是顾客自己理解和定义的商品分类，是顾客购买决策前的最后一级商品分类，是可以对应具体需求并且可以关联到品牌的分类，品牌明确了品类才能对接需求。有些品类不是消费者理解的分类，这称为"伪品类"，比如头曲、二曲、大曲，这是工艺区分，不是消费者认知；有些品类不是最后一级分类，顾客不能

根据这个分类完成购买选择，这种分类概念称为"抽象品类"。比如酒是一个抽象品类，消费者很难仅仅基于酒这个宽泛的信息完成购买决策，瓶储老酒也许是可以帮助消费者决策的具体品类。抽象品类加销售场所可以变成渠道品类，比如酒行是卖酒的渠道，酒吧是喝酒的场所，去酒行买酒对消费者来说有了更明确的指引，它们是一个具体品类。销售商可以在酒行这个具体品类上塑造自己的特性完成品牌定位。特性就是该品牌和竞争对手的区别，是顾客能理解并认可的竞争性差异，也是品牌蕴含的独特价值，是从企业的社会价值和创造的顾客价值中筛选的。名酒保真的酒行、只卖老酒的酒行、传播酒文化的酒行、体验互动的酒行等，都可能构成品类的特性。

品牌定位就是占据品类特性，也就是占据品类的某个重要价值（对顾客而言有价值），而品类有很多特性（价值），某个品牌也可能存在多个特性（价值）。但是品牌定位只能聚焦一个特性，宣传这一个特性，使这个特性成为这个品类（细分市场）重要的购买理由，甚至是首选购买理由，而品牌聚焦的这个特性也成为了品牌的首要特性。品牌定位可以分解成两个动作：一个是让品类特性成为消费者购买的重要理由（甚至是首选理由）；另一个是让品牌在消费者心智中占据这个品类特性。只有足够强大的领导品牌才可以在多个相关特性中延伸，前提是这些特性的认知隔离并不足够清晰，不足以成为独立的品类。一旦某个特性发展成为独立的品类，其中的专家品牌就有了挑战领导品牌延伸认知的机会。品牌如果要在多个关联性低的特性之间切换，就需要放弃原有定位开展新的品牌定位，对品牌积累的认知优势和原有顾客是重大的损失。比如，消费者购买卡车的理由（卡车品类对顾客的价值）包括安全、结实、豪华、智能、省油等。沃尔沃把品牌聚焦于"安全"这个特性，宣传"安全"对用户的价值，使这个特性成为顾客购买卡车时考虑的首要特性，沃尔沃卡车也成为"安全"卡车的代表。成为了领导品牌之后的沃尔沃，当然也可以在"耐用""智能"这些相关的特性中进行延伸，让沃尔沃卡车也具有结实耐用、智能化辅助安全等特性。

品牌定位可以在已有品类中占据一个特性，从而切割了一部分市场；也可以因为附加了这个很有价值的特性，形成认知隔离从而开辟出一个新的品类，这就是品类分化。王老吉就是从饮料中分化出一个预防上火饮料的新品类，元气森林

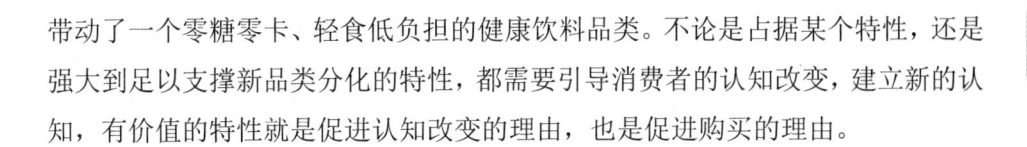

带动了一个零糖零卡、轻食低负担的健康饮料品类。不论是占据某个特性，还是强大到足以支撑新品类分化的特性，都需要引导消费者的认知改变，建立新的认知，有价值的特性就是促进认知改变的理由，也是促进购买的理由。

丹泉酒品牌定位案例

丹泉酒业的品牌矩阵涉及三个不同的品类，其中丹泉酒是代表白酒产品的品牌，归属于产品品类；丹品轩是提供销售服务的场所，归属于渠道品类；丹品荟·精选是降低选择成本的导购品牌，归属于导购品类。丹泉酒的品牌定位受限于酒厂区位（广西南丹县），如果过分强调占据酱酒某个品类特性，如"绵柔酱香""中国酱酒南部产区"等，都是用自己的弱势参与竞争，是挑战消费者的固有认知。仔细分析丹泉酒的资源优势：一是酿酒用水取自一类水质的裂隙山泉水，与地上河水有差异，并且本地水好在很多消费者心智中有认知；二是让人震撼的天然储酒溶洞让丹泉酒的老熟环境与其他品牌有差异；三是产地附近的健康、养生文化在全国消费者（主要是中老年人）的心智中有认知。

白酒本身还难以规避醉酒伤身的认知，要实现河池产地的健康养生心智资源向丹泉酒品牌的迁移难度太大。考虑到丹泉酒品牌还处于发展初级阶段，需要强大的信任状支撑，丹泉的洞天酒海是很好的且有别于其他名酒的信任状。如果把丹泉酒的品类直接定位到"老酒"，虽然丹泉洞天酒海有储量惊人的老酒，但是丹泉品牌的销售体量很难直接占据"老酒"这个品类。最后，团队为老酒这个品类加上"洞藏"的特性，让丹泉酒占据"洞藏老酒"的品类。**"洞藏老酒"**就是丹泉酒的品牌定位。

丹品轩是提供服务的渠道品类，这个品类的特点是服务内容的生产和消费是同步进行的，比如电影院的观影环境和影片都是在消费者进场后产生价值。丹品轩是加盟商链接和发展私域中产用户的场景，丹品轩的"人"是项目的关键而非店面，具体店面形象可以包括楼（写字楼店）、堂（酒店大堂店）、馆（体验馆）、所（私人会所），丹品轩品牌定位应该围绕服务内容而不是物理上的空间。丹品轩提供的服务包括健康养生的文化/知识/产品活动，酒文化/知识/产品体验，私域用户社交场地。其中最重要的是"社交场地"，因为顾客来这里的理由才是流量的来源，社交需求是开发陌生用户最有价值的理由，并非提供的产品。团队对丹品轩的核心服务定义为"共享社交空间"，加上"健康文化"的特性和"高端人士"的范围，找出丹品轩的品牌定位：**高端人士健康文化的共享社交空间**。

丹品荟·精选是导购品类，是通过为产品的质量提供背书来推荐购买。导购品类必须符合三大特点：权威、全面、专业。丹品荟·精选是丹泉品牌的补充，非酒产品只能从丹泉酒产地附近带有"长寿"认知的地方和生态产品中选择，不可能从全面上构建特性，因此只能考虑权威和专业两个维度。团队对丹品荟·精选的品牌定位：**从健康源头产地直供**。

五、构建品牌核心资产的六个方面

品牌的核心资产是基于品牌定位形成的一套独特的价值组合，它从品牌内部和外部同时构建品牌的独特价值，包括品牌的功效特点、视觉特征、品牌个性、品牌文化、顾客的自我意识、顾客的社会形象，共六个方面。

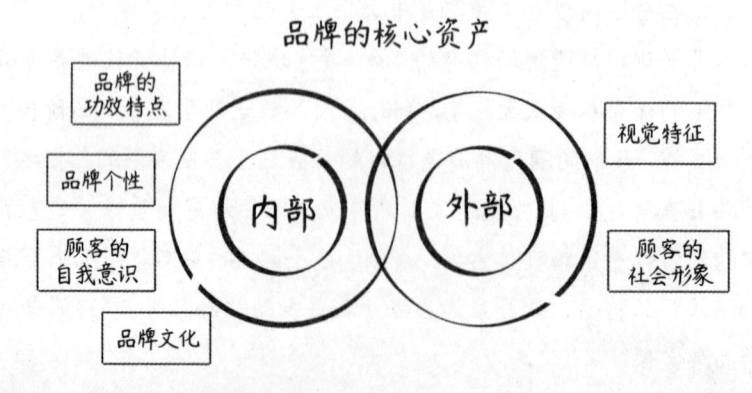

品牌的核心资产

- 品牌的功效特点
- 品牌个性
- 顾客的自我意识
- 品牌文化
- 内部
- 外部
- 视觉特征
- 顾客的社会形象

品牌的功效特点是形成产品过程中有独特价值的生产要素，包括原材料、工艺、人力、场所等。品牌的视觉特征是品牌和产品与竞品相互区别的独有特征，包括Logo（标志）、形状、图案、颜色、材质等，其中某些核心视觉特征将贯彻到同一品牌所有产品中以强化识别。品牌的功效特点和视觉特征往往依附于具体的产品。

品牌个性是品牌可被感知的人格化倾向，个性使品牌在不同场景下具有稳定的一致性，也具有独特和不可模仿的特点，同时因为拟人化而有更好的亲和力和互动性。品牌的调性就是品牌个性的外在表现。"物以类聚，人以群分"，消费者总是愿意接受符合自己观念的事物，品牌个性越是接近消费者崇尚的个性，他们就越愿意购买。广义的个性与人格是同义词，指个人的一些意识倾向和各种稳定而独特的心理特征的总和；狭义的个性仅指个人所独具的心理特征。个性可以从不同角度分类，从心理机能上可以分为理智型、情感型、意志型；从心理活动倾向性上分为内倾型和外倾型；从社会生活方式上分为理论型、经济型、社会型、审美型、宗教型；从个体独立性上分为独立型、顺从型、反抗型。个性决定人对现实的态度和对认知的倾向，这种倾向按照九型人格分类有完美型、助人型、成就型、艺术家型、思想家型、忠诚型、娱乐型、领袖型、和平型。个性还带给人明显的心理特征，包括能力、气质、性格。个性影响人的自我意识，包括在认知层面的自我认识、在情绪层面的自我体验、在意志层面的自我控制。

品牌个性要深入顾客内心，需要影响顾客的自我意识，使顾客和品牌建立起相互依存的亲密关系。这种影响主要是通过把品牌的社会作用加于顾客个体来实现的。第一，品牌要提供给顾客向往的群体环境；第二，通过品牌顾客群体的社会形象引导顾客，建立与群体评价一致的自我评价；第三，通过群体期待标准与顾客期待标准的协调帮助顾客获得自信、自尊、自我肯定、努力进取等积极心态；第四，群体激励和约束作用于顾客个体上，使其不断自我调节和优化。

品牌文化是品牌人格化以后所持有的观点，是品牌希望向周边所有人（拥有者、购买者、使用者、关注者等）传递的价值观、信念、态度、修养、品位等精神价值。它是品牌与消费者沟通的桥梁，让消费者找到属于某一群体的归属感。品牌文化有三个要素：品牌精神、文化载体和受众群体，其中品牌精神源于品牌定位，更进一步说来源于企业创造的核心价值，品牌精神的内涵与企业文化的价值观必须保持一致。品牌文化的载体包括品牌视觉系统、产品和服务、营销/广告/公关活动等。

对白酒而言，塑造品牌文化很难离开酒文化的大背景。中国酒文化源远流长而且不曾间断，酒文化是白酒品牌的母体文化，是深入生活且循环往复的文化形式。消费者难以抗拒母体文化，品牌遵循母体文化，借力母体文化，能发挥品牌文化最大的效用。

顾客的社会形象是品牌假设的目标顾客在现实社会中的形象，是品牌对目标顾客刻画的一种理想形态。品牌通过创造出符合其个性、文化、自我意识的"外在镜像"让人们对品牌的目标客户加以认识。尽管这个理想镜像并不一定与现实的顾客完全相符，但是它刻画了品牌所追求的理想用户的共性特征，也符合现实社会顾客的自我意识。

丹品轩和丹品荟·精选都是围绕丹泉品牌构建的品牌矩阵，品牌核心资产见下表。

品牌	内在资产				外显资产	
	功效特点	品牌个性	顾客自我意识	品牌文化	视觉特征	社会形象
丹泉酒	生在长寿乡 天然磁化水 长寿有机粮 洞藏晚熟酒	擅于沟通、乐于助人的外向完美型性格	身心健康、自信、友善、受欢迎	利他与自律	丹泉品牌统一视觉符号	有社会阅历和成功经验，有较好的经济基础，身心健康、热爱生活，善待自己和他人，受尊重和受欢迎的人
丹品轩	共享、舒适、社交价值					
丹品荟·精选	长寿产地、健康、生态、时令	有独立审美能力的内倾型艺术家性格				

价值营销的主要观点

- 从品牌建设的角度来说，品牌是一个结果，是很多工作后在人们心中产生的结果。建设品牌是希望品牌在潜在顾客的认知中成为一种"固化的偏好"。这种偏好可能是理性产生的，是基于对品牌和产品的一些看法；偏好还可能是感性产生的，是基于对品牌和产品的感受。
- 竞争的终极战场是顾客心智，但企业不能凭空改变顾客心智，只能在产品、渠道和媒介三个物理战场上构建某些事实，从而影响、操控顾客心智，在心智战场上产生有利于企业的认知变化。心智战场与三个物理战场构成了商业竞争地图的基本轮廓，心智战场看不见摸不着，却是物理战场上所有行动的终极归宿。
- 竞争发生在顾客的心智中，产品本身并不能进入消费者心智，将消费者

- 对产品的感受转换成对品牌的认知才能进入心智，品牌才是在消费者心智中开展商业竞争的基本单位。
- 品牌定位的意义就是要通过"心智预售"左右顾客选择，在顾客的头脑里提前完成销售。没有实现心智预售的品牌实际上不是品牌，只是一个商标。
- 通过打造品牌实现心智预售来创造顾客，被创造的顾客因为指名购买降低了各种交易费用，交易费用的降低最终变成企业的超额利润。
- 品牌定位中的"定位"与营销战略定位中的"定位"不一样。营销战略定位是为了满足特定需求的一套独特的价值组合；品牌定位中的"定位"指的是由"品类+特性"构成的一个概念。品牌定位就是在消费者心智中把品牌跟这个概念关联，让品牌能代表这个概念。
- 品类是顾客自己理解和定义的商品分类，是顾客购买决策前的最后一级商品分类，是可以对应具体需求并且可以关联到品牌的分类，品牌明确了品类才能对接需求。
- 品牌定位可以在已有品类中占据一个特性，从而切割了一部分市场；也可以因为附加了这个很有价值的特性，形成认知隔离从而开辟出一个新的品类，这就是品类分化。不论是占据某个特性，还是强大到足以支撑新品类分化的特性，都需要引导消费者的认知改变，建立新的认知，有价值的特性就是促进认知改变的理由，也是促进购买的理由。

第七章　业务结构是在物理战场竞争的谋篇布局

业务形式是企业用产品连接市场的桥梁，产品和服务需要通过具体的业务形式触达用户，业务形式既包括具体的产品，也包括产品锁定的目标顾客和销售场景，还涉及具体的销售方法。企业的全部业务可以归纳成五个类别：核心业务、增长业务、覆盖业务、撤退业务、公关业务。

一、核心业务是企业的生命线

核心业务是企业的生命线，其重要作用就是保护企业生死，同时为企业向其他方面进行业务扩张时提供基础的养分，它对稳固企业发展尤其重要，也是业务结构中的基石。核心业务的核心在于面对竞争的防御能力，在于如何建立竞争壁垒。核心业务是业务结构的"定海神针"，作用是回答业务结构"稳不稳"，白酒的核心业务往往跟核心市场相关联。设计核心业务的原则就是挖掘业务护城河。

1993年，巴菲特在致股东的信中首次提出了"护城河"的概念，他说："最近几年，可口可乐和吉列剃须刀在全球的市场份额还在增加，它们的品牌威力、产品特性及销售能力赋予它们一种巨大的竞争优势，在它们的经济堡垒周围形成了一条护城河。"巴菲特依据他的护城河理论开展投资并取得了耀眼的成果，但是具体什么是护城河，他却没有说清楚，很多人们认为卓越的因素都不是巴菲特眼中的护城河。他说："优秀的产品不是护城河，卓越的管理不是护城河，这些固然不错，但是它们不叫护城河。"实际上，护城河可以通俗地表达为壁垒，企业核心业务的壁垒应该是让"对手进不来，客户出不去"，是一项高转换成本的业务。转换成本的概念是迈克尔·波特在1980年时提出的，指的是客户更换产品或供应商时所产生的成本，它可以分成三个维度：程序型转换成本、财务型转换成本、关系型转换成本。

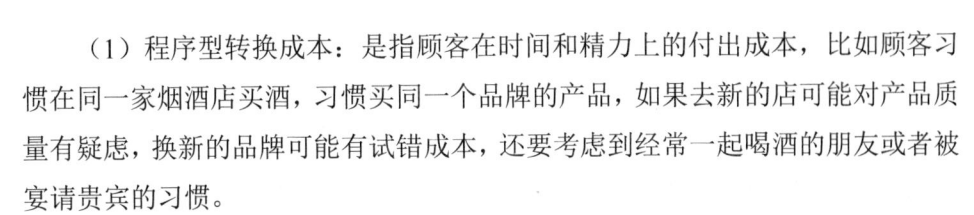

（1）程序型转换成本：是指顾客在时间和精力上的付出成本，比如顾客习惯在同一家烟酒店买酒，习惯买同一个品牌的产品，如果去新的店可能对产品质量有疑虑，换新的品牌可能有试错成本，还要考虑到经常一起喝酒的朋友或者被宴请贵宾的习惯。

（2）财务型转换成本：是指顾客可以计算的财物损失，比如航空公司的"常旅客计划"，顾客要升级到新级别必须在规定时间累积足够消费，一旦时间到了消费却没达到就不能升级，还可能降级失去相应权益。

（3）关系型转换成本：是指顾客在情感上或心理上的损失，典型的就是品牌转换时对顾客在心理上的影响。

转换成本对设计核心业务非常重要，从防守的方向来看，企业要提升自己客户的综合转换成本，比如联通为了获取高端客户，与苹果手机捆绑促销，签约三年送手机，但是三年内如果换号要支付违约金，这是建立财务型转换成本。而三年内客户一直使用联通号码，之后如果换号又会因为通知朋友和更改一些手机号捆绑业务形成程序型转换成本。从进攻的方向看，企业要降低竞争对手的客户转换成本，把对手的客户迁移到自己的业务上来，比如小米手机用低价引流的方式降低竞争对手客户的转换成本，又通过布局人工智能物联网增强客户便利和偏好，构建客户转出时更高的成本，以此来留住客户。

提高客户的转换成本就是增加与客户的黏性，其中有一个重要的前提条件，就是客户的使用频率或与客户的接触频率必须非常高。核心业务的一个重要前提是与客户存在高频率使用、高频率服务或者高频率接触的可能。

二、增长业务是企业的进攻路线图

如果说核心业务的核心在于"守"，那么增长业务的关键在于如何"攻"。设计增长业务就是寻找可以面向未来的增长点组合，这个组合就是企业的业务增长地图，是企业从现有资源和能力出发所能找到的一切业务增长点的总和，要穷尽所有增长点的可能，并且设计出这些路径之间的相互逻辑关系。当按照增长地图实施分解方案时，企业高层可以清楚地知道在哪个点上进行投入。而当一条路径上的增长效果已经出现递减趋势或者有竞争对手开始模仿时，企业就可以切换到另一条路径。增长地图相当于一份棋谱，企业可以选择合适的时机进行增长路径的切换。只有这样，所有的增长策略才能"可视化"，企业的增长路径才能形成一张正确的增长地图。

2017年"饿了么"提出要寻找公司的增长路径，《增长结构》的作者王赛和他的团队为"饿了么"绘制了一份增长地图。

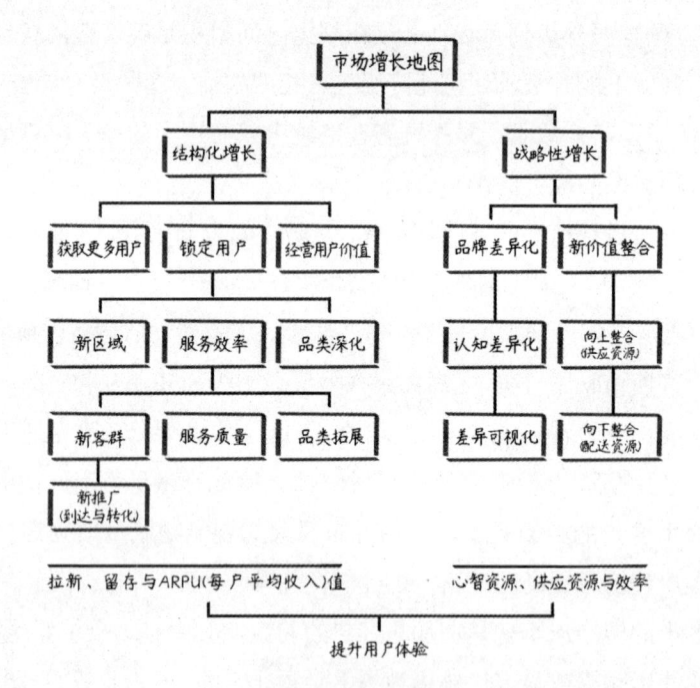

```
                        市场增长地图
                       /            \
                  结构化增长        战略性增长
              /      |      \      /        \
        获取更多用户 锁定用户 经营用户价值  品牌差异化  新价值整合
         /    |              |              |            |
      新区域 服务效率    品类深化      认知差异化    向上整合
                                                      （供应资源）
         |    |              |              |            |
       新客群 服务质量    品类拓展      差异可视化    向下整合
                                                      （配送资源）
         |
       新推广
      （到达与转化）

   拉新、留存与ARPU（每户平均收入）值    心智资源、供应资源与效率
                        \                /
                         提升用户体验
```

在这张增长地图上，左边为结构化增长，右边为战略性增长。结构化增长就是通过分拆指标倒推这种做法可以带来的增长，而战略性增长相当于采取一个化学变化的方式，换新武器去拉动增长。战略性增长的效果在先前是不可被量化的，但是一旦决策正确，会给企业带来具有长远意义的增长。

结构化增长的核心可以分解成三项要素：获取更多用户、锁定用户、经营用户价值，这三项之间是存在逻辑关系的。有一些企业把增长重点聚焦在获取更多用户这个锚点下，就要进一步确定是占领新区域还是拓展新客群。以网络外卖O2O市场为例，企业可以通过后台数据分析用户画像，我国哪些区域已被覆盖？空白市场在什么地方？如果一线城市已经被覆盖，那么是否可能将市场下沉去获

得更多客户？"美团"进入外卖 O2O 市场后，就不断把市场下沉，三四线城市的用户数量迅速增长，这就是受益于抓住了市场空白点。企业还可以通过不断的细分来获得新的客群，通过大数据用户画像，可以看到"饿了么"早期的主流用户是在校大学生，后来逐渐开始转向公司白领。在这种市场情景的转变下，对于新的细分客户群，需要采取的产品、渠道策略肯定不同，这些策略调整能帮助公司获取更多用户。

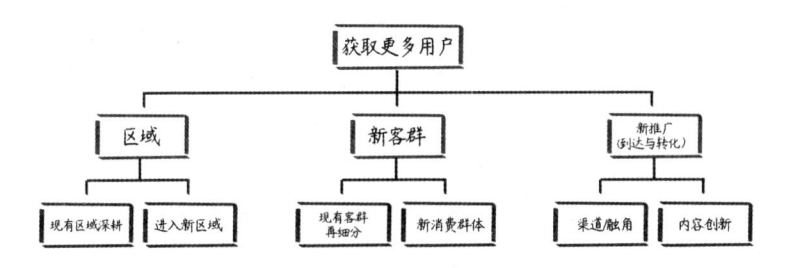

"饿了么"增长地图——获取更多用户

获取更多用户也可以采取新的推广手段，从原来的线下媒体投放到利用新媒体的裂变关系增长。腾讯和众安保险就有这样一个合作，它们用大数据找到线上购买众安保险的用户，通过用户在线上的社交关系把产品和服务精准推送给周边具有同等偏好的用户，用社交链获取用户，实现裂变。

结构化增长的另一条路径是锁定用户。一般情况下，企业增长伴随着更多用户的获取，但是很多公司一边在获取新用户，一边在不断流失老用户。所以锁定用户尤其重要，这就是核心业务中提到的与客户高频率交易或者高频率服务、触达才能建立黏性。"饿了么"如果选择从这条增长路径出发，就应该研究是哪些因素造成了用户流失，有没有很好的策略去锁定用户，提高用户的转换成本。

还有一条增长路径是经营用户价值，这里的价值指的是顾客终身价值。顾客终身价值是每个消费者在未来可能为企业带来的收益总和。如果从这条增长路径出发，"饿了么"可以把增长策略定义在渗透用户的钱包份额上。比如，以前某个细分客户群在"饿了么"的消费支出是每周 100 元，那么可以把增长点的突破放在如何把消费支出从 100 元提升到 150 元。在这条路径下，"饿了么"又可以延伸出很多支撑性的增长路径，大数据的精准营销会使产品更精准地匹配用户的需求，比如对原有的外卖产品进行品类扩张，通过原有的物流配送系统嫁接到更多的服务，即从外卖食品延伸到外卖下午茶、药品、日常生活用品等领域。如今，"饿了么"和"美团"都实施了这个增长路径。

参照"饿了么"的市场增长地图，白酒营销增长业务的设计也可以分成两个部分来思考：一个是从结构增长的角度，即"3M 增长模式"，也就是 more user（用户更多）、use more（使用更多）、more expensive（消费更贵）；另一个是从商业模式优化的角度，通过创新、差异化、合作带来战略性增长。

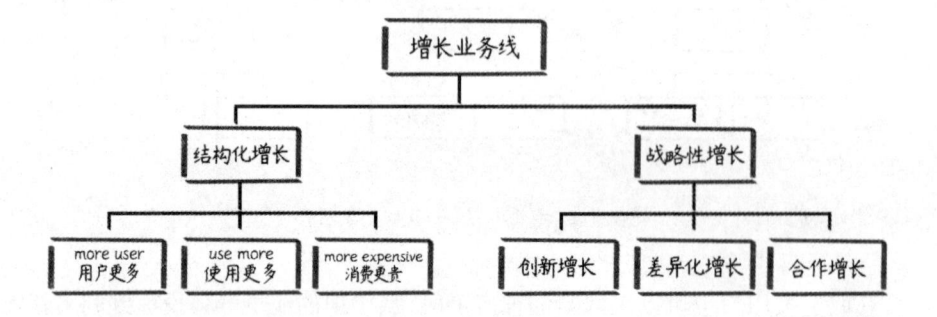

```
                    增长业务线
                   /          \
          结构化增长          战略性增长
         /    |     \          /    |    \
    more user use more more expensive 创新增长 差异化增长 合作增长
    用户更多  使用更多  消费更贵
```

more user 是从增加用户的角度设计增长业务线，具体的办法包括以下五个：

（1）进入新的市场，这里的市场指的是空白销售区域。

（2）找到新的用户群体或者触达新用户的方法，包括与拥有新用户群体的第三方开展合作，比如与工业园区房东合作开发企业定制。

（3）通过新的经销商带来新的用户群体。

（4）在特定市场转化竞争对手的用户。

（5）设计帮助现有用户实现"老带新"的社交链传播或者销售方式。

use more 是从增加用户的消费频率角度设计增长业务线。白酒的用户往往不止消费同一个品牌的同一个产品，增加对某个产品的消费频率可能直接减少其他竞争产品的消费，具体的办法包括以下两个：

（1）细分用户需求，找到企业还没能进入的共性场景，设计针对性的战术产品满足细分需求。比如丹泉酒在广西拥有大量消费洞藏 30 的高端用户，其中很多是企业老板，他们有对外送礼和员工接待需求。如果大量使用洞藏 30 送礼，

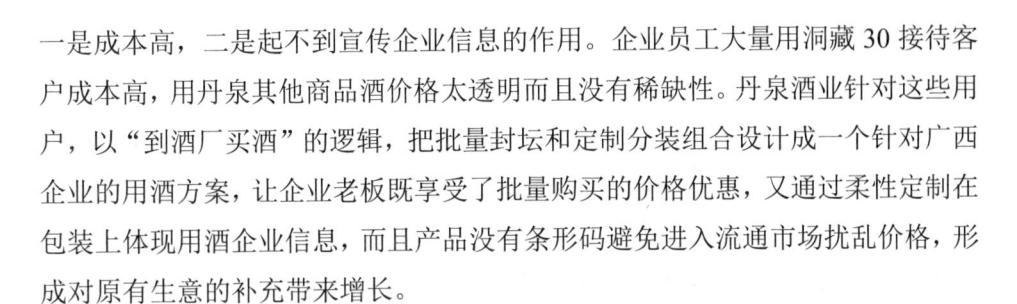

一是成本高，二是起不到宣传企业信息的作用。企业员工大量用洞藏 30 接待客户成本高，用丹泉其他商品酒价格太透明而且没有稀缺性。丹泉酒业针对这些用户，以"到酒厂买酒"的逻辑，把批量封坛和定制分装组合设计成一个针对广西企业的用酒方案，让企业老板既享受了批量购买的价格优惠，又通过柔性定制在包装上体现用酒企业信息，而且产品没有条形码避免进入流通市场扰乱价格，形成对原有生意的补充带来增长。

（2）通过设计高频率服务和触达方式增加顾客价值、建立顾客黏性、提高产品消费频率。对很多用户来说白酒是低频消费品，企业团购销售跟用户的接触频率太低，导致用户容易被其他竞争者转换，如何提高对顾客的有效触达频率是客户关系管理的重点。丹泉的专卖店系统之前的定位为"以酒会友的社交平台"，在实际运作中发现，本身对酒有频繁需求，愿意"以酒会友"的用户数量占比太少，专卖店失去了想象中的社交链接功能，沦为单纯的白酒销售点。通过重新审视商业模式，特别是对圈层营销底层逻辑的思考，丹泉的专卖店体系重新进行品牌定位升级，围绕广西河池"长寿市"和本地区的健康、长寿、养生在消费者心智中已有的认知基础，提出共享"健康长寿"的社交平台。在服务和传播内容上以"健康、长寿、养生"的文化、理念、知识为主，嵌入健康饮酒的信息。在产品组合上增加长寿之乡的特色农产品和丹泉自产的酿酒山泉水，形成可以与用户高频率互动的"流量"产品。通过订单拉动式"以产定销"推出文创产品、礼盒产品等提高加盟商利润，增加商家和用户的沟通频率。丹泉把企业的社会价值（乡村振兴和健康传播的利他精神）植入项目中并让用户感知，通过品牌定位升级、精美的产品设计、服务内容升级增加了顾客可以感知到的价值提升，从而增加了用户的消费频率，解除了顾客"老带新"的心理障碍。

more expensive 是从用户价值管理的角度设计增长业务线。商务白酒是聚饮产品，顾客的消费选择跟他的圈层和经济水平有很大关系，大部分商务白酒顾客的消费水平随着他的圈层或者年龄发生改变，如果品牌不能跟随用户的成长拔高，那么很大概率会发生顾客的迁移。实际状况就是众多白酒品牌很难做到消费者的终身价值管理，它们的消费者最后转移到茅台、五粮液、国窖 1573 等名酒上。当然，如果品牌聚焦一个场景做到规模经济则也可以避免这个问题，比如剑南春聚焦宴席，特别是婚宴市场，虽然这个场景的消费者不断流入流出，但是市场空间是刚性的，而且足够大。

从长期来看，让更多顾客消费更贵的产品在于企业是否能在产品上创造"物超所值"的顾客价值，而伴随时间的推移，"物超所值"慢慢降成"物有所值"，顾客群体也就在这个过程中壮大。在白酒用户价值管理上最容易犯的错误是只利用渠道分销而不是依靠顾客价值的创造来扩大销售面。事实上，任何一个品牌都存在大众消费者和小众忠诚用户，那些小众忠诚用户是从品牌原点用户发展起来的，认可产品"物超所值"的价值，愿意为品牌付出更多钱的忠实粉丝。企业只能向这些小众忠诚用户提供更高价值的产品和服务来获取更高的用户价值，而不是仅仅利用分销扩大销售面。这个业务的空间有多大取决于这个小众群体的发展规模，企业能做的是持续深度挖掘和培养忠实用户，而不是由企业分销能力决定这个生意的规模做多大。

三、覆盖业务也有存在的意义

白酒营销的业务线规划，除了明确的核心业务和增长业务之外，还有些业务并不能明确未来的价值空间，甚至有些业务没有商业价值却需要保留，这类业务统称为覆盖业务，具体来说有下述三类。

（一）因为社会价值需要而产生的业务

企业的社会价值源于解决某个社会问题的责任，社会责任是一种完整承诺，如果承诺不完整，就会失去消费者信任。社会问题不能有的时候能解决，有的时候不能解决，有的地方能解决，有的地方不能解决。考虑到企业解决社会问题的完整性，企业的业务组合需要体现解决社会问题的完整思路。比如，丹泉的专卖店体系通过品牌定位向社会承诺"健康文化共享社交平台"，它就需要向用户提供一些与"健康"相关的商品。这些商品未必是酒，但是缺少这些商品承诺将不完整，甚至还需要向用户输出健康养生的知识、文化等，都是承诺的一部分。

（二）因为资源能力溢出而产生的业务

企业自身的资源能力要在交易结构中有序流转，但是在时间点上往往会存在资源能力过剩的情况。所谓资源能力过剩有三种情况：第一，在这个时段企业没有找到足够的需方来交易所有资源能力；第二，企业资源能力的交易价值过低，企业不愿意完全依赖一种交易方式；第三，企业生产过程伴生的一些不符合企业战略的副产品。比如，以品牌产品生产和销售为主的白酒企业，可能因为产能过大、销售能力跟不上，而开展原酒销售业务。五粮液的长江源酒业，在很长一段时间内承担消化产能和分流相对低质量伴生酒的任务。有的原酒生产企业不愿意一直依赖低交易价值的原酒销售，通过开发包装商品酒来提高单价。这些业务要么是前景并不明确，要么是有阶段需求，总体上来说其既不是核心业务，又不明确增长空间，但是又需要它存在。

（三）因为顾客价值需要而产生的业务

企业从产品、品牌、服务三个方面创造顾客价值。在价值创造的过程中，可能产生需要维持的中间业务，比如，白酒企业为了增加销售，成立独立的文创酒开发公司或者专业团队，由这家公司或者团队负责产品包装设计、概念塑造、产品打样，甚至销售方案等服务，再找到开发商，提供解决方案式销售，这一部分服务就属于中间业务。有时不是所有业务都能实现盈利，在能力许可的情况下保留一些非盈利的业务是为了营销战略的需要。

四、撤退业务是经营中的"减法"

竞争战略的本质是做出选择，这种选择既要决定企业要做哪些事，更要决定企业不做哪些事。识别哪些产品或服务可以舍弃或者被取代是企业需要定期复盘的事情。传统的营销理论很少谈撤退，似乎撤退就意味着软弱、放弃和认输。事实上，在企业经营的过程中，大量的决策都是建立在假设的基础上，然后在过程中求证，这就意味着人们不可避免地会犯错。企业不怕犯错，怕的是明明知道在犯错，却还用"都做了这么久，再坚持一下就能成功"来麻醉自己。瑞士军事理论家菲米尼说："一次良好的撤退应和一次伟大的胜利同样受到赞赏。"任正非在2019年4月17日华为信息通信技术（Information Communication Technology, ICT）产业投资组合管理工作汇报会上讲话的标题就是"不懂战略退却的人，就不会战略进攻"。

有一种撤退是在经营中做减法。2020年2月26日，可口可乐的首席执行官（Chief Executive Officer, CEO）詹鲲杰公开表示，公司继2018年淘汰700多个产品之后，2019年继续砍掉了600多个产品。自詹鲲杰上任CEO以来，在可口可乐公司总计2000个产品中，已经有约1300个产品消失了。这些砍掉的产品在公司销售占比只有1%但是耗费了公司大量的资源能力。2020年在全球新冠疫情中，许多企业都面临主业聚焦，优化业务结构，尽最大可能保持公司现金流稳定的问题。

在增长地图上列出所有可能带来增长的业务，但是这并不代表企业要同时开展所有业务，也并不代表所有业务都是有价值的。判断一个业务是否应该撤退，第一是看这个业务是否属于覆盖业务，既不是核心业务也不属于有价值的覆盖业务，而且没有培育增长空间的希望，这种业务应该尽快舍弃；第二是看开展业务的时机，开展业务的时机跟市场环境和资源能力有很大关系，不同的市场开展同样业务的时机可能并不相同，哪怕是有培育潜力的增长业务或者能创造价值的覆盖业务，也需要判断开展业务的时机和投入的资源能力，在错误的时间做正确的事，结果也往往不好。

五、公关业务是企业为社会提供的服务产品

品牌的塑造依赖公共关系，公关是企业为解决社会问题免费为社会提供的服务产品。公关业务是业务组合中不可或缺的一部分，要用产品开发和产品管理的思维来开发和管理公关产品。提到公关很多人马上会想到负面的新闻或正面的新闻，又或者事件传播，但是很少会思考公关行为与企业价值的关联性。实际上，开展公关业务首先是确定企业要在哪些方面开展，选择的公关事件、活动等必须是与企业社会价值关联的领域，这样公共关系才能架起品牌定位与社会责任的桥梁，才能形成战略与营销的合力。公共关系营销不应该是被动的，而应是主动设

计和开发相关的公关产品，整合政府资源、社会资源来推动公关落地。

丹品轩业务结构案例

丹品轩商家的主要工作是获取用户、识别用户、维护用户，可浓缩成2个动作11个环节，就是丹品轩的核心业务。

（1）走出去。经销商和他的团队（合伙人、销售员、兼职团购等）通过客户拜访建立关系甚至合作，拜访的对象主要是企业单位、专业市场、商协会和俱乐部、写字楼。其中涉及5个管理环节：收集有效客户资料、电话预约、有效拜访客户、签单、客户分级管理。

（2）请进来。有目的地组织客户通过体验实现转化。其中涉及6个场景：丹品家宴、主题会销、洞天酒海体验游、丹品沙龙、丹品知识讲座、洞天盛宴（高端沉浸式品鉴）。

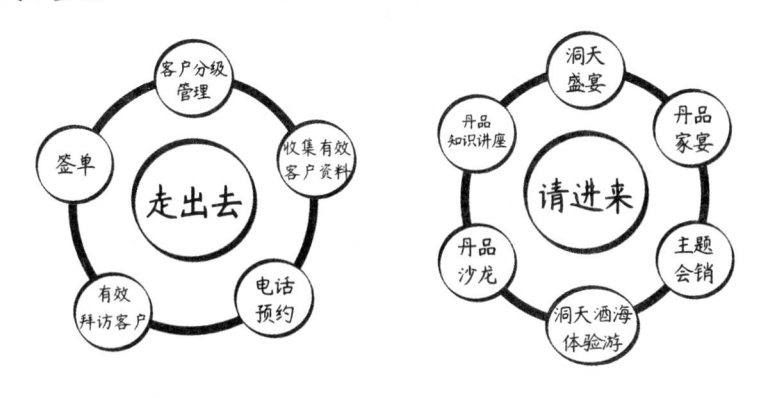

从丹品轩的获客功能出发，丹品轩增长业务的"六脉神剑"如下：

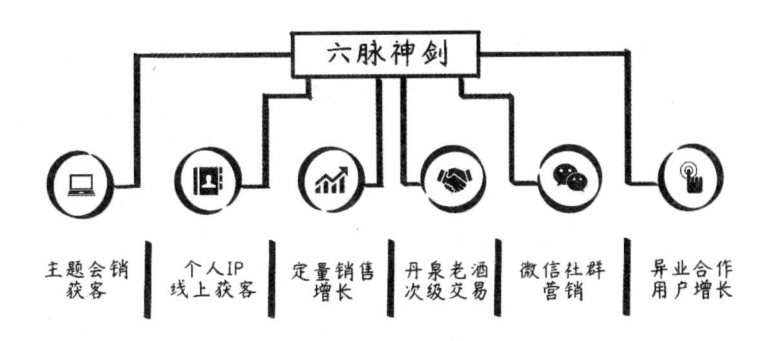

六脉神剑：主题会销获客、个人IP线上获客、定量销售增长、丹泉老酒次级交易、微信社群营销、异业合作用户增长

（1）主题会销获客。通过主题会销获取潜在用户。

（2）个人IP线上获客。通过合作商个人抖音、视频号等从公域流量中获取客户。

（3）定量销售增长。订单拉动式定时、定量特殊产品销售，包括文创酒、纪念酒、礼盒酒等。

（4）丹泉老酒次级交易。丹泉瓶储、洞藏老酒的会员之间二次交易中介服务。

（5）微信社群营销。自建微信社群，通过社交裂变和老带新获取客户及销售。

（6）异业合作用户增长。共享丹品轩活动空间，通过其他异业组织获取客户。

丹品轩的5类覆盖业务：

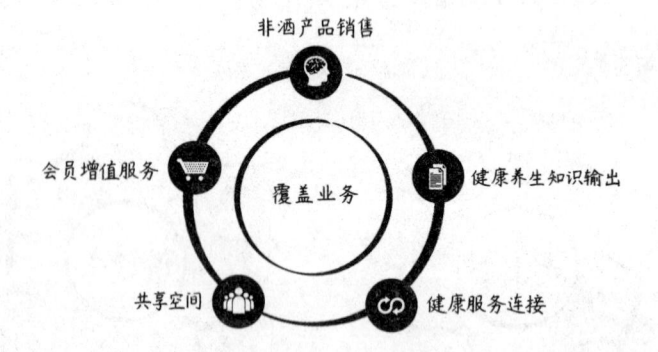

（1）非酒产品销售。产于丹泉产地附近，有健康养生认知的高品质非酒产品。

（2）健康养生知识输出。由丹品荟统一整理的，心理健康、行为健康、饮食健康角度的养生知识。

（3）健康服务连接。为会员（Very Important Person，VIP）健康提供的专属通道和优惠，包括VIP体检、养生活动、健康保险等。

（4）共享空间。为会员个人或单位的其他活动提供场地和服务。

（5）会员增值服务。由丹品荟统一采购的机场/高铁VIP出行服务，高净值人群海外置业顾问服务，私董会服务，等等。

丹泉酒作为广西的酱酒，与贵州酱酒相比有两个差异点是有价值的：一是酿酒用水取用一类水质的裂隙山泉水而不是地面河水；二是天然溶洞的藏酒老熟资

源。丹品轩整体的公关产品和活动设计围绕以下三点开展：

（1）如何保护广西生态环境，特别是地下水资源。

（2）如何保护广西喀斯特地貌的旅游资源。

（3）如何提高全民健康和生活质量。

围绕全民健康　保护广西水资源

结合广西旅游资源

价值营销的主要观点

- 核心业务的核心在于面对竞争的防御能力，在于如何建立竞争壁垒，核心业务是业务结构的"定海神针"，它的作用是回答业务结构"稳不稳"。设计核心业务的原则就是挖掘业务护城河。
- 核心业务的一个重要前提是与客户存在高频率使用、高频率服务或高频率接触的可能。
- 设计增长业务就是寻找可以面向未来的增长点组合，这个组合是企业的业务增长地图，是企业从现有资源和能力出发所能找到的一切业务增长点的总和，要穷尽所有增长点的可能，并且设计出这些路径之间的相互逻辑关系。
- 竞争战略的本质是做出选择，这种选择既要决定企业要做哪些事，更要决定企业不做哪些事。识别哪些产品或服务可以舍弃或者被取代是企业需要定期复盘的事情。
- 品牌的塑造依赖公共关系，公关是企业为解决社会问题免费为社会提供的服务产品。

第八章　目标体系既是运营结果也是运营路径

企业的使命、愿景、战略目标是依次承接的关系。使命述说企业经营的目的；愿景刻画了一个在可以预见的未来要达到的图景，使企业经营的目的更具象化；战略目标是在使命和愿景指导下，在一个确定的时期内，企业要达到的经营水平，是对愿景进一步明确化和量化。营销战略的目标是一个完整的目标体系，包括价值和过程目标、资源和能力目标、财务目标。价值和过程目标描述了企业对社会、顾客、价值链带来的价值成果和达成经济成果的关键过程或关键环节；资源和能力目标是企业实现价值和过程目标与财务目标所需要的关键资源和能力发展的成果；财务目标体现企业经营的经济成果。目标体系是从这三个方面对企业愿景进行具象和定量的描述。

价值和过程目标分别从四个方面定义：实现经济目标的关键过程（环节）；企业如何践行社会责任来创造社会价值；企业如何通过营销活动从产品、品牌、服务上创造顾客价值；围绕企业的商业生态如何降低交易成本，创造交易增值。资源和能力目标要评估实现上述四个价值和过程目标所需要的关键资源能力，参照和对标优秀的标杆企业，形成企业自己的资源能力和目标。关键资源能力项目一定是明确指向价值和过程目标的资源能力。财务目标是企业在战略期要取得的经济成果，主要体现在企业的销售收入和利润上。

一、价值和过程目标是运营的关键

丹品轩项目的企业使命是"创造健康养生的生活与社交方式"；企业愿景是"链接十万精英人士的健康社交平台"；企业的战略定位是"构建共享式社交平台，用丹泉老酒和其他原产地生态产品满足加盟商私域圈层人群的健康养生和社交需求"。在企业战略管理期要实现愿景的具体量化，首要是发展优质会员的数量，而企业战略定位确定的路径是通过"加盟商私域圈层人群"发展用户，所以加盟商数

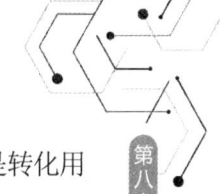

量和加盟商合伙人的人脉资源是达成目标所需的关键。丹品家宴和回厂游是转化用户的关键过程，同时也是在具体场景里传递企业社会价值的一项工作。项目核心产品的销量和价格的稳定，以及通过文创产品提高顾客的价格感知，都是通过营销活动创造顾客价值。辅导加盟商提高盈利能力是提高围绕项目的整个价值链的竞争力。

指标项目	指标属性	指标量化 2023年	指标量化 2024年	指标量化 2025年	说明
加盟店数量/家	社会价值、关键过程	700	1000	1500	招商成功是本项目的基础
合伙人数量/个	社会价值、关键过程	2000	5000	10000	发展合伙人是丹品轩成功的基础
会员数量/个	社会价值、关键过程	20000	50000	100000	通过合伙人发展会员是主要销售途径
丹品家宴次数/桌	社会价值、关键过程	70000	100000	150000	丹品家宴是品牌宣传和转化用户的重要环节
洞天酒海体验人数/位	社会价值、关键过程	30000	60000	120000	回厂体验是品牌宣传和转化用户的临门一脚
××销量/箱	顾客价值	70000	100000	150000	××是丹泉战略产品，价格锚定高端白酒市场小步提价，通过供需关系提高渠道利润和顾客满意度
洞××实际成交价格/（元/瓶）	顾客价值、交易增值	900	950	1050	
文创产品销售数量/套	顾客价值、交易增值	21000	30000	60000	文创产品是提高洞藏30酒体平均价格和开发新场景的手段
丹品轩单店盈利率/%	交易增值	50	80	100	辅导单店盈利是构建产业链竞争力的关键行动

二、资源和能力目标是运营的支撑

丹品轩项目的营销战略是"通过整合丹泉酒产地相关资源，以丹泉洞藏30为核心，形成生态、健康的产品供应链，围绕加盟商构建线下圈层社交平台，提供高价值的品牌和服务，满足中产人群健康生活和社交需求，实现企业社会价值"。这个战略决定了主要的销售方式是通过线下的人对人社交来实现销售，要实现项目的价值（指标），首先是要找到有相应用户资源的加盟商，并且引导和激发加盟商的社交能力。线下的会销活动是找到加盟商和帮助加盟商转化合伙人及会员的好办法，也是重要的销售方法，所以如何组织气氛良好且成本合理的会销活动是企业需要的关键资源和能力。

加盟商通过私域圈层发展了众多的会员或企业，而同一个城市的加盟商可能存在圈层交叉，也就会产生不同加盟商跟同一个会员或企业互动的信息交叉情况，规避这个问题就需要企业的客户关系管理（Customer Relationship Management，CRM）系统，帮助会员和加盟商建立稳定和唯一的业务关系。

丹品轩的加盟商实现销售的主要方法是通过会员体验完成转化，丹品家宴和洞天酒海回厂游是两个重要的体验方式，也需要建立相关的资源能力。

丹品轩的独立品牌定位是"高端人士健康文化的共享社交空间"，围绕健康的知识输出、产品采购和供应也是企业需要的关键资源能力。

丹泉核心产品在丹泉轩的销售需要实施"控盘分利"稳定价格，文创产品遵循"设计有故事、价格不可比"的原则，包装设计的原创性、艺术感是非常重要的条件，这个部分的创意、设计和生产组织能力同样是关键资源和能力。

整个商业模式的成功运转依赖于每一个丹品轩加盟商的能力进化，从白酒外行变成爱酒、懂酒、会卖酒的专业酒商，从圈层追随者到圈层组织者的角色转变，从个人单打独斗到先分享后共享的合作式商业思维转换，如何让会员在社交平台中获取信息、获得知识和价值，等等。这些都需要企业持续地建立知识和信息系统，以及持续不断的、形式多样的输出培训。

战略管理期指标量化			达成量化指标所需要的关键资源能力
指标项目	同业竞争排名	期末量化指标	
加盟店数量/家	行业前十	1500	好气氛、高效益主题会销活动资源和输出能力
合伙人数量/个	行业前五	10000	加盟商匹配目标用户的社交资源和社交能力
会员数量/个	行业前三	100000	企业CRM系统资源与私域管理结合的能力
丹品家宴次数/桌	行业前五	150000	丹品轩软硬件资源，丹品宴组织能力
洞天酒海体验人数/位	行业第一	120000	酒厂体验资源开发与用户转化能力
××销量/箱	行业中游	150000	健康养生文化、产品资源与采供能力
××实际成交价格/（元/瓶）	高端酒前十	1050	实施控盘分利模式的能力
文创产品销售数量/套	行业前十	60000	包装创意、设计、采供资源与能力
丹品轩单店盈利率/%	行业前三	100	围绕项目和服务会员的系统培训和输出能力

企业形成业务支撑的各项资源能力，特别是利用酒厂资源开展用户直连制造（Customer-to-Manufacturer，C2M）的柔性定制，需要在供应能力上有较大的优化。可以参照和对标行业内外成功案例设定要达到的标准。

能力类型	资源能力构成	对内外部业务的支撑	参照与对标	2023年应达成的标准
供应能力	酒体设计/创新/应用，酒体检测/分析/描述/数字化	酒体量化分析和成分数字化酒体标样勾调和通俗化描述	无	建立理化实验室，建立标样库，完成标样与标品对比的文字描述，完成标样主要成分的数字化描述
	溯源管理、透明化生产	一物一码溯源和成分标识	五粮液二维码、光良酒	确定一物一码合作商、各流转环节一物一码应用、成品二维码应用
	精益柔性生产、包装的工业化设计	柔性化灌装与包装	索菲亚家具	对标调研，完成部分包装通用性设计，主要包装组件的供方弹性生产合作，工厂柔性灌装试行
	顾客DIY[①]产品设计与供应	酒体DIY个性化勾调与生产包装DIY组合和生产	无	完成DIY酒体成分定价和描述、包装通用组件设计和三维组合软件试用
	可视化现场管理	产区储酒现场体验产区灌装现场体验	郎酒庄园、江中参芝草车间、蒙牛车间	完成调研，合作改造储酒现场和灌装车间
销售能力	门店访销系统	成品酒销售	劲酒、可口可乐	形成访销管理方案，对已开发市场实施系统化门店访销管理，使用成熟软件
	酒类连锁运营	专卖店/店中店管理	华致酒行、1919白酒	对标企业调研，形成专卖店/店中店运营方案
	社群/圈层营销、技术营销	线上引流线下转化、社群推广、圈层营销	四拾玖坊、酣客	形成社群/圈层营销方案，按进度目标实施
	体验营销、文化营销	沉浸式体验、产品内容制造	李渡、江小白	完整的沉浸式体验实施方案，品牌策划和传播方案
	酒文化体验馆运营	体验馆拓展	知味轩、肆拾玖坊	完整的体验馆硬、软件实施方案
互联网能力	电商运营	各类电商销售	久爱致和、民酒网、酒仙网	进入主流平台，建立电商团队或者合作商
	CRM系统和运营	用户画像与锁定用户互动与转化	多美滋、好孩子	与主流平台合作开设定制中心，建立团队
商业模式	C2M柔性定制	定制酒销售	必要商城、索菲亚家具	完成调研，形成方案
财务管理能力	账务处理、费用申请/核销/对账、合法的税收筹划	分公司财务管理和经销商财务管理服务	无	准确及时简单记账，识别内部价值流，开展分段核算，准确及时形成财务报表，收支分离/钱货分离合规，为分/子公司和经销商输出一套简单实用的财务管理制度

注：DIY，即Do It Yourself，自己动手制作。

三、财务目标是运营的结果

企业的财务目标既要关注自身经营获取的经济目标,也要关注整个价值链的经济目标实现。每一个参与交易的主体从交易中获取的价值比他不参与交易损失的机会成本更大,这样的商业生态才会稳固和有竞争力。丹泉轩的经济目标就是所有加盟商的汇总计划。

项目			2023 年	2024 年	2025 年	合计
加盟店数量/家			700	1000	1500	3200
成品酒	××产品	销售数/吨	140	200	300	640
		品鉴酒数/吨	116	165	248	528
		销售收入/万元	25200	38000	63000	126200
		利润/万元	5040	9500	18900	33440
	其他产品	销售数/吨	420	750	1350	2520
		销售收入/万元	25200	49500	97200	171900
		利润/万元	5040	12375	29160	46575
封坛酒	××产品	销售数/吨	910	1400	2250	4560
		销售收入/万元	45500	70000	112500	228000
		利润/万元	9100	17500	33750	60350
定制酒	文创定制	销售数/吨	30	50	80	160
		销售收入/万元	6000	11000	19200	36200
		利润/万元	1800	3300	5760	10860
	礼盒定制	销售数/吨	40	60	100	200
		销售收入/万元	3200	4800	8000	16000
		利润/万元	640	960	1600	3200
	企业定制	销售数/吨	70	200	450	720
		销售收入/万元	3080	8800	19800	31680
		利润/万元	616	1760	3960	6336
非酒产品		销售收入/万元	1500	5000	15000	21500
		利润/万元	300	1000	3000	4300
合计		销售收入/万元	109680	187100	334700	631480
		利润/万元	22536	46395	96130	165061

丹品轩作为独立的供应链公司有自己独立的利益诉求。

项目		2023 年	2024 年	2025 年	合计
	丹品轩数量/家	700	1000	1500	3200
服务收入	包装设计收入/万元	200	300	420	920
	供应链融资收入/万元	59	80	150	289
封坛酒	销售数/吨	5	10	20	35
	销售收入/万元	250	500	1000	1750
	利润/万元	50	125	300	475
定制酒	销售数/吨	3	5	8	16
	销售收入/万元	600	1100	1920	3620
	利润/万元	180	330	576	1086
非酒产品	销售收入/万元	1500	5000	15000	21500
	利润/万元	150	500	1500	2150
合计	销售收入/万元	2609	6980	18490	28079
	利润/万元	639	1335	2946	4920

营销战略的财务目标是一个结果指标，在财务预算中要预先设定收入和利润，这个设定是与营销过程中的费用和营销成本相匹配的，否则目标不能落地。但是财务目标始终是一个结果指标，最后的确认是由财务结算数据体现的。营销战略的价值（过程）指标是依据企业的价值创造活动和营销的关键过程设定的，它同时也是支撑财务目标实现的关键，价值（过程）目标和财务目标之间要有清晰的业务逻辑关系。价值（过程）目标也是进行工作追踪与工作考核的关键指标，企业开展绩效管理的源头是价值（过程）目标。企业规模的发展必须伴随运营能力的成长，反过来说也正是因为运营能力不断增强，才能实现更高质量的过程，才能支撑财务目标的增长。关键资源能力就是支撑企业运营能力的关键环节，是企业运行最重要的软件。

价值营销的主要观点

- 营销战略的目标是一个完整的目标体系，包括价值和过程目标、资源和能力目标、财务目标。
- 营销战略的价值（过程）指标是依据企业的价值创造活动和营销的关键过程设定的，它同时也是支撑财务目标实现的关键，价值（过程）目标和财务目标之间要有清晰的业务逻辑关系。价值（过程）目标也是进行工作追踪与工作考核的关键指标，企业开展绩效管理的源头是价值（过程）目标。

- 财务目标体现企业经营的经济成果，是一个结果指标，在财务预算中要预先设定收入和利润，这个设定是与营销过程中的费用和营销成本相匹配的，否则目标不能落地。
- 企业规模的发展必须伴随运营能力的成长，反过来说也正是因为运营能力不断增强，才能实现更高质量的过程，才能支撑财务目标的增长，关键资源能力就是支撑企业运营能力的关键环节，是企业运行最重要的软件。

第二部分

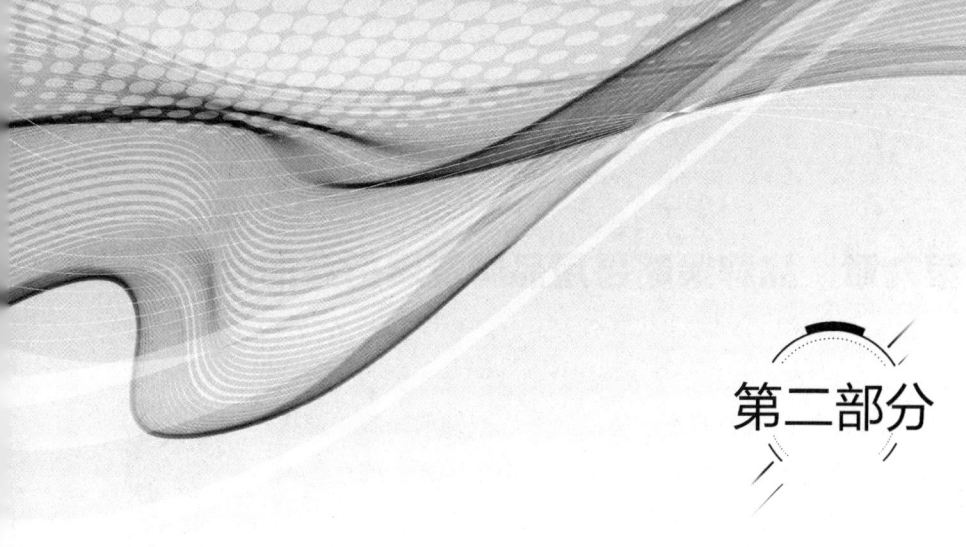

营销策略篇

- 第九章　品牌策略是用品牌发展指挥销售管理
- 第十章　产品策略是用品牌定位统领产品管理
- 第十一章　价格策略是商业生态的全链路管理
- 第十二章　广告策略是围绕品牌定位的内容创造和传播

第九章　品牌策略是用品牌发展指挥销售管理

品牌定位在生命周期的不同阶段应采取不同的品牌和销售策略。品牌定位的生命周期并不是品牌从出生到死亡的过程，而是品牌从占据某个品类特性的定位开始，到特性或品类失去竞争力而不得不放弃这个品牌定位为止。企业更换品牌定位可能会带来巨大的价值损失，但并不意味着品牌的消亡。品牌定位转换不成功的结果可能影响品牌的"再现度"，即当消费者产生品类需求的时候从记忆中搜索到品牌的能力降低，通俗的说法是品牌老化。

品牌定位的生命周期分成五个阶段：**导入期、发展期、进攻期、防守期、撤退期**，这五个阶段首先是对应品牌在顾客心智中的心智份额变化，其次是对应市场份额的变化。理想的情况是市场份额随心智份额变动，这说明销售是由品牌在驱动。但实际落地到具体的市场，以相对短的时间来看，市场份额并不一定与心智份额同步变化。

```
培养认知              品牌成长              定位优化
  导入期  >  发展期  >  进攻期  >  防守期  >  撤退期
```

一、导入期是培养原点人群认知和验证商业假设

白酒品牌定位的导入期是品牌定位初创，通过聚焦原点市场、原点渠道、原点人群培养品牌认知，以及验证商业假设的过程。

（一）原点人群

原点人群是从潜在顾客群体中筛选的具有某种共性的精准顾客。筛选的原则

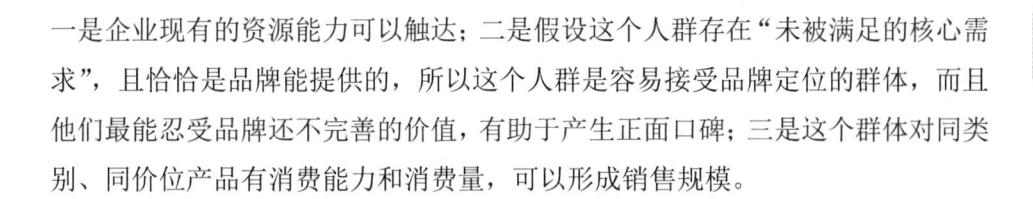

一是企业现有的资源能力可以触达；二是假设这个人群存在"未被满足的核心需求"，且恰恰是品牌能提供的，所以这个人群是容易接受品牌定位的群体，而且他们最能忍受品牌还不完善的价值，有助于产生正面口碑；三是这个群体对同类别、同价位产品有消费能力和消费量，可以形成销售规模。

（二）原点渠道

原点渠道是能够精准触达原点人群的销售渠道及产品使用场景。销售渠道可以帮助品牌低成本精准获客，产品使用场景可以开展低成本品牌推广。原点渠道必须有同类别、同价位产品销售量或消费量来佐证，使顾客见到品牌时容易获得信任。

（三）原点市场

原点市场首先是有较多原点顾客的市场，其次是企业的资源能力比较充沛的市场，选择原点市场要避开产品竞争对位特别强烈的竞品核心市场。聚焦原点市场的目的除了培育原点顾客认知、验证商业假设外，聚焦高势能的市场形成突破还有助于建立"区域领先"的信任状。

导入期培养原点人群对新品类或品牌特性的认知，品牌在这个阶段的任务是代言新品类或品类的新特性，要让原点人群克服品类认知挑战接受新品类或新特性，关键做法有以下两点：

（1）为新品类或品牌特性取一个好名字。这个名字要么是"一目了然"，能直白地反映新品类的核心价值，或者能直接理解新特性的价值；要么是"一见如故"，借助老品类或抽象品类帮助顾客理解。好名字还要达到"不胫而走"的效果，即能原话或原意表达效果，不用口语化转述效果。

（2）着重宣传新品类的差异化特性。因为品类的特性往往是客观存在的事实，消费者不容易抗拒，讲清楚品类的差异化特性就是在产品上创造顾客价值。从这个意义上说，筛选原点顾客时，假设的"顾客未被满足的需求"就是宣传的品类差异化特性首要能解决的需求。假设广西人在重要接待时需要一瓶高品质的本地酒，而"经过洞藏的老酒"能够提供足够的产品品质，所以宣传老酒是好酒，洞藏是最好的白酒老熟方式，这些宣传有助于顾客建立对洞藏老酒的认知，给予顾客购买理由。

品牌在导入期充满了未经商业验证的假设，导入期的重要工作就是验证这些商业假设。

（一）定位假设

设定的目标顾客是否真实存在和品牌定位相关的认知共性（老酒是好酒？洞藏是好酒？）。目标顾客和原点人群有多大，他们的付费意愿有多强？品牌瞄准的品类或特性对目标顾客是否有价值？品牌的差异化价值到底是什么？

（二）增长假设

原点渠道是否能有效触达原点人群？顾客的转化率"成交顾客/触达顾客"有多高？顾客获客价值"顾客终身价值/获客成本"有多高？验证结构化增长的三种引擎对新业务的效率如何（more user：获取新顾客的成本和效率如何？use more：老顾客复购率有多高？more expensive：目标顾客消费升级的意愿有多强？）？顾客自发增长（老带新）的速度如何？

（三）资源假设

品牌所能获取的资源能力是否能抓住定位成就领导者。

（四）意愿假设

企业家创新意识是否足够？承担风险的意愿是否充分？发展的愿望是否足够强烈？品牌和产品传递的价值是否符合企业价值观？是否符合企业家内心的价值观？

品牌导入期是品牌发展最脆弱、最不确定的一个时期，既要培养顾客认知又要进行商业验证，许多工作内容要分清主次开展，需要注意以下六点：

（1）着重于商业假设的验证，而不是追求商业成果。销售规模、增长速度、盈利状况等都不是这个阶段的目标，验证品牌定位中的各种假设、增长方式和市场规模、企业的资源能力和企业家意愿，这些才是重点，尤其以对品牌定位和销售增长的假设验证最为要紧。

（2）品牌传播在公众层面围绕与社会价值相关的公关事件，私域部分围绕原点用户口碑宣传和自媒体圈层信息传播，不开展大量的广告宣传和渠道氛围宣传。一方面是因为公关事件的传播容易被原点人群主动关注，其他顾客会自动忽略，减少非原点顾客过早进入滋生负面口碑的风险；另一方面，过早地投入广告宣传可能引起领导品牌注意而提早进入到正面对抗。

（3）产品聚焦简化顾客选择，有利于降低顾客进入门槛。把最能代表品牌差异化价值的产品作为核心单品导入市场，在品牌导入期内只投放一个规格的产品。聚焦产品既能减少顾客认知混乱，又方便销售动作标准化，包括销售话术、终端陈列、价格设置、渠道聚焦等形成标准操作，降低一线业务工作难度。

（4）产品和品牌要建立良好的视觉识别系统，而且最好是能用语言描述的视觉识别，包括瓶形、包装、标志图案等，这样的视觉易于原点顾客记忆和二次传播。一定不能模仿知名产品的包装和知名品牌的标识，"擦边球产品和标志更容易被顾客接受"这是一个错误的认知，采用擦边球的方式只能为被模仿的品牌输送价值，给自己留下低端模仿的不利印象。

（5）品牌要构建立体的信任状出场。在品牌导入期由可信的第三方背书的信任状是最主要的信任状，其次是顾客能够迅速验证的包装质量和设计品位。

（6）通过免费品尝活动降低顾客尝试的疑虑，还能传递"先尝后买"的品牌承诺，"不满意退货""宴席用酒剩余退货"等承诺是通过可逆的交易方式降低顾客购买的成本。

二、发展期是把认知成果兑现为第一波商业价值

原点市场有大量原点顾客开始"指名购买"，这意味着对原点人群的认知培养取得了成效，是品牌进入发展期的重要信号。发展期的核心任务是把导入期的认知成果兑现为第一波商业价值，以扩大业务规模、升级信任状、获得现金流、突破增长瓶颈，逐渐积累起挑战领导品牌的综合实力。

（一）扩大业务规模

发展期可以从原点渠道扩张到其他弱竞争渠道，渠道选择仍然是要避开领导品牌正面竞争。产品上仍然保持聚焦单一产品，因为以多产品汇量方式扩大业务规模会伤害原点顾客的信任，也会给新顾客制造认知混乱。发展期要适度投放广告来和公关传播形成联动，广告有助于建立热销的信任状，引起主流渠道的关注。

（二）升级信任状

发展期可以升级的信任状首先是老顾客口碑，一方面通过品牌故事的梳理和传播引导老顾客形成口语化二次传播的内容；另一方面是根据顾客关注的点，结合品牌特性（主要是前期忽略的特性）建立新的信任状。其次是可以让顾客自行验证的"热销"信息，可以用公关活动、广告、市场氛围、第三方机构认证等多种方式建立"热销"的信任状。

（三）获得现金流

品牌在发展期应该保证现金流持续增加，以满足新导入市场的现金流需求。同时分销系统整体的现金流状况和各个环节的现金流也是需要关注的部分，最好的状态是分销系统整体和各环节现金流持续增加，代表产品有合理的动销比例，分销网络处于良性运转。如果不能达到最好状态，就需要按渠道分析现金流状况，促进动销好的渠道扩大网点，控制动销不好的渠道，不要盲目扩张网点。

（四）突破增长瓶颈

品牌在发展期必须维持高速发展，有些问题只有在高速发展中才能显现，也只有高速发展才能解决或延缓问题。供应问题是发展期容易遭遇的第一个问题，白酒供应链的周期长，如果没有提前储备酒体可能出现供应短缺或品质下降。另外有些包材供应的周期差别很大，有时往往一个小配件的供应问题会影响产品生产。团队问题是第二个可能遇到的问题，品牌在发展期的增长既来自原点市场的

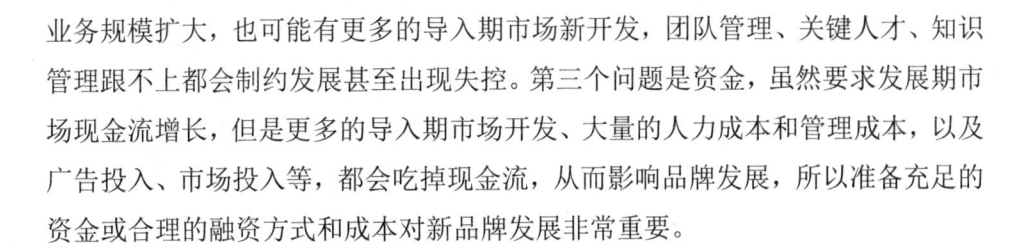

业务规模扩大,也可能有更多的导入期市场新开发,团队管理、关键人才、知识管理跟不上都会制约发展甚至出现失控。第三个问题是资金,虽然要求发展期市场现金流增长,但是更多的导入期市场开发、大量的人力成本和管理成本,以及广告投入、市场投入等,都会吃掉现金流,从而影响品牌发展,所以准备充足的资金或合理的融资方式和成本对新品牌发展非常重要。

三、进攻期是进入主流渠道挑战领导品牌

进攻期是指品牌在原点渠道和弱竞争渠道取得市场份额的优势,开始进入领导品牌的强势渠道,或者开始大量转化领导品牌的顾客,就会遭遇到领导品牌的阻击和正面对抗。品牌进入进攻期是针对不同市场的情况而言,也不一定有明确的阶段划分,因为领导品牌发起阻击的时间并不能确定,也不是挑战品牌可控的。这种阻击可能是从具体市场、具体渠道销售开始,也可能是从广告或公关展开。进攻期的特点有以下七个:

(1)进入主流销售渠道、争夺主要消费场景,才是挑战品牌的进攻战。挑战品牌在弱竞争渠道遭遇的阻击和封锁并不一定是品牌应该转入进攻的信号,可能是领导品牌提前的反击,这个时候挑战品牌更应该做的是收缩防守而不是回应进攻。

(2)为了转化领导品牌的顾客,挑战品牌必须针对领导品牌提供比它更大的顾客价值。为此,往往需要改变品牌定位和升级产品,这种冒险是为了迎合与转化领导品牌的顾客,但是有可能得罪原点顾客。品牌的原点顾客往往是被品牌"小众"的价值吸引,认为这个品牌"不一样",但是当品牌改变定位变成"主流"价值之后,原点顾客可能因感受到品牌的"背叛"而放弃。江小白以走心的文案受到文艺青年的青睐,但是当它转向争夺主流市场,诉求"纯粹高粱酒"品质的时候,原来的顾客可能会觉得江小白没那么酷了,更大的风险是潜在的新顾客不一定为新价值买单。新品牌要通过主动进攻成为某个市场的领导品牌,必须跨越从小众到主流的鸿沟,必须从私域销售走向公域销售。事实上新品牌成为领导品牌的方式有三种可能的成功路径:一是改变定位,主动挑战成功;二是随着品类演化,新品牌占据的品类或品类特性成为主流;三是领导品牌自己失误,盲

目调整品牌定位，或者是分销渠道出现问题，或者是出现质量、公关危机等。比如，当丹泉酒在广西南宁经历了品牌定位的导入期和发展期，通过原点人群和回厂游发展了大量用户，消费者对丹泉洞藏老酒的价值有了一定的体验和感受。这个时候进入进攻期，进入主流名烟名酒店渠道，抢占主流政商消费市场，转化一线名酒的用户，需要主动将品牌广告升级为"在广西喝丹泉"，强调"流行"，用指令的语气帮助顾客选择。这种改变可能让一部分消费者"不爽"，因为他们之前没有把丹泉和五粮液、国窖 1573、青花郎做过直接的比较，只是在他们认为合适的场合才喝丹泉，而现在需要在更多场合消费，需要让朋友理解这瓶酒的价格和价值。

（3）利用不对称性开展品牌进攻战是新品牌挑战的主要手段。领导品牌之所以是领导品牌，是因为它抢占了品类的首要特性，新品牌可以通过攻击领导品牌现有优势中与之相冲突的特性，使领导品牌无法回避也不能放弃优势来反击。这种方式在定位理论中叫"重新定位"，意思是通过放大对手光环下的固有弱点来形成相比对手的比较优势。重新定位领导品牌必须符合顾客的认知，而且必须是一个有价值的冲突，否则只能是对领导品牌"挠痒痒"。通常的冲突有：经典则不时尚，主流则不炫酷，健康未必美味，速效就不持久，强力则不温和，优雅则不阳刚，等等。找到冲突之后，新品牌可以聚焦打产品战、渠道战、公关战、广告战，但是要尽量避免打价格战，领导品牌的高价格通常并不是它固有的弱点。有些竞争者认为茅台酒价格高是它的弱点，其实那只是竞争者的想法，消费者可能正好相反，买茅台恰恰是因为它的价格能反映礼品或接待的价值。名酒的首要特性是"面子"，但是名酒不可回避的竞争是地方情结，地产酒采用不对称的进攻方式，前提一定是有了稳定的销量基础和价格认知。比如丹泉在柳州的市场份额和心智份额都没有优势，不能像在南宁那样用"在广西喝丹泉"的广告来转换名酒的用户。如果开展不对称进攻，可以用稍弱的语气提示地产酒的地方情节，比如"在广西，重要场合有丹泉"这样的广告可能更适合。

（4）聚焦资源和人力在局部市场形成优势。领导品牌也并非在所有市场都能有效阻击新品牌成长，选择机会市场聚焦资源，形成一个一个挑战成功的小局部胜利，积小胜为大胜。

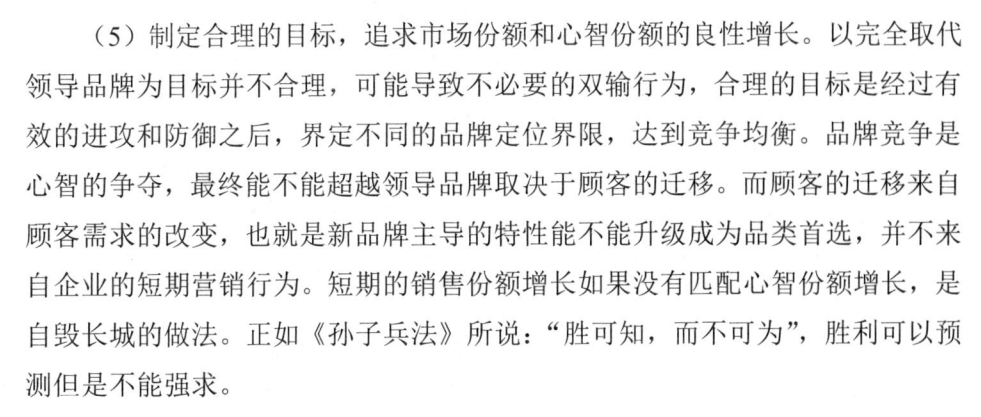

（5）制定合理的目标，追求市场份额和心智份额的良性增长。以完全取代领导品牌为目标并不合理，可能导致不必要的双输行为，合理的目标是经过有效的进攻和防御之后，界定不同的品牌定位界限，达到竞争均衡。品牌竞争是心智的争夺，最终能不能超越领导品牌取决于顾客的迁移。而顾客的迁移来自顾客需求的改变，也就是新品牌主导的特性能不能升级成为品类首选，并不来自企业的短期营销行为。短期的销售份额增长如果没有匹配心智份额增长，是自毁长城的做法。正如《孙子兵法》所说："胜可知，而不可为"，胜利可以预测但是不能强求。

（6）更多的情况是市场上有多个相对优势品牌，但是并没有明确的领导品牌，品牌进入主流渠道转化多个优势品牌的顾客并没有遭遇强力阻击。这种情况下品牌应该埋头发展，先把自己发展成优势品牌。这时候如果要同时挑战其他优势品牌，不可能同时诉求多个价值，也不可能同一品牌发展多个不同特性的产品来竞争，只能靠多品牌战略来实现。

（7）品牌在进攻期的时候可以多业务线、多产品形成业务结构和产品结构。多业务线是为了覆盖更多渠道，多产品是为了满足更多消费场景（转化更多新顾客或者让老顾客购买更多）。需要注意的是，进攻期同一品牌下所有产品是规格的不同或包装的差异，不能是产品内在特性的差异，所有产品输出的核心价值都不能违背品牌定位，不能与品牌定位传递的核心价值相冲突，文创酒、礼品酒、企业定制酒、封坛酒等业务线都是进攻期可以组合的业务。

四、防守期是同时占据心智份额和市场份额的领导品牌面对的挑战

当品牌在某个市场成为领导者，需要抵御其他品牌的挑战时，就是品牌的防守期。判断品牌是不是某个市场的领导者，需要同时采用"心智份额"和"市场份额"两个指标来衡量。衡量心智份额的指标有两个：一个是品牌知名度指标"无提示第一提及率"，另一个是品牌认知度指标"产品购买理由的第一提及率"。衡量市场份额的指标就是产品的市场占有率。白酒不同价格带或不同消费场景面对的顾客群体不同，取得某个价格带或消费场景的市场份额领先，同时又在这个价格带或消费场景的顾客群体中有最高的无提示第一提及率和产品购买理由的第

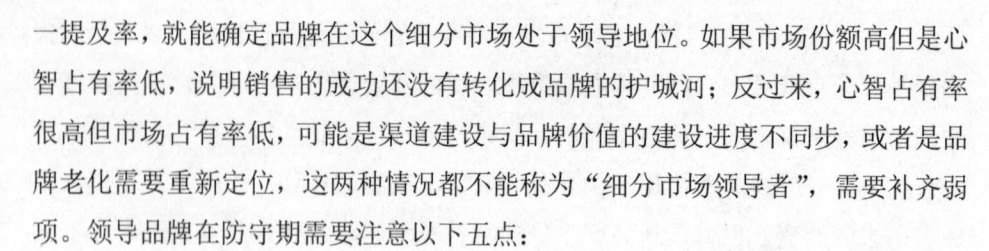

一提及率，就能确定品牌在这个细分市场处于领导地位。如果市场份额高但是心智占有率低，说明销售的成功还没有转化成品牌的护城河；反过来，心智占有率很高但市场占有率低，可能是渠道建设与品牌价值的建设进度不同步，或者是品牌老化需要重新定位，这两种情况都不能称为"细分市场领导者"，需要补齐弱项。领导品牌在防守期需要注意以下五点：

（1）持续强化构成品牌定位的专用配称，不断引领品类及特性进化，提高竞争壁垒。只有专用配称才能建立品牌的区隔，领导品牌通过不断地围绕专用配称开展创新，制造与其他品牌的区隔，强化品牌已经占据的品类的主要特性，才能维护已有顾客群体，转化中间游离顾客，最大化收割市场。

（2）关注竞品的品牌创新和产品创新，发现有巨大潜力的品类特性创新，甚至新品类涌现时应该迅速启用新品牌跟进收割，并逐步培育壮大形成品牌矩阵。如果不能确定有价值的新品类特性是否具有足够大的发展空间，可以在原品牌下推出具备新特性的新产品进行阻击，把新产品的特性作为品牌特性矩阵之一，成为品牌价值的补充，在阻击过程中发现和判断这个特性的潜力是否值得用新品牌收割。防守期的品牌已经占据了品类的首要特性，而且有了足够的心智份额，这个时候推出与品牌定位不同的创新战术产品是为了防止顾客流失和阻击新品牌成长，总顾客规模不会减少，但是需要注意的是，一旦发现新产品的特性有足够大的成长空间，就要马上启用新品牌来专注这个特性。

（3）对挑战品牌的回应要限制在特定的渠道中有限的售点上，甚至是限定在具体的顾客上，要开展定点阻击，不能扩大防守面，更不能通过降价回应竞争。

（4）主动开展不对称性攻击，识别品牌定位的主要特性中不可回避的价值冲突，主动推出新品牌进行自我攻击。自己掌握新品牌的攻击力度和宣传尺度是阻止采取同样定位的竞品最好的手段，用战术品牌形成保护核心品牌定位的战壕。

（5）维护和做大品类，包容有序竞争。同一品类的不同品牌之间存在各种特性竞争，如果竞争有序，会共同提高品类的价值，也会引起顾客的不断关注，这样才能形成有热度的强势品类。缺乏竞争品牌的跟进，品牌的特性很难成为品类的特性，而品类特性要转化成独立的品类，也需要通过竞争带来足够多的需求和认知区隔。

五、撤退期必须放弃原有的品类特性

防守期的领导品牌所占据的特性（或称为品牌诉求的核心价值）是被最多顾客认可的，是整个品类的首要特性，这个特性主导了顾客对品类的购买选择。但是，品类特性的排序随时都可能发生变化，采用新特性的品牌可能挑战成功从而改变品类的首要特性。依靠技术建立的差异化特性可能被新技术替代，利用文化建立的差异化特性也可能伴随消费者年龄迭代而失去吸引力，新特性带来的品类分化也会使领导者的特性逐渐褪色。当品类遇到不可逆转的首要特性转移，或者是品牌特性价值不可逆的减弱，又或者是品类分化使原有的细分市场逐渐失去投资价值，又或者是慢慢成为抽象品类，再或者是遭遇极强烈的不对称攻击造成了可怕的信任危机，品牌需要考虑从原有定位中撤退。撤退方式可以是对现有品牌重新定位，更多的做法是启用新品牌进入新品类，把原有公用配称作为资源输出给新品牌。品牌在撤退期的经营要点有以下三个：

（1）减少产品、降低成本，避免在同样品牌特性之下加大产品的开发。在撤退期，由于顾客需求减少，之前为了满足顾客多样化需求开发的战术产品逐渐失去规模效益，要有序地淘汰这些产品和相关的业务线，把有限的资源聚焦到效益最好的核心产品和核心业务线，通过升级和完善核心业务来收割最后的品牌红利。

（2）启用新品牌进入新品类，把原有运营活动中可以共用的部分与新品牌共享，加快新品牌的成长速度。

（3）放弃原有品牌定位，主动加入新品类的争夺，用领导者地位积累的渠道优势、广告优势、公关优势，用"品牌升级"的方式快速争夺新品类领导权。

六、品牌定位周期理论在白酒行业的应用

品牌定位周期是按照"品牌定位发展的心智份额"或品牌的渗透程度，刻意忽略了市场的物理区隔和消费者的需求区分，仅仅是从理论层面把市场当成一个整体来论述品牌定位从导入市场到战略撤退在不同阶段要关注的重点。

品牌阶段	品牌特性	产品	渠道	传播	信任状
导入期	单一价值	单一核心产品+品鉴酒	原点渠道	公关+口碑	三方背书+产品验证
发展期	单一价值	单一核心产品+品鉴酒	弱竞争渠道	口碑+广告	口碑+热销
进攻期	升级/转换核心价值	升级核心产品+多规格核心产品	主流渠道	口碑+广告	口碑+三方背书+热销
防守期	核心价值+辅助价值	多规格核心产品+辅助产品	全渠道覆盖	广告封锁+口碑	口碑+领导者
撤退期	升级核心价值或放弃	多规格核心产品	高效益渠道	公关+形象广告	口碑+领导者

事实上，物理上的市场是由若干区域组合成的，从来就不是一个整体。消费者需求也是多样化的，特别是白酒行业，很多白酒产品的购买者和消费者是分离的，同一个消费者在不同场景下的需求也是不一样的。品牌定位发展理论放到白酒这个具体的产业来看，要结合更加具体的情景来应用。

（一）白酒的价格带分布宽泛

不同价格带对应的消费场景和顾客群体各不相同，形成了白酒众多的细分市场。常见的做法是同一个白酒品牌用不同产品进入不同的细分市场，它的品牌定位在某个细分市场有清晰的差异化价值，是实至名归的品牌领导者。但是在延伸的一些细分市场里可能占据了市场份额领先，顾客有很高的"无提示第一提及率"，但是因为品牌差异化价值并不清晰，顾客的购买理由往往是"大品牌的好产品"，但是具体怎么好却说不清楚，也就是说"产品购买理由的第一提及率"不高，这种细分市场容易被其他专业品牌以"专家"价值打败，也可能是被其他采用同样延伸策略的品牌用更多的资源收割。习酒用简体字、繁体字、篆体字区隔众多开发产品的酒体标准，进入不同的价格带，造成消费者认知混乱，会影响到主品价格和销售。五粮液系列酒虽然用不同名称进入不同市场，但是这些名称背后缺少独立的品牌价值支撑，大家都习惯共享五粮液的品牌价值和公用配称（如五粮液的经销商资源），五粮液系列酒要发展成为有独立价值的品牌还需要很多努力，否则就只是一个个商标和名称。

（二）白酒的区域市场发展不平衡

除了少数品牌实现了全国某一价位强势，绝大多数区域市场存在不同的竞争格局，这种竞争表现出市场份额和心智份额在不同市场都各不相同。北京、上海、广州、深圳等经济发达城市在经济流动过程中可能会形成对欠发达地区的品牌影响，从而改变当地竞争格局。某些核心意见领袖的流动也可能改变当地白酒竞争格局。在更大范围（地理和心智）占据品牌优势的名酒，进入某些区域市场也容易收割地产酒之前的份额，特别是互联网的信息传达能力让很多名酒虽然产品未至，但其品牌特性价值已经影响了当地消费者。从 2017 年开始，白酒行业销售结构向名酒大单品集中，这就反映了大品牌向下沉市场的渗透和收割。

（三）白酒的竞争焦点主要在渠道而非品牌

白酒过去主要集中在销售渠道的争夺，近年来才开始在高端酒市场开展核心用户转化工作。白酒在区域市场表现出的品牌领先往往是市场份额的领先，不一定是心智份额的领先，或者是有知名度但是对品牌和产品的差异化认知不清晰。品牌在市场的领先也可能是多产品汇量产生的，不是单一产品在细分市场的绝对领先，竞争更多是体现在渠道争夺、产品特性争夺，不是品牌特性的较量。品牌希望顾客的购买理由是自己品牌定位提供的核心价值（品牌占据的品类特性），以此建立品牌区隔，但是顾客的购买理由常常并不聚焦，或者笼统地说购买理由就是由价格带来的"面子"，或者由铺市率带来的"流行"，说明市场份额的领先并不是品牌驱动的结果，也得不到品牌的保护。

（四）准确理解品类是白酒品牌营销的第一步

品类是对接消费者需求的，是由消费者决定的产品分类方式，是消费者购买决策之前的最后一级商品分类。白酒营销中有很多品类是难以对接需求的抽象品类，如高端酒、浓香型酒、酱香型酒、光瓶酒等。有些是厂家自己的分类，不是消费者脑袋里的认知，如次高端酒、二曲酒、绵柔酱香酒、友情酒等。还有一些是尚在培育阶段，只能对接小众人群需求或者是特定消费场景的小品类，如真实年份酒、文化创意酒等。也存在错把销售方式当成品类的，如封坛酒、婚宴酒等。不同消费群体对品类的认知还存在很大的差异，葡萄酒的老饕会从勃艮第的小酒庄选酒，普通消费者可能只是认识几个大品牌，甚至分不清法国葡萄酒和美国葡萄酒的分类标准。品类思维是一种动态的营销思维，只有准确理解了白酒的品类才能找到好的品牌定位。

（五）白酒品牌发展的过程不要盲目挑战领导品牌

白酒是在很宽泛的价格和区域上展开竞争，可以有很多的品牌特性、价格设置、区域市场选择，品牌可能在多区域导入和发展，但是要尽量避免大范围挑战领导者的冲动。白酒营销很容易落入"打点、连线、成片发展"这种口号式不切实际的策略陷阱。白酒的价格带非常宽泛，现在的领导品牌绝大部分都还只是"多区域细分市场强势品牌"，挑战者就更不可能短期内成为某个"全国化细分市场的领导者"。务实的做法是聚焦样板市场，扎实开展品牌营销工作，不要依赖多产品、多渠道汇量销售，要逐步形成多个区域市场细分领域的强势品牌。当优势市场积累得足够多，品牌区隔足够强，品牌特性的价值自然能在更大范围流动，品牌扩张就会取得事半功倍的效果。靠品牌驱动的发展才是最扎实的发展，渠道推动是短期作用，不能过分依赖。

价值营销的主要观点

- 品牌定位转换不成功的结果可能影响品牌的"再现度"，就是当消费者产生品类需求的时候从记忆中搜索到品牌的能力降低，通俗的说法是品牌老化。
- 品牌定位的导入期是品牌定位初创，通过聚焦原点市场、原点渠道、原点人群培养品牌认知，以及验证商业假设的过程。
- 原点市场有大量原点顾客开始"指名购买"，这意味着对原点人群的认知培养取得了成效，是品牌进入发展期的重要信号。
- 进攻期是指品牌在原点渠道和弱竞争渠道取得市场份额的优势，开始进入领导品牌的强势渠道，或者开始大量转化领导品牌的顾客，就会遭遇到领导品牌的阻击和正面对抗。

- 判断品牌是不是某个市场的领导者，需要同时采用"心智份额"和"市场份额"两个指标。如果市场份额高但是心智占有率低，说明销售的成功还没有转化成品牌的护城河；反过来，心智占有率很高但市场占有率低，可能是渠道建设与品牌价值的建设进度不同步，或者是品牌老化需要重新定位，这两种情况都不能称为"细分市场领导者"，需要补齐弱项。

- 当品类遇到不可逆转的首要特性转移，或者是品牌特性价值不可逆的减弱，又或者是品类分化使原有的细分市场逐渐失去投资价值，又或者是慢慢成为抽象品类，再或者是遭遇极强烈的不对称攻击造成了可怕的信任危机，品牌需要考虑从原有定位中撤退。

- 白酒在区域市场表现出的品牌领先，往往是市场份额的领先，不一定是心智份额的领先，或者说是有知名度但是对品牌和产品的差异化认知不清晰。

- 品牌在市场的领先也可能是多产品汇量产生的，不是单一产品在细分市场的绝对领先，竞争更多是体现在渠道争夺、产品特性争夺，不是品牌特性的较量。

- 品类思维是一种动态的营销思维，只有准确理解了白酒的品类才能找到好的品牌定位。

- 白酒营销很容易落入"打点、连线、成片发展"这种口号式不切实际的策略陷阱。务实的做法是聚焦样板市场，扎实开展品牌营销工作，不要依赖多产品、多渠道汇量销售，要逐步形成多个区域市场细分领域的强势品牌。当优势市场积累得足够多，品牌区隔足够强，品牌特性的价值自然能在更大范围流动，品牌扩张就会取得事半功倍的效果。靠品牌驱动的发展才是最扎实的发展，渠道推动是短期作用，不能过分依赖。

第十章　产品策略是用品牌定位统领产品管理

一、塑造产品特性就是增加顾客价值

产品是企业践行使命、实现社会价值、解决顾客痛点问题的具体方案。企业通过创造附着在产品、品牌和服务上的顾客价值来满足顾客需求，产品、品牌、服务三者具有一致性。产品策略需要厘清品类特性、品牌定位、产品特性的关系。**品类特性是品类带给消费者的价值，品牌定位是品牌占据品类特性后带给消费者的价值，产品特性是产品自身的差异化特征带给消费者的价值，包括内在功效特征和外在视觉特征。**

处于领导地位的品牌才有权力占据多个品类特性，或者开发具有不同特性的产品，形成产品矩阵来满足不同需求。比如沃尔沃卡车可以占据跟它品牌定位接近的耐用、精准操控等多个特性，也可以有多个具备不同产品特性的产品，满足不同场景下对卡车价值的需求。前提是这些特性跟它的品牌定位比较接近，否则无法获得品牌背书，而且这些特性不是品类的首选特性，不能形成新品类的认知隔离。具体来说，就是"安全"对沃尔沃的顾客最有吸引力，他们因为安全而来，"耐用"或"精准操控"只是基于安全的加分项。这些产品在价格上也不能差距太大，否则就会因为顾客群体不同而进入了新的细分市场。如果产品特性能对接大规模的需求，实现大量顾客转化，就应该考虑启用新品牌来占据这个特性，并主动把这个特性品类化。

企业可以通过塑造产品特性来增加顾客价值。市场营销学把产品分成五个层次，分别是核心利益、基础产品、期望产品、附加产品、潜在产品，每个层次都增加了更多的顾客价值，它们构成了顾客价值层级。

最基本的层次是核心利益，就是顾客真正购买的基本服务或利益，从品牌营销的角度来看，这个核心利益是顾客的"购买理由"，也是品牌定位所占据的那个主

要的品类特性。买沃尔沃卡车的人实际购买的核心利益是"安全"带给他的价值效用，这也是他买这辆车最重要的理由；买茅台酒的人实际购买的是"中国最好的白酒"这个心理感受，这也是他买酒的核心理由。核心利益不一定是物质上的优势特征，比如"口感好、体感好"是高档白酒的入门标准，不是消费者的购买理由。

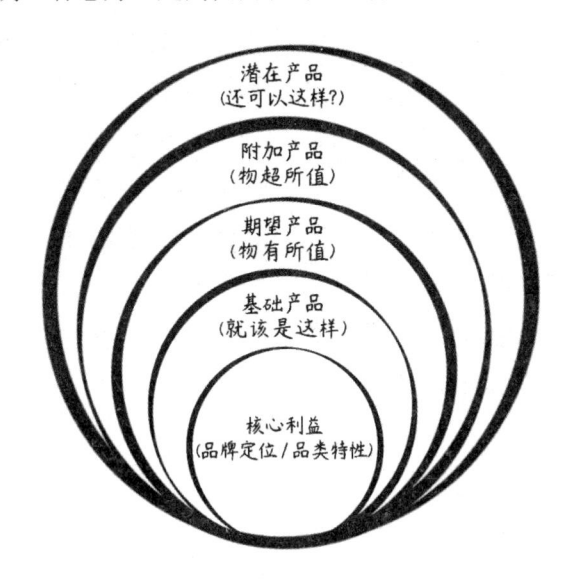

潜在产品
（还可以这样？）

附加产品
（物超所值）

期望产品
（物有所值）

基础产品
（就该是这样）

核心利益
（品牌定位/品类特性）

基础产品是承载核心利益的最基本形态，无论是产品的内在功效特征还是外在视觉特征，都应该符合核心利益的表达需要，让人感觉这个产品"就该是这样"，而且这种感觉与产品定价无关，单纯就是形式和内容的关系。如果品牌定位"宴席首选"，那么产品包装就要符合宴席场景；如果品牌定位"洞藏老酒"，那么产品包装就要一眼就让人感觉装的是老酒，产品喝起来也必须有老酒的特征。

期望产品包含了顾客期望从产品上得到的价值，这些期望是顾客明确的需求，是加入了产品价格之后的期望，顾客的心理感受是"物有所值"。产品的包装质量、包装设计感、酒的口感和体感、销售服务等都可以是顾客期待的内容。如果品牌定位"尊贵重要接待"的高端商务用酒，产品的包装就要符合这个价位的质量水平，酒体饮用感受也要符合高端酒的特征。关键是顾客期待的对"尊贵"的认知是需要被宴请的人感受到的，也就是品牌或者产品的广告效用。被接待的人要提前知道这个酒"珍贵"，或者现场认识到这个酒"珍贵"，否则"尊贵重要接待"就无法落实。这就是为什么消费者明明知道名酒价格贵但是还要买，因为其被接待的客人容易识别产品的价值，降低了沟通成本。很多白酒产品标识价格与实际购买价格落差太大，消费者体验感不好，或者产品的知名度以及产品价格认知范围太狭窄。

附加产品是超越期望的顾客价值，给顾客的感受是"物超所值"，顾客获得了"消费者盈余"。很多白酒产品创造消费者盈余的方法是虚标产品售价，让顾客实际购买价格低于标价。这种方式的前提是顾客对产品已经产生了购买需求，而不是在消费者教育阶段，实际上创造附加产品的关键是增加顾客价值，而不仅仅是制造标识价格和成交价格的落差。增加顾客价值就意味着增加了产品特性的价值，或增加品牌特性的价值，或增加服务的价值，必须围绕品牌定位选择关联度高的利益点。比如顾客因为安全的理由购买了沃尔沃卡车，但是他同时还获得了智能化的附加利益。顾客因为中国最好的白酒这个理由购买了茅台，喝酒那晚宾主尽欢的气氛和主人收获的赞美就是他得到的附加利益。当某个附加的利益点成为重要和关键的产品利益的时候，这个利益点可能形成消费者的认知区隔，挑战品牌可以把这个利益点作为自己的定位，成为某个新认知点上的专家。比如沃尔沃卡车附加的智能化利益点，随着这个利益点不断被某些消费者重视，可能成为某个挑战品牌的定位，这个挑战品牌通过占据"智能化"卡车的定位切分出一部分对这个利益点特别敏感的人群。

对重复购买的顾客而言，附加产品带来的利益通过顾客自己体验和传播会慢慢变成期望产品，也就是说"物超所值"慢慢就会变成"物有所值"，产品带给顾客的"惊喜"慢慢变成重复购买时的"期望"，品牌也就获取了这些忠实的顾客。当然，附加产品可能会增加成本，可能遇到去利益点的"反向定位"挑战。比如高端白酒在包装成本、酒体成本、营销成本上采取豪华配置，而挑战品牌可以优化顾客价值链，突出"酒体品质"弱化包装成本，以"精致非豪华"的方式展开攻击。

潜在产品是向顾客提供未来价值的可能性，给顾客的心理感受是意外的惊喜："还可以这样？"潜在产品是领导品牌塑造的创新体验，而且只属于领导品牌所有，当品牌还不能提供超越期望的附加利益的时候，开展创新体验往往会被当成"不务正业"，削弱自己的核心价值。

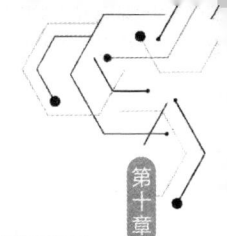

以广西市场千元价格带酱香型白酒为例：

产品	批价/元	核心产品——购买理由	形式产品——符合高档酒基本需求	顾客期望——物有所值	附加产品——物超所值
青花郎	935	酱酒第二	精致包装和独特口感	参与商务消费的面子	无
茅台1935	1250	性价比茅台	接近飞天茅台的口感		无
君品习酒	880	茅台同门，更好的1988	金镶玉包装与柔和口感		无
金沙摘要	690	相对便宜	精致的书本形包装		无
丹泉洞藏30	800	广西茅台（面子和流行）	寿水粮藏的品质特点		本地酒厂服务
提升产品价值的措施		广告和口碑传播，广泛知晓核心理由和差异化		占据地产酒商务优势	礼品有寓意
				价格刚性	柔性定制服务

二、塑造产品特性应该遵循品牌定位

品牌定位占据和放大品类特性，而产品特性是消费者可以自行验证的品牌定位信任状，消费者通过产品包装和使用过程验证品牌定位。产品特性本应该遵循品牌定位，品牌营销的逻辑顺序是先确定品牌定位，再研发产品。但是，很多白酒企业在赋予产品特性的时候，并没有考虑和品牌定位的关系，常见的情况有以下两种：

（1）品牌定位不清晰或者没有品牌定位，产品线和产品特性混乱。比如很多企业用"星级""数字""年代""朝代"等作为产品的副名称，来区分不同质量等级和价格的产品，形成系列化的产品线。这些用于区分产品的副名称就是产品特性的表达方式，这些表达方式往往跟品牌诉求的核心价值没有关联，有的副名称甚至不带价值区分的实际意义，它的作用是企业单方面定义的："五星比四星好，所以价格更贵""60年代比80年代更早，所以产品更好、价格更贵"。

（2）品牌定位与企业核心产品特性关联不大。比如现在舍得酒品牌定位"老酒"，但是舍得产品的副名称"品味""智慧""晶品""水晶"，这些产品特性似乎只是从包装形式和价格上区分，与品牌定位缺少联系。

有的企业品牌与核心产品名称不一致，是历史原因形成的，比如郎酒的品牌是"郎",最早的代表产品是郎牌郎酒,现在企业的核心单品是"青花郎",形成了"郎""青花郎""红花郎""红运郎""小郎酒"等多个独立的大单品。郎酒的广告语虽然多次更换,从"酱香典范"到"赤水河畔两大酱香",再到现在的"赤水河左岸庄园酱酒",其中"酱香"一直没变,郎酒的品牌定位始终在围绕"酱香酒"品类找特性。郎酒现在的广告传播是以"青花郎"作为承载品牌信息的核心产品,"青花郎酱香味"的产品特性也是基本围绕"酱香酒**"这个品牌定位在表达。事实上,青花郎瞄准的千元价格带是中国高档酒主流市场,在这个市场上,品牌价值对消费者的影响力可能大于香型的影响力,而品牌价值是应该超越香型或者产品具象物理特征的,是感性的、主观的效用。

有的企业在发展过程中把核心产品系列化,比如洋河的品牌定位"男人的情怀",核心产品海之蓝、天之蓝、梦之蓝,用"海、天、梦"的宽广博大阐释男人的情怀,虽然是多产品,但是产品特性和品牌定位是强关联的。值得注意的是,洋河三个产品在市场导入的时候并不是齐步走。前文提到过在区域市场品牌定位发展的导入期和成长期并不适宜多产品同时进入市场,而是应该以单一产品选择原点渠道、培育原点人群为主。事实上洋河也是这样操作的,洋河在进入新市场的时候,大部分是以海之蓝或天之蓝在渠道突破撬开市场,即使同时导入梦之蓝培育高端用户,也并没有作为主力产品投入资源。

企业进入一个新的市场,可能面对多个不同的场景诱惑,如婚宴、商务宴请、收藏礼品等。容易采取的方式是多产品进入多场景,用系列化的不同价格的产品同时运作高端商务接待市场、中档宴席市场等,这个做法是违背消费者认知规律的。营销战略定位已经决定了目标人群,也就框定了消费水平和消费场景,企业要同时运作多个价格带,意味着面对不同的目标人群,不能采用同一个营销战略。企业同时运作多个价格带最好是用不同的品牌,而不是同一品牌下的不同产品特性来区隔,其中投入的资源是巨大的。企业也可能选择用一个产品同时进攻多个渠道或多个场景,这也并不是最优策略,因为这会分散资源也会分散人们对品牌的认知,新品牌和新产品唯有聚焦才可能在局部市场产生比较优势。

相同品牌定位之下的产品矩阵,是因产品特性甚至品牌特性不同而聚合的产品组合,常常是从生产者视角认为的"顾客需求",因顾客并不是只围绕一个

品牌挑选产品，而且产品太多必然削弱品牌定位。

为新品牌开发新产品，或者为老品牌调整核心产品，不要急于为产品找一个副名称的"说法"，更不要急于通过副名称把产品系列化。最好的核心产品名字就是品牌名字，如果要设计产品的副名称，最有效的副名称是能够直观解释品牌定位价值的词语，宁可找不到这个词语也不要加上多余的信息。产品设计更应该思考的是品牌定位的价值对不对，有没有词语可以直观表达这个定位，这样的词语是不是符合产品质量法规。

三、产品是为包装服务的

20世纪90年代每家每户都有酱油瓶，需要酱油的时候就去商店（副食店）里买，商店的人用提勺计量，包装是消费者自己提供的，仅仅用于保存和运输，那个时候包装是为里面的产品服务的。后来酱油瓶上有了文字和符号，也不是由消费者提供，而是生产者提供的，这个时候包装和产品的关系就发生了逆转，变成产品为包装服务了。因为此时更重要的是包装上的商标、文字、符号，如果酱油质量不好，消费者就不再购买，受害的是包装上的信息，反过来，如果酱油质量好，受益的也是包装上的信息。消费者通过重复购买对包装上的信息产生信赖，包装就放大了购买的理由。

既然包装能够放大购买的理由，那么包装设计就可以理解为一个销售行为。事实上产品研发中，研是科学研究、是技术问题，而发是产品开发、是营销问题，就是营销创意的过程。在价值营销的语系里，产品是企业提供解决社会问题的方案，产品存在的目的就是被购买、被消费，通过购买和消费来解决问题。所以，产品的本质就是购买理由，产品开发的过程是先根据品牌定位产生营销创意，得出购买理由，然后命名，再创作广告、设计包装，之后把包装设计、文案、广告创意整合起来，写成"新产品开发任务书"，交给技术部门去落实。

产品是品牌最重要的载体，也是品牌价值最重要的传递桥梁。产品外包装的商业设计就是要解决两个关键问题：一是产品和品牌的识别度问题，通俗的说法是"一眼就能看出它不一样"；二是要解决价值承诺的问题，也就是这个产品或品牌正在向关注它的顾客承诺什么价值，通俗的说法是"一眼就引发消费者的兴趣"。所有产品都同时具备四重属性，其中工具性指产品的功能特征，器具性指产品的仪式感，道具性指产品用于消费者身份识别的象征价值，玩具性指产品与消费者的交互能力。产品在设计过程中，这些属性都必须服从于品牌定位要传递的核心价值才能跟品牌定位形成合力。所以，在设计之前必须做的事情就是"品牌定位"，要详细了解已有的品牌资产、跟竞争对手相比的优劣势和资源状况，帮助品牌构建比较优势，找到品牌要传递的核心价值，然后再把这个价值在设计上进行艺术化和工业化的表达。艺术来源于生活，所以这个价值必须是真实存在的，可以用艺术去夸张和表现，但是不能故意歪曲和编造。

四、商业设计中的美学选择

设计师的产品包装创作过程是先确定品牌定位、拟定品牌故事，再创意和表现。但是消费者看待产品的顺序正好是相反的，他是先看到产品，引起了兴趣之后，再了解产品背后的故事。所以，商业设计考虑的两个关键，一是让消费者感觉不一样，二是引起他的兴趣，这两个目的往往是矛盾的。消费者经常是对不一样的东西没有兴趣，对有认知的事物容易产生亲近，这就需要设计师很好地把握这个度，在"大众美"和"小众美"之间把握，在时尚和经典之间平衡。所谓大众美是指有认知基础，容易让消费者接受的设计之美；小众美是有强大的独特性和鲜明的个性，只有小众人群能欣赏的美。

不论是采用大众审美还是小众审美的标准来设计，都要注意在流行时尚和经典之间平衡。如果想要做一款长久销售的超级单品，往往不要选择那种第一眼特别惊艳的时尚流行的表现方式，包括流行颜色、图案等，因为流行总会来得快也去得快，跟超级单品的培育时间不匹配。应该努力让产品"耐看"，让消费者慢慢喜欢它，越看越好看。成功的商业设计要赋予产品某些独特的东西，无论是器型、色彩搭配还是调性，都要跟品牌定位和品牌故事契合，而且设计元素的选择要特别慎重，不能有违和感。设计师常常因为要放弃一些很惊艳但是跟品牌定位和调性违和的创意觉得很痛苦，感觉自己的权威性和艺术创造力被摧残，但是商业设计就是这样的，一切都要服从于品牌的初心，长久下来包装设计才会慢慢内化成品牌资产的一部分。当然，设计短期销售的生肖酒、礼品酒和一些寓意类轻

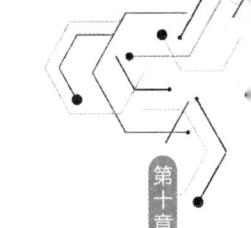

文创产品又是另外一个思路，必须深刻洞察和把握当下的流行与时尚。

五、打造超级单品的管理

超级单品是在长期销售过程中被消费者选择、认知、接受的结果，产品和它背后的故事既要深刻地打动顾客，又要为人所知，这两个目标同样是矛盾的。品牌既要培养忠实用户，又要广泛传播，才能同时达成这两个目标。在消费群体中自然也就形成了对品牌非常了解、非常忠诚的粉丝，也有广泛的关注和消费的普通用户，这个群体构建的过程有以下三个阶段：

（1）品牌定位的导入期和成长期，也是超级单品的导入阶段。这个阶段要聚焦产品，聚焦原点渠道，不断培育原点人群，培养种子用户或意见领袖，需要的是把产品渗透和品牌渗透做得很深入，跟消费场景高度关联。这个过程在互联网上称为"种草"。

（2）品牌定位的进攻期，也是产品的"扩散阶段"。通过核心产品延伸开发让更多优质商业资源进来，共同把品牌的知名度最大化地传播出去，这个过程的要求，一是要快；二是要专门管理产品设计，切忌把核心产品的外观形象乱用；三是要尽力保证品质和价格的一致性，不要产生混乱。这个过程在互联网上称为"育草"。

（3）品牌定位的防守期，也是超级单品的"聚焦期"。这个阶段要清理那些稀释品牌资产，干扰消费者认知的产品，重新把销售聚焦于核心产品。同时，因为品牌已经有了影响力，这个时候就可以在文创酒、礼品酒、定制酒等这些快流通或封闭销售的产品上做文章，跟核心产品形成矩阵。这个阶段重要的几点为：一是要注意产品清理的时间不能太晚也不需要太早；二是文创酒和礼品酒的开发要专业设计和高品质，销售价格要高于核心产品，否则会稀释核心产品的价值，可以考虑寻找专门的创意酒公司或部门来负责。这个过程在互联网上称"拔草"。

所以，商业设计要为品牌定位服务，先定位再设计。商业设计不能忽略企业围绕自身资源选择的销售场景和原点人群：既要大众也要小众，选择标准取决于品牌定位的需要；既要时尚也要经典，选择标准取决于产品的销售场景。打造核心单品是管理出来的，一定遵循"导入、扩散、聚焦"的"种草、育草、拔草"过程。

价值营销的主要观点

- 品类特性是品类带给消费者的价值；品牌定位是品牌占据品类特性后带给消费者的价值；产品特性是产品自身的差异化特征带给消费的价值，包括内在功效特征和外在视觉特征。

- 处于领导地位的品牌才有权力占据多个品类特性或开发具有不同特性的产品，形成产品矩阵来满足不同需求。如果产品特性能对接大规模的需求，实现大量顾客转化，就应该考虑启用新品牌来占据这个特性，并主动把这个特性品类化。

- 对重复购买的顾客而言，附加产品带来的利益通过顾客自己体验和传播会慢慢变成期望产品，也就是说"物超所值"慢慢就会变成"物有所值"，产品带给顾客的"惊喜"慢慢变成重复购买时的"期望"，品牌也就获取了这些忠实的顾客。

- 品牌定位占据和放大品类特性，而产品特性是消费者可以自行验证的品牌定位信任状，消费者通过产品包装和使用过程验证品牌定位。产品特性应该遵循品牌定位，品牌营销的逻辑顺序是先确定品牌定位，再研发产品。

- 企业同时运作多个价格带最好是用不同的品牌，而不是同一品牌下的不同产品特性来区隔，其中投入的资源是巨大的。企业也可能选择用一个产品同时进攻多个渠道或多个场景，这也并不是最优策略，因为这会分散资源也会分散对品牌的认知，新品牌和新产品唯有聚焦才可能在局部市场产生比较优势。

- 为新品牌开发新产品或为老品牌调整核心产品，不要急于为产品找一个副名称的"说法"，更不要急于通过副名称把产品系列化。

- 产品的本质就是购买理由，产品开发的过程是先根据品牌定位产生营销创意，得出购买理由，然后命名，再创作广告、设计包装。包装设计就可以理解为一个销售行为。一切（设计）都要服从于品牌的初心，长久下来包装设计才会慢慢内化成品牌资产的一部分。

第十一章 价格策略是商业生态的全链路管理

一、战略定位决定价格基准，顾客价值影响需求量

经济学所讲价格的三个作用是传递稀缺信息、指导生产、指导分配。"稀缺"是经济学的基础，是这个世界存在的基本事实之一，但是"短缺"却是人为干预的结果，是因为价格受到抑制，买方需要增加其他手段才能获得商品。在市场上表现为消费者认为你的产品物超所值，买到就赚了。消费者花3000元买一瓶飞天茅台酒是正常的价格，他可以去任何的茅台专卖店或超市付钱买酒，但是茅台公司要求经销商必须按1499元销售茅台，消费者想要买到这个价格的茅台酒就要试试其他方法了。比如说乘坐有茅台酒销售配额的茅台机场航班，或者到茅台专卖店填写资料报名买酒然后等着抽签。尽管要买到一瓶1499元的茅台酒那么困难，但是消费者仍然热情不减，如果他买到一瓶1499元的茅台酒，甚至可以加价转手卖掉。茅台酒的需求量大，需求端的竞争抬高了产品的成交价格，而反过来说，价格的提高是可以抑制需求量的，这里就要涉及需求定律。

需求定律是经济学的基础定律，是指当其他条件不变时，价格提高则需求量减少。但是这个定律不能直接解释，为什么茅台不断涨价仍然一瓶难求，为什么奢侈品涨价以后反而销量大增。实际上消费者购买的原因是他获得的顾客价值大于他付出的成本，他获得了"消费者盈余"，左右顾客购买的就是"消费者盈余"，价格变化只是引起盈余变化的原因。实际上需求定律里有个重要的前提就是"其他条件不变"，也就是说涨价单纯只是增加了顾客成本，在降低了"消费者盈余"的情况下需求量会伴随涨价减少。倘若涨价不但没有减少"消费者盈余"，反而是增加盈余，那么涨价就可能获得需求量的增加。奢侈品是象征价值远大于使用价值的商品，奢侈品的作用就是创造和拉开人际距离，象征财富、地位、文化的不平等。对奢侈品的双重认定：第一是产品本身的奢侈特性，第二是被真正有能

力欣赏的客户得到。奢侈品具有排他性和专属性的特点，奢侈品提价是为了巩固"最好的"这个象征价值，为用户提供更好的"排他性"价值。顾客在奢侈品提价中获得的顾客价值增加幅度超过了成本增加，"消费者盈余"反而是增加的，所以需求量才会增加，从而形成"凡勃伦效应"。茅台酒正是因为具备奢侈品的某些特征，才会显示出和奢侈品相似的需求弹性，也正是因为这些奢侈品的特征，"以产定销"和"配额制"是茅台酒营销体系的正确策略，没有奢侈品特征的白酒开展类似策略却不一定符合自身情况。

需求量的变化受"消费者盈余"变化的影响，无论是对普通商品还是对奢侈品，营销创造的顾客价值才是产品定价的源头，价值决定价格的基准。而顾客价值是由产品价值、品牌价值、服务价值组成的，营销战略定位决定了顾客价值的范围，就是满足什么人群的何种需求决定了产品定价的基准。这个基准为目标顾客划定了最低经济水平的门槛，比如把一瓶酒定位到省会城市主流商务接待用酒，产品的价格如果显著低于高端名酒大单品（五粮液、国窖1573、青花郎等）就很难进入目标场景。如果产品定价准确，进入了主流商务接待场景，但也并不代表在接待现场喝过这个酒的人都是目标顾客。因为价格是硬门槛，高端白酒的聚饮特性决定了大部分喝过产品的消费者是产品传播的受众，是影响购买决策的人，但不一定是掏钱的顾客。很大一部分的营销工作是针对所有消费者做的，让消费者知道产品，知道产品的价格，认可产品的质量，让买酒的顾客以低于消费者认知的价格成交，顾客获得了价格上的盈余。定价基准决定了顾客的最低经济水平，使低于水平线的消费者难以直接转换成购买者。但这也并不是绝对的，因为白酒消费场景多元化，不同场景下的消费价格差别很大。比如一个喝中档酒的消费者，完全可能在年底买两瓶高档酒送给长辈，这个时候，这个高档酒的顾客价值和顾客的社会形象又变成了影响购买决策的重要因素。

二、价格只有在交易中才有意义

价格是价值的外在表现和计量方式，在物物交换时代不存在价格，当货币作为一般等价物产生之后，才有了价格这个计量方式。所以，价格只存在于交易中，也只有在交易过程中价格才有意义。近年来茅台带动酱酒热，涌现了很多新的酱酒品牌和产品，这些产品在市场上流通时间短，价格没有经过消费验证。有些产品甚至没有清晰地描述自己的主要场景，也没有锁定自己的目标消费者，彼此竞争没有区隔。有的酱酒企业依靠招商汇量增长，经营重心主要在渠道而不是消费者，产品采取逐年提价的方式使价格虚高，制造虚假的"短缺"信息，促进渠道库存转移的泡沫化。有的酱酒产品采用价格追随的策略，依据其他酱酒品牌的售价来定价。实际上酱酒并不应该只看内部竞争定价，毕竟消费者并不仅仅在酱酒中选择，而更多的时候是在所有白酒产品中选择。现在酱酒所谓的次高端、高端的定价对很多酱酒品牌并不成立，价格只有在交易中形成闭环才有意义，否则只是厂家和商家的一厢情愿。五粮液于2013年把出厂价从659元提到729元，实际成交价从千元出头跌落到七八百元，重回千元价格用了9年时间。国窖1573在2014年的时候，实际成交价从九百多元腰斩到四五百元，重回千元又花了8年，他们不断教育消费者，通过实际的购买让顾客不断认可这个价格。产品的价格是在频繁多次的交易中由需求方决定的，不是由供应方决定的。企业的定价权往往可以衡量企业创造顾客价值的能力，商业模式设计中企业对产品的定价逻辑会影响企业创造顾客价值的能力。

三、定价决定价值链的竞争力

传统营销的价格策略主要是侧重于讲定价的方法和原理，实际上定价是企业的顶层设计，因为定价活动应该涵盖企业的整个价值链，是决定价值链竞争力的重要策略。彼得·德鲁克说企业用维持生存的最少利润开展恶性竞争，把竞争对手饿死，这个视角是从单个企业竞争来说的，现在企业的竞争已经演变成价值链之间、商业生态系统之间的竞争。小米向智能家居的生态企业赋能，但是压缩生产商利润，打造高性价比的智能家居物联网解决方案，这个商业生态现在面临主要供应商流失的问题，核心原因是生态系统的整体交易价值低。茅台的竞争力是由粮食种植、生产、经销、零售等整个商业生态的综合盈利能力决定的。

以白酒生产企业为焦点的商业生态系统，其主要的利益主体包括供应商、酒厂、销售公司、经销商、终端商、消费者。实际经营中，酒厂负责采购、酿造、原酒储存、成品灌装，然后用一个能做到的最低结算价卖给关联的销售公司。企业的销售公司设定产品后续的出厂价（经销价）、批发价、团购价、零售标价，以及价格政策和销售政策等。经销商向企业的销售公司购货，按照规定的次级价格对外销售。在这个商业生态中，顾客价值的形成和输出是以各利益主体之间的交易来体现的，企业的价格策略就是这些交易的收支来源（定向）、收支方式（定性）、价格高低（收支定量）、现金流结构（收支定时）。

（一）收支来源（定向）

收支定向是价值流向问题，各个利益主体的收入从谁那里获取，成本由谁承担。以白酒销售商（经销商或终端商）为例，收入主要来自向个人或单位直销，或者是向其他销售商分销。主要成本由两个类别构成，第一个类别是产品采购成本；第二个类别是经营成本，分为产品推广成本（品鉴、赠酒、陈列、促销等）、人工成本（销售员、店员等）、店面成本（租金、装修摊销），把收入来源和经营成本的支付对象两个维度合起来，可以列出一个由六种不同角色的销售商组成的一张二维表格：

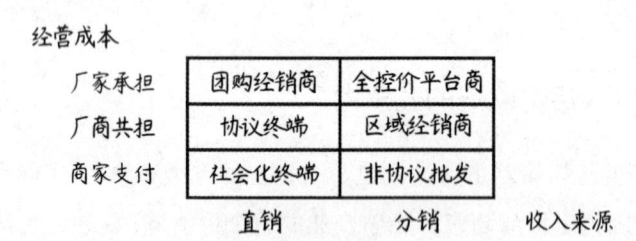

经营成本	直销	分销
厂家承担	团购经销商	全控价平台商
厂商共担	协议终端	区域经销商
商家支付	社会化终端	非协议批发

收入来源

经营成本完全由商家承担的社会化终端和非协议批发商是价格最不受控的销售商，他们主要依赖于产品的自然动销能力和流动性销售，原则上销售价格越高的产品越是应该减少这类销售商的参与。

厂商共同承担经营成本的协议终端和区域经销商是同时销售多个品牌的非专属商家，他们的成本可能会分摊到不同的品牌，比如终端的货架资源可以用陈列费的形式由不同厂家分担，人力费用和推广费用也可能从不同厂家获得支持。这类销售商往往实力雄厚，要么有深厚的团购直销人脉关系，要么占据了一个好的位置，要么经营时间长、客户多、宴席用酒资源多，要么对本地的销售网点情况清楚，有一定的口碑能帮助厂家分销。厂家与商家成本分担遵循的基本原则是"谁受益谁付钱，谁贡献大谁受益"，产品推广结果是厂家受益最大，多半厂家主要承担产品推广费用，人工成本和店面成本分担比例也在于这些资源对厂家的作用有多大。

厂家承担经营成本的商家，要么是品牌专属的专卖店，要么是只卖这一个品牌的行业外团购商，要么是厂家在当地组织销售商成立的为了服务本地市场和控制价格的平台商。这些商家都是厂家为了特定的目的而存在的，他们提供的资源有专属性和排他性，所以厂家要承担他们的经营成本。

（二）收支方式（定性）

收支定性是收支计价的方式，包括盈利模式和定价方法。企业内外部在不同利益主体之间的交易都可以用固定收益、剩余收益、分成收益这三种性质来分配收益。固定收益是指按照固定额度分配收益，无论总收益怎么变化，固定收益都维持不变，如基本工资、租金、一次性的进场费、计件工资、运费等。剩余收益的表现形式有股权、分红、期权、提成等，是指除固定收益之外随着总收益变动的收益分配方式。如果参与分配的多方都按照剩余收益进行分配，则这几方的分配方式叫分成收益。

企业设计分配方式的首要任务是考虑采取哪种性质来向不同主体分配收益，这个决策与参与交易和分配的资源能力贡献性质有关。如果资源能力投入量大小不影响产出，这个资源能力就是提供的固定贡献，可以分配固定收益，如厂房租金。如果资源能力投入产出可变，就是变动贡献，一种变动贡献是不受利益主体意愿影响的，如原材料，也是按固定收益分配；另外一种变动贡献受利益主体意愿影响，比如设计师的努力程度能影响产出，因此要从交易价值、交易成本、交易风险等因素综合考虑对这种可变贡献如何分配收益。

交易价值需要通过企业和利益相关者的交易才能实现，好的交易结构就是要有效激发提供变动贡献的利益主体的意愿和能力。比如企业核心高管的能力和工作态度对企业绩效产出非常重要，如果核心高管的利益分配方式不能激发他们的能力和态度，整个价值链的交易价值就会受到影响。又比如文创酒的包装设计对产品销售和包装成本很重要，如果设计师不能从成功的设计中分配到收益，就很容易形成惰怠心理。交易成本是因为交易方在搜寻、讨价还价和执行这三个环节存在信息不对称或信息不完全。企业要获得剩余或分成收益，就需要掌握经营过程的必要信息，或者以合适的方式削减信息不对称带来的交易成本。比如企业只想给核心高管固定收益，那么就需要企业具备系统的管理能力，对管理活动的流程、指标、效率等都有明确的要求，否则就会出现绩效结果在老板和高管之间扯皮。另外，如甲乙双方承担风险的意愿和能力，某个资源能力对交易价值的作用大小，交易方对现金流的需求，对结果的不确定性对赌，等等，都会影响收益的分配方式。

设计盈利模式不但要考虑企业自身，还要考虑企业利益相关者的交易价值，要让交易结构更为紧密，就要为所有利益相关者编织一张生态价值网，使他们各取所需、各得其所。同一个行业中可能存在多种盈利模式，不同盈利模式对企业的资源能力配置和风险承受能力的要求是不同的。同一家企业也需要与不同的利益相关者交易，企业往往需要多种盈利模式组合使用来提高交易效率。

1. 变动的固定收益

创业期的企业给普通员工固定收益，但是随着工作年限的增加，核心员工慢慢沉淀成为企业价值观和文化的支柱，企业每年按照不同幅度对核心员工涨薪，使员工的固定收益随企业发展而增加，成为企业稳定的压舱石。

2. 保底的分成收益

为了开发出更好的文创产品，企业用开放的方式与更多设计公司合作，与设计公司约定，设计公司提供的原创包装设计被企业采用后按照采购比例提成给予收益，并约定设计公司最低保底的设计费。

3. 对不同的利益相关者设计不同的盈利模式

一家商场一般同时存在固定、剩余、分成三种盈利模式，分别对应专柜出租、自营销售、联营合作三种业务方式。白酒企业的经销商也可以按这三种盈利模式合作，已经形成垄断的基地市场，以厂家自己操作为主，商家提供资金、配送、结算服务，享受固定收益；新导入市场按照经销商风险承担意愿和企业对市场的预判可以选择固定、剩余、分成的盈利模式与经销商合作。

4. 对同一个利益相关者叠加多种盈利模式

对有关键资源和现成顾客群体的团购商家，采取固定收益保障叠加剩余收益或分成收益，充分调动商家的资源能力。

市场营销所说的定价方法主要包括成本加成定价、目标利润定价、认知价值定价、随行就市定价、密封投标定价等。在白酒营销中还可能用到一些其他的定价方法，包括拍卖定价、顾客群体组合定价、批量计价等。

拍卖定价是"价高者得"，通过有较高交易成本的竞价机制准确把握消费者的购买意愿。拍卖定价适合于有稀缺性和价值感高的老酒，只有买家众多而商品稀缺才能诱导竞争出价实现价值最大化。在所有现行的拍卖方式中，"次价密封拍卖"最能探寻到顾客的最高出价意愿。次价密封拍卖是获得诺贝尔经济学奖的博弈论专家威廉·维克瑞教授运用经济学原理设计的一个拍卖机制，是指参与者在无法知道其他人报价的情况下，一次性报出自己的价格，报价最高的人胜出，但是只需要按照报价第二高的价格支付。这种拍卖方式充分考虑了博弈论的占优策略，即"报价=估值"，如果顾客的报价高于他对产品的估值，那么即使他胜出，实际支付的第二价格也可能高于估值，顾客收益为负。如果顾客报价低于他对产品的估值，顾客可能报价失败。他最好的报价方式就是"报价=估值"，如果成功，支付的第二高价小于估值，顾客收益大于零，如果失败也没有损失。

顾客群体组合定价是根据不同的顾客群体采用不同的定价方式。企业可能面对多个独立的顾客群体，只要他们的消费能力和消费欲望不同，企业就能够以较低的交易成本将他们区隔，就可以针对他们分别定出最合适且彼此不同的价格。高端白酒消费需要意见领袖引导，如有影响力的艺术家、退休老干部、知名大学教授等，他们参加的社交场合不少，但是购买力有限，而且常常是消费者不是购买者的角色。这个群体虽然购买力不强但是影响力很强，企业需要通过向他们送酒，请他们组局或者参加聚会来开发购酒用户，对这个群体的价格补贴称为"交叉补贴"。企业的目标消费群体中也存在核心的利润型用户，就像航空公司的"常旅客"计划一样，企业需要用费用回馈这些用户，以达到管理用户终身价值的目的，这种补贴也是"交叉补贴"。

批量计价是针对用户自用酒批量采购给予的不同价格，企业或个人批量定制，到酒厂批量封坛买酒，同样的酒享受不同的价格优惠，是针对存量用户做的增量生意，减少了交易次数、节约了交易成本。

分时计价是按照不同时段对产品定不同的价格，利用时间分割不同的消费群体。企业的文创纪念酒采取"定量销售"的方式，限定总销售量，产品分时段分批次涨价，让最忠实的顾客最早参与，通过他们的影响力扩大销售，让后加入的顾客用更高的价格既传递"稀缺"价值，又维护忠实顾客的权益。

（三）收支定量和收支定时

收支定量是定价高低问题，最终产品的定价由营销战略定位确定了价格基准。白酒企业销售公司制定的出厂价并不一定直接用来核算销售毛利，在实际的财务核算时，有两部分费用是可能以折让的方式算入价格的。一部分是由随货搭赠、返利等组成的价格政策，这些费用实际上就是价格的组成部分，计算销售毛利要剔除这些费用。另一部分就是以酒抵的市场推广费用，其中有些长期的促销活动也变成了价格折让的一部分，在实际账务处理的时候，有的也进入了销售折让，影响产品实际毛利。所以，产品的定价不仅仅是看价格，还要看价格政策和促销方式。

收支定时关注的是整个价值链上的现金流进和流出情况以及相应的结构，不同的盈利模式会形成不同的现金流结构，产生不同的交易效率。比如酒厂应该承担的费用由经销商垫支以后再核销，而且很多核销费用也是以酒抵或货款形式给经销商。在一些销售周转不快的市场，酒厂的核销周期长，产品变现慢，影响经销商现金周转，造成价值链竞争力弱化。不同的市场、不同的阶段，企业与相关的利益方应该更合理地计划商业生态的总体现金流，让参与交易的各方交易价值、交易成本、交易风险达到合理平衡。

四、价格决定规模、渠道和竞争

定价定规模，白酒的定价是以战略定位为基准，战略定位决定了市场规模有多大。定价定渠道，不同价格的产品适宜不同的销售渠道和销售方法，特别是对

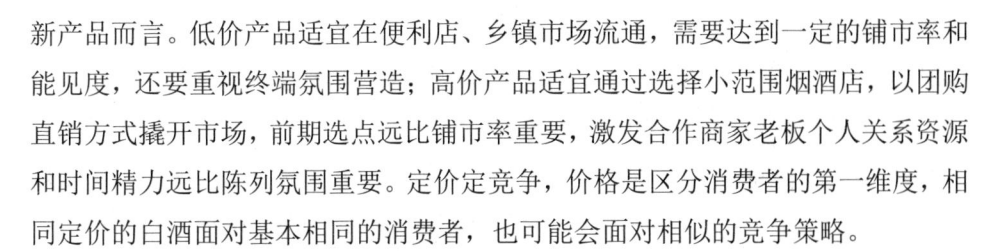

新产品而言。低价产品适宜在便利店、乡镇市场流通，需要达到一定的铺市率和能见度，还要重视终端氛围营造；高价产品适宜通过选择小范围烟酒店，以团购直销方式撬开市场，前期选点远比铺市率重要，激发合作商家老板个人关系资源和时间精力远比陈列氛围重要。定价定竞争，价格是区分消费者的第一维度，相同定价的白酒面对基本相同的消费者，也可能会面对相似的竞争策略。

价格的管理与分销密度有关，产品在推广期存在铺市网点超过动销网点的情况，中高端产品如果分销密度过大必然形成价格竞争。价格管理与区域发展不平衡有关，产品在占有率高的市场动销好但是渠道利润可能不高，在新市场卖不动的产品可能回流到主销市场。造成窜货的原因一定包含市场费用的变现，是企业的管理问题，而企业往往采取包装区隔的市场保护方式，实际上是用分散品牌认知的方式掩盖管理上的问题。价格管理与渠道特性有关，有的销售渠道获客成本低，对利润要求低（如电商），企业对不同渠道如果不能很好地研究渠道成本构成和需求，就有可能造成渠道之间价格的不平衡。而企业往往也采取用不同包装分渠道区隔的方式来保护价格，这种做法也形不成销售与品牌的合力，特别是互联网本身兼具销售和品牌传播双重职能，企业如果把线上和线下产品区隔，短时间产生销售但是从长远来看得不偿失。

价值营销的主要观点

- 需求定律是经济学的基础定律，是说其他条件不变时，价格提高则需求量减少。实际上需求定律里有一个重要的前提就是"其他条件不变"，倘若涨价不但没有减少"消费者盈余"反而是增加盈余，那么涨价就可能获得需求量的增加。奢侈品提价是为了巩固"最好的"这个象征价值，为用户提供更好的"排他性"价值，顾客在奢侈品提价中获得的顾客价值增加幅度超过了成本增加，"消费者盈余"反而是增加的，所以需求量才会增加，从而形成"凡勃伦效应"。
- 无论是对普通商品还是对奢侈品，营销创造的顾客价值才是产品定价的源头，价值决定价格的基准。
- 价格只存在于交易中，也只有在交易过程中价格才有意义。产品的价格是在频繁多次的交易中由需求方决定的，不是由供应方决定的，企业的定价权往往可以衡量企业创造顾客价值的能力，商业模式设计中企业对产品的定价逻辑会影响企业创造顾客价值的能力。

- 定价定规模，白酒的定价是以战略定位为基准，战略定位决定了市场规模有多大。定价定渠道，不同价格的产品适宜不同的销售渠道和销售方法。定价定竞争，价格是区分消费者的第一维度，相同定价的白酒面对基本相同的消费者，也可能会面对相似的竞争策略。

第十二章　广告策略是围绕品牌定位的内容创造和传播

一、广告是通过改变认知进而改变行为

品牌定位是将品牌与品类特性关联，而广告就是围绕品牌定位，通过内容创造和传播来改变消费者的认知，进而改变他的行为。消费者的"认知改变"分成两类：一类是从观点或看法带来的认知改变；另一类是从感受带来的认知改变。观点、看法是理性的，改变的方式通常是"被启发、被说服"；感受是感性的，改变感受通常是"被感染、被打动"。比如你看完一部电影，觉得很有深度，让你明白了一个重要的道理，这个是"被启发"，如果观影过程让你热泪盈眶、又哭又笑，那你就是"被打动"了。改变消费者认知需要定义他的认知状态：一是他现在的认知状态，即触达广告之前对品类特性、品牌或产品的看法和感受；二是希望扭转和改变他的看法和感受，即想要达到的新的认知状态。这两种认知状态都是由看法或感受形成的认知，而不应该是别的，比如不能是一个行为，因为广告的直接作用是改变认知，间接作用才是消费者认知改变带来的行为改变。

从认知改变到行为改变，通常是量变到质变的过程，需要累积和沉淀。每一次看到广告，都可能让消费者认知的天平朝着某个品类特性或品牌（产品）更加倾斜一点，当这个倾斜达到一定程度时才会转变成消费行为。另外，即使消费者看到广告就完成了认知改变，也不一定会立刻表现在行动上，因为产生行动还需要有明确的需求或动机，这就是"种草"到"拔草"的过程。广告营销有一个经典的 AIDA 模型，它把广告作用细分成四个环节：引起注意（Attention）、诱发兴趣（Interest）、刺激欲望（Desire）、促成行动（Action）。按照这个模型可以把广告分成两大类型：一类是品牌广告，聚焦模型的前两个或三个环节，着力对消费者需求的唤起或是欲望的激发，对品牌（产品）的直接作用是"让产品更好卖"，

对消费者的意义是"让产品更有价值";另一类是效果广告,负责模型的最后一个环节或最后两个环节,就是刺激消费欲望,直接引发消费行为,对品牌(产品)的作用是"让产品卖得更好",对消费者的意义是"让购买更划算"。当然,这两个类别的广告并不是绝对地切割了模型的四个环节,品牌广告有时也能唤起消费,效果广告有时也能建设品牌价值。但是它们各自承担着品牌建设的不同任务,极端的情况是把唤起需求和引发消费放到一次传播里完成,这种广告是"品效合一"的效果广告,但是它有天然的局限性,通常只能用在那些客单价低、尝试成本和风险低的产品上。另一种极端情况是奢侈品的广告,奢侈品广告的宗旨是创造象征价值,广告的目的是在目标用户和非目标用户心中建立声誉和梦想,以独立的创意自信和文化自信吸引用户主动靠近,而不是销售促进。对大多数白酒而言,品牌广告和效果广告的组合式应用,形成"品效协同"才是合理的广告策略。

二、广告创意的四个方法论

广告的作用途径是通过改变认知来改变行为,能够引发改变的才算是广告,好的创意作品不一定就是好的广告。著名广告人大卫·奥格威曾经说过一段话:

古希腊两个演说家做演讲,第一个人讲完后,大家都夸他讲得真好;但是第二个人演讲完,人们说的是,走!咱们跟敌人打一仗去!

奥格威说:"我是站在第二位演说家那边的。"他的意思是,有的演说让人称赞,但是有的演说却能改变听众的看法,进而改变他们的行为。创意作品意在表达自我来获取认同,但是创意作品不一定需要改变什么,而广告的本质是要促成他人认知和行为的改变。如果广告没有影响、打动一些人,没有造成他们认知上的任何改变,那么无论文案多漂亮、流传多广、执行多好,都不能称为"广告"。所以,创意不是广告的灵魂,广告甚至不一定有创意,小区超市门口牌子上写"鸡蛋1元1斤,先到先得",这个消息的宣布方式没有创意,但可能是一则很有效的广告。广告的灵魂是"改变",创意只是实现广告目标的途径之一,并不是必备要素,创意是为广告服务,而不是广告为创意服务。

虽然创意不是广告的必备要素,但是广告需要创意,这是为什么呢?恒美广告创始人之一比尔·伯恩巴克,说过一段话:

大家相信的真相，才算真相；

可如果人们听不懂你在说什么，他们就不可能相信；

可如果他们根本就不听你说，他们也就不可能听懂；

如果你不够有趣，那他们就根本不听你说话；

而如果你不是用有想象力的、新鲜的、原创的方式来讲述，你就不可能有趣。

这段话讲清楚了为什么需要创意，努力发挥创意，把广告做得有趣、新奇、给人很好的视听感受，是因为这样的广告会带来更加有效的改变。所以，广告不是创意，不是艺术；但广告可以是创意，也可以是艺术；只不过广告不能只是创意，不能只是艺术。下面介绍四个有完整体系的广告创意理论。

（一）独特销售主张

独特销售主张（Unique Selling Proposition，USP），理论是强调通过广告向顾客提出一个有足够促销力的、独特的功效和利益。简单说来就是找到卖点然后大声讲出来，如"乐百氏27层净化""日丰管管用50年""金龙鱼食用油1:1:1"，这些都是耳熟能详的 USP 卖点广告。

（二）品牌形象理论

20 世纪 60 年代大卫·奥格威的品牌形象（Brand Image，BI）理论认为："消费者购买的是产品利益加心理利益，当产品同质化大到难以区分的时候，消费者更在意品牌描绘的形象与自身的契合程度，所以广告要为塑造品牌形象长期投资而且放弃短期效益。"如"万宝路的牛仔形象""百事可乐的年轻运动形象"等。

（三）冲突理论

叶茂中冲突理论是从顾客的"需求"出发，通过冲突找到可以激发需求的"欲望"，用广告来解决冲突，同时制造更大的冲突，也就是创造营销机会。

（四）超级符号理论

华与华的超级符号理论认为，消费者的认知共性是源于亲身经历或者有切肤之感的体验而形成的，华与华把这种具有文化性质的认知共性称为"母体文化"，是延续千年循环往复的文化。广告创意要先找到一个母体文化，描述母体文化，要从母体文化中找到购买理由，还要从母体文化中找到传统的有认知的符号，把这个符号改造成品牌的私有财产，还要从母体中找到一个表述品牌的超级词语，之后就是用口语化表达来创意文案，创意传播的仪式。

用微信红包的案例来解释超级符号理论的方法。微信希望用户在账号上捆绑更多的银行卡来打通支付，传统做法是直接推广，但是实际上很困难，支付宝结合淘宝好多年才积累到一定的用户。微信找到一个文化母体就是春节，这个文化母体也是周而复始循环的，每到春节就非常活跃，微信抢占了一个本属于母体的词语"红包"，然后改造成自己私有的超级词语"微信红包"，又抢占了红包外观这个长方形的符号，然后在春节前后用发红包的仪式触发这个活动，在春晚流量最大的时候抢红包，短短几天微信关联银行卡的数量就大幅度增加。因为消费者对文化母体是无法抗拒的，一看到就会被唤醒，微信红包这个事物和发微信红包这个仪式现在已经进入了春节这个文化母体中循环，每到春节大家开始自觉发微信红包，这个行为继续壮大了文化母体。

三、广告策略的商业目标和传播目标

广告策略要回答的三个问题：产品要卖给谁？他们的购买理由是什么？怎么让他们知道这件事？这三个问题分别定义了广告的商业目标、传播目标，以及广告创意和传播。

商业目标对应的英文是 business target，准确翻译应该是"商业企图"而不是"商业目标"，这个"企图"不应该只是一个数字或一个销售额，而应该是已经包括了实现这个数字或销售额的途径。广告商业目标更像是一个商业策略，它的准确定义是"**广告通过让什么人做出什么样的行为改变来实现什么目标**"。这个定义有三个关键，其中"目标"是由营销战略目标体系确定的；"行为改变"

是广告本身期待的间接效果；"什么人"是营销战略选择的目标顾客。商业目标要回答产品卖给谁的问题，就是目标顾客的选择问题，选择的标准包括：第一，这个人群必须是与企业战略定位一致的（否则不能形成战略支撑与持续优势）；第二，这个人群是企业的资源可以触达到的；第三，这个人群可能带来的生意规模是足够的；第四，这个人群可以通过消费场景、消费行为、消费需求、认知共性等维度进行清晰的描述。这个选定出来的人群跟战略是一致的，把它称为"战略目标人群"。

商业目标定义中的"什么人做出什么样的行为改变"还描述了生意的来源，也就是销售增长的途径。目标顾客行为改变的方式有多种，比如在第 7 章讲到的 3M 结构化增长，让更多消费者购买，让消费者买得更多，抢占消费者终身价值，都是可选的消费者"行为改变"具体方式。

商业目标中的目标顾客（战略目标人群）跟广告的目标人群并不是同一个概念。商业目标中的目标顾客是顾客价值传递的最终用户，是从需求来定义的；广告的目标人群是根据广告需要达成的"行为改变"来选择的，可以是使用者，可以是购买者，也可以是影响购买决策的人。比如高端白酒的广告，如果只是和普通朋友喝酒，那么广告可以对买酒的人说"丹泉洞藏老酒，慢醉快醒更舒适"，这样的广告就是从产品价值上说动购买者，只要买酒的人改变行为就足够了。如果要买酒来送给社会地位崇高的重要人士，那么收礼的人对产品的认知就很重要，广告就要从礼物的珍贵性上告诉收礼的人"丹泉洞见，年产 1000 瓶，珍贵的不只是酒，还有感情"。如果是抢占重要商业接待的场景，哪怕客人不一定喝酒，也要在客人到达的机场、高铁的广告上宣传"来广西，喝丹泉洞藏 30 是对尊贵客人的崇高礼节"，目的是让客人建立认知或者是让接待的人知道客人已经有了这个认知。这三个广告针对的目标人群是不同的，具体应该针对产品的使用者还是购买者或影响者，做广告要依据具体情况选择。同样的道理，老年保健品的广告是给老人看还是给他们的儿女看；药品广告是给医生看还是给病人看；汽车广告是给开车的人看还是给坐车的人看，这些都是需要讨论清楚的问题，更需要做出选择。

广告并不是直接为商业目标服务的，因为广告不能直接改变人的行为，而是通过改变认知来间接改变行为。确定了商业目标之后，需要思考什么样的认知改变能够改变行为，这就是广告策略的第二个核心内容——广告的传播目标。对传播目标的定义是"**能导致这种行为改变的认知改变**"。传播目标一定要为商业目标服务，两者必须一脉相承。需要说清楚的是，商业目标和传播目标不是一一对应的关系，因为引起同一个行为改变可以通过不同的认知改变方法，但是传播目标和商业目标之间应该有因果关系，就是一旦消费者有了这样的认知改变（传播目标），一定会产生那样的行为改变（商业目标），否则这个链条就断了。所以，传播目标也是传播策略的选择，同一个商业目标可以产生不同的传播策略，所有的传播策略都要回答"消费者购买的理由是什么"这个问题，也就是要消费者改变什么认知的问题，这种认知的改变是消费者接收到广告之后产生的，而不是购买或消费了产品之后的反应。

广告通过改变使用者、购买者、影响者的认知影响购买者的行为。改变认知的视角是"用户认知"，需要清楚地描述广告目标人群的认知共性，这比描述他们的外部特征更重要。描述目标人群是将这群人与品牌或品类有关的行为和认知真实清晰地总结出来。这种总结不是设定若干指标，从各种维度去缩小人群范围，而是提炼内心的认知共性，清晰画像。比如，用指标描述足力健老人鞋的目标消费者："年龄50岁至80岁，经济稳定，身体健康的一二线城市老人群体"，这个描述对广告策略的帮助不大。如果用认知共性来描述可以这么写："目标消费者是那些忙于工作，疏于关心父母，想表达关爱又不知道如何表达的儿女；或者是那些想改善生活但是找不到合适产品的老人，走进商场眼前都是不熟悉的品牌和年轻人的产品；过于昂贵和廉价的品牌既不适合他们，他们也不知道该如何选择。"这样有画面感和代入感的描述方式对广告策略就有帮助。认知共性的描述方式就是设身处地换位思考，以用户视角去观察和体验。

四、广告创意需要三种人群洞察

消费者的认知改变要么是理性的观点、看法改变，要么是感性的情绪、感受触动，需要走进消费者内心与他产生理性的共鸣或感性的共情，共鸣是观点和看法的认同，共情是情绪和感受的代入。引发共鸣和共情，需要比别人更深刻地看清事物本质以后，找到那些被遗忘、被忽略的事实，得到让人有强烈新奇感和瞬间认同感的结论，这就是洞察。

准确的洞察不仅是有趣的事实和正确的认知，还要有强大的感染力、说服力、传播力，如果仅仅听到有趣的事实，人们会说："咦，是吗？我以前真不知道。"如果是正确的认知，人们会说："哦，没错，就是这样的。"但如果听到一个好的洞察，人们会一拍大腿，说："太对了，就是这么回事儿！"

洞察通常是一些未被发现或者已被遗忘的真相，人们只能发现一个已有的洞察，而不可能制造一个别人心里完全没有的洞察。所以洞察也可以定义为"**一些被忘记了的事物之间的关联性**"。

"说破型"洞察，是那些"心念已至，口未能及"的东西，人们都知道但是说不出来或者说不清楚，它存在于人们认知和表达之间的缝隙。

"看透型"洞察，是那些"一闻此言，恍然而悟"的东西，是早已存在但是没人认知的真相，它存在于人们认知和真相之间的缝隙。

发现洞察是为了改变认知，有些精彩的修辞和表达是重复别人已经确定知道的东西，通常并不能有力地改变什么，它存在于表达与表达之间的缝隙，是表达能力的胜出，只是把话说得更漂亮，这不是洞察。

广告的洞察是某一人群的认知或行为的隐秘共性，或是背后的真相。广告的洞察一定跟"人"有关，通常是与消费者生活和品牌、产品、品类有关的"不被察觉的真相"，常见的一般有四种：未被满足的需求、未被说出的心声、未被关注的感受、未被实现的梦想。

广告的目标人群从购买行为上区分，可能是使用者，也可能是购买者或影响者。从广告传播的角度区分，广告的目标人群包括观看者、参与者和消费者。观看者就是看到广告的人，观看者与消费者未必是同一群人，不喝白酒的年轻人可能看到白酒广告，低收入者也可能看到豪车的广告。参与者是主动传播产品或广告信息的人，参与者与消费者也未必是同一群人，参与奔驰微博转发抽奖的人未必是奔驰车的消费者。观看者和参与者都有可能影响消费者，两者还可能转化为消费者，参与者还能帮助广告触达更多的消费者，而消费者本身也可能同时既是观看者也是参与者。事实上，当下广告传播中，广告内容观看者、品牌或产品的消费者、媒介平台或整个传播链条上的各种参与者，这三个身份早已开始分化，应该从不同的角度对这三类角色的人群开展洞察。

（一）社会人群洞察

社会人群洞察指广泛大众或某一个社会群体的认知或行为共性。利用社会人群洞察来引发关注，让消费者因为对话题的关心而关注、观看广告内容，藏在内容里面的产品信息可以借此触达消费者。

（二）参与人群洞察

参与人群洞察是受众的行为与传播媒介有关的认知或行为共性。对参与人群洞察能带来更积极的广告互动和二次传播，比如微博转发抽奖、拼多多转发砍价，都是利用了互联网消费者几乎为零的边际成本形成广告裂变式传播。

（三）消费人群洞察

消费人群洞察是与消费决策和消费行为有关的认知或行为共性，它的作用是触动消费者的认知，实现更有效的消费转化。消费人群洞察的广告往往采用单刀直入的方式，先用洞察信息直接锁定感兴趣的用户，比如"健康饮酒""今年春节不收礼""孩子不好好吃饭怎么办？""年轻人最大的苦恼不是没钱，是脱发！"

清楚地区分社会人群洞察、参与人群洞察、消费人群洞察有助于理解广告"叫好"和"叫座"的问题。有的广告文案沉迷于华丽的金句，忽略背后的商业目标和消费行为，虽然广告语引起广泛共鸣，但是跟产品和品牌联系太弱。广告叫好但是不叫座，因为它只撬动了社会人群洞察，没有利用好消费人群洞察。另外，有的广告非常直白，把简单重复的文案配上音乐和夸张的动作，完全没有美感，比如经常在电梯里看到的那些让人烦躁和不愉悦的广告。有人可能感觉这种广告是信息打扰，但是恰好有人正在找二手车、正准备跳槽投简历，这个广告就是雪中送炭。当然，"叫好"的广告和"叫座"的广告对品牌都是有意义的，这取决于广告的目的是什么，区分不同角色的人群就是为了让广告的目的更明确。

五、办法、看法、说法的广告创意逻辑

现实中，人们经常会买一些并不是必需的东西，特别是互联网大幅降低了购物的选择成本之后，这种非必要的购买变得更加频繁。驱动人们购买的实际是心理上的打动机制，而不是需求在驱动，这个机制就是人们说动自己决策的"购买理由"。消费者产生购买理由的原因多种多样，比如"喜欢这个东西""今天心情不好""今天心情很好""今天想花钱"等都可以成为理由。但是从广告的角度出发，要引导消费者产生购买理由，必须向他提供值得购买的价值证明，这个价值是围绕品牌定位的某个单一的核心利益点，选取的原则是核心利益点要匹配"传播目标"，而核心利益点的证明就是建立认知差异化优势的认知信任状：本企业有、竞争对手没有、顾客需要。但是这个核心利益点对消费者有多大的价值、能不能引起认知改变，是由消费者判定的而不是由企业判定的。所以，切换到消费者视角，把这个核心利益点定义为：**"产品或品牌可以提供的、独特的，对顾客有价值的一种体验"**，称为核心体验。

核心体验是导致消费者认知改变的根本原因，广告创意就是运用核心体验与三个人群洞察进行交叉、碰撞、融合，看看能创造什么样的组合和搭配，最后选取交集形成广告的策略 idea、创意 idea 和执行 idea，也叫办法、看法和说法。

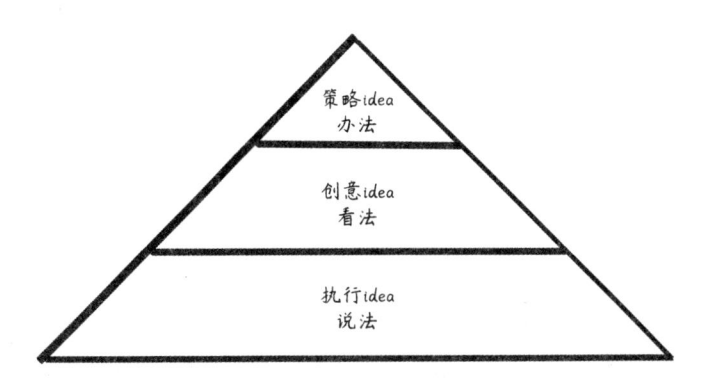

策略 idea 指的是说什么（what to say），也称主张（proposition）、核心传播信息，是传播目标和核心体验共同定义的：**以怎样的核心体验推动怎样的认知改**

变，是实现商业目标的"办法"。有很多好的广告作品是创意和执行层面上的出色，但是大多数堪称"伟大"的广告作品都是策略层面的精彩，好的"办法"是基于市场和自身的品牌定位做出的。

创意 idea 指的是怎么说（how to say），是基于策略 idea 的选择所给出的回答：**用这样的一个理由就可以催生这样的认知改变**。它是为实现传播目标而找到的切入点，是用来改变认知的"看法"。看法是触动他人认知改变的理由，是办法和消费人群洞察碰撞产生的，是更能促成认知改变的理由。很多非常出色的广告创意都是在"看法"层面上实现了突破，它们要实现的是跟别人一样的认知改变，却独辟蹊径地找到了全新的有力的新观点、新看法、新切入点来说动和感染他人。比方说，同样是提倡戒烟，帮助人们建立吸烟有害健康的认知，常见的"看法"是不断提醒大家吸烟会导致很多重大疾病。而有一个劝导戒烟平面广告上写的是"癌症专治吸烟"，得了癌症，再不愿意戒烟的人也能戒烟，这则广告没有直接劝人们戒烟，而是告诉烟民最后的结果。这是一个新的看法，会让很多烟民都想一想，是不是真到那个时候再戒烟？

执行 idea 是对创意 idea 的包装：**如果这样说这个理由更会被接受和认同**。它是为更好地表达看法而造出来的"说法"。有一位在街头乞讨的盲人，面前立着块牌子写着"自幼失明"，没什么人理他，有人帮他改成"春天来了，我却看不见"，就多了很多人为他捐钱。用好的说法来包装看法主要依靠才华，但是有下述五个技巧可以借鉴。

（一）把大变小

某个运动品牌广告，采用迈克尔·乔丹高高腾空而起帅气扣篮的图片，但怎么写文案？"飞跃无极限"好像是说清楚了，但是听着太大了。原文案是"乔丹1：牛顿 0"，这个文案马上就从对人类极限的挑战变成了个体之间的对决，这个"胜利"是不是变得可感知了？这就是大和小的区别。广告是大众媒体对一个个的受众发声，所以尖锐更加重要，而小才尖锐，永远要试着把大写小，而不是把小写大。

（二）把远变近

一条街上的面包房，第一家店立块牌子写"全城第一的面包房"，第二家店不服也立块牌子"全省第一的面包房"，于是第三家店只能写"全国第一的面包房"，第四家店只能写"全世界第一的面包房"，最后一家店写的是"这条街上最好的面包房"。"全国、全世界"不只是大，而且还远，"大"是难以感知，"远"是与"我"无关，"这条街"就不一样了，因为看广告的人就住在这条街上，把远写近是努力建立相关性。近比远更让人关注的道理也很容易理解，两条电视新闻，一条说非洲哪个国家发生混乱，数千人流离失所；另一条说你家小区下水道井盖连续被盗，一位老人不慎踩空摔伤，人们会更关心哪条新闻，当然是跟自身有关的。

（三）把抽象变具体

一家航空公司要给头等舱客人带来"尊贵体验"，光是不断重复"尊贵体验"这四个字是不行的，它过于抽象，若变成"请放心，连餐巾都会提前换成您喜欢的颜色"之类的，是不是会好一点，因为这句话包含了一个具体的情境。沃尔沃卡车请功夫明星尚格·云顿用"一字马"分踏两辆并行前进的卡车上，"一字马"岿然不动，两辆卡车毫厘不差，这就是把抽象的"技术卓越"变成具体的、令人记忆深刻的形象。沃尔沃的另一则广告，画面中是几乎"横冲直撞"地行进在砂石路上的沃尔沃汽车，其展现车的性能强大、可靠。这则广告文案的标题叫"像恨它一样开它"，把这辆车的结实变成了一种很生动的、具体的情绪感受。张瑞敏砸冰箱的故事开启了海尔世界500强的发展之路，那把大锤至今还被中国国家博物馆收藏为国家文物。"你能听到的历史136年，你能看到的历史174年，你能品味的历史440年"，数字是把抽象变具体的很有效办法。情境、形象、情绪、故事、数字，这都是把"抽象变具体"的常用小技巧。"自幼失明"到"春天来了，我却看不见"就是把抽象变具体的典型例子。

（四）把复杂变简单

真正要追求的简单是简短、单纯、直白，简短而不单纯，是不可以的；简短、单纯而不直白，也不行。简短、单纯、直白不是把复杂的信息浓缩压制，变成密度极大的、硬邦邦的压缩饼干，而是要提纯萃取，把最重要的信息用最直接的方式呈现出来，这才是真正的简单。尤其要注意"直白"，很多广告看起来复杂，理解起来困难，就是因为不直白，特别是很多书面表达方式和日常口语是不同的。比如电饭煲广告文案，"美食款款，爱意浓浓""有美味，生活更有味""饭菜做得好，老公回家早"，哪个方案更简单？当然是第三个了，因为简短、单纯都不是衡量简单的金标准，"直白"才是。

（五）把平淡变精彩

尼尔·费兰奇当年为一个海底世界做平面广告，要传递的信息就是游客可以在玻璃隧道里与鲨鱼等海洋生物亲密接触。他以鲨鱼的口吻写了一篇文章叫作《我怎样度周末》，文章作者一栏署名是"一条鲨鱼"。文章里，这条鲨鱼叙述自己周末一直在水族馆里头看人，而且可以和人离得特别近，什么都能看清，更有趣的是，这些被看的人都要交点钱，而我们鲨鱼看人根本不用交钱，只不过有一点不好，这些人类，只让我们看，不让我们吃……短短的一篇文章，因为是用鲨鱼的口吻写的，显得妙趣横生。把平淡变精彩的方式，都要以不歪曲、不影响信息的表达和接收为前提，是锦上添花，不是喧宾夺主。

大变小、远变近、抽象变具体、复杂变简单、平淡变精彩，这些说法的优化都是从对方的视角，从对方的感知和接收习惯考虑，把信息变得更加尖锐、更加清晰、更容易被感知和接收，从而"把你的变成他的"。

第一位盲人依靠说法的优化，把"自幼失明"改成"春天来了，我却看不见"，是把失明的痛苦这个认知更形象化地表达出来。第二位盲人怎么从看法层级上突破呢，他也写了块牌子"我看不见的，不只是春天，还有希望"，这个表述把博取同情这个认知的理由从失明引申到看不见希望、看不见公平、看不见机会、看不见信任等，赋予了改变认知的新理由就是看法层面的突破。第三位盲人如果要

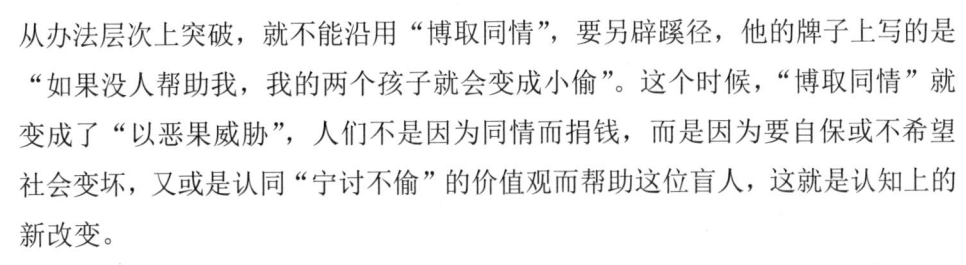

从办法层次上突破，就不能沿用"博取同情"，要另辟蹊径，他的牌子上写的是"如果没人帮助我，我的两个孩子就会变成小偷"。这个时候，"博取同情"就变成了"以恶果威胁"，人们不是因为同情而捐钱，而是因为要自保或不希望社会变坏，又或是认同"宁讨不偷"的价值观而帮助这位盲人，这就是认知上的新改变。

办法，指的是为促成一个"行为改变"而期望实现的那个"认知改变"；看法，指的是为促成这个认知改变而要传递给目标人群的那个理由；说法，则是为传递那个"看法"、那个"理由"而找到的表达方式。说法为看法服务，是为了看法能更好地被接收；看法为办法服务，是为了让这个办法能真正实现。从办法到说法（从上到下）是可以不断发散的，一个办法可以找到很多种不同的看法来支持，一个看法能激发无数种不同的说法来表达。从说法到办法（从下到上）是层层承载、层层负责的关系，说法要对看法负责，看法要对办法负责。谁在上谁在下，也有个重要性层级，办法胜于看法，看法胜于说法，多少个好说法也比不过一个好看法，多少个好看法也比不上一个突破性的、有效的好办法。

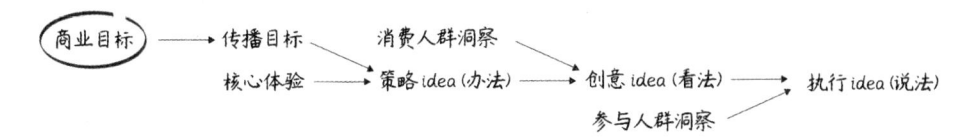

```
商业目标 ──→ 传播目标    消费人群洞察
                ↘         ↘
         核心体验 ──→ 策略idea（办法）──→ 创意idea（看法）──→ 执行idea（说法）
                                            ↗
                                       参与人群洞察
```

广告创意的思考逻辑是从商业目标到传播目标，由传播目标和核心体验共同定义策略 idea，再与消费人群洞察碰撞产生创意 idea，如果对广告参与人群的传播有期待，可以加入参与人群洞察形成执行 idea，整个过程就是沿着以终为始、层层推演的逻辑在进行。到了创意发想阶段，要解决什么问题应该可以用一句话清楚地表述出来，接下来的思考过程就应该用一连串问题串起来，这些问题是一些以"怎样才能"开头的问题。"怎样才能"后边要填的就是需要解决的问题，比如发现"看法"，那么"怎样才能"后面就应该填"办法"，发现"说法"，那么"怎样才能"后面就应该填"看法"，用这些问题逼问自己，努力产出更多的 idea。"怎样才能"实际上是不断寻找能解决问题的答案，是根据一系列有逻辑的解答，层层深入、层层推演，是一种"以终为始"的思考逻辑。

举个例子,怎样才能表现一辆汽车特别高档?强调某个令人印象深刻的乘坐体验感受就好了。那么怎样的感受才能让人有这个汽车特别高档,比别的汽车更高档的感受呢?舒适?车速快?隔音?好像隔音是个可切入的点,只有高档车才会把隔音效果做得更好。那么怎样才能体现出隔音效果好呢?用一个生动的、能让人感知车内安静程度的细节表现。怎样的细节才能体现出车内特别安静?掉一根针都能听得见?有点俗气,而且不符合现实。环境特别安静的时候会发生什么呢?哦,环境特别安静的时候,一些本来很微小的声音就听得特别清楚了。有了,这么写吧——"车速为 60 公里/时,这辆劳斯莱斯里最大的噪声是电子钟的咔嗒声"。刚才这句广告文案,据说是广告大师大卫·奥格威生前最得意的作品。

第二种创意发想的路径叫作"浮想联翩",如果说"以终为始"的发想路径是层层推演,那么在"浮想联翩"这条路径下,发想创意靠的就是"逐一穷举"。穷举的逻辑是"如果……会怎样?",不断地问"如果……会怎样?",其实是不断激发更新鲜的可能,激发的时候根本不考虑要解决什么问题,所以有可能越想越远。笼统地说,"以终为始"的推演更可能产出解决问题的办法,但是如果发想不够发散,有可能陷入很常规的思路,产出平庸的 idea。"浮想联翩"的发想,一是效率太低,因为大多数的联想可能都是无效的;二是很多 idea 可能会越引申越远,脱离原来的需求限制,经不起推敲,最后检验的时候才发现不可行,白白耽误时间。好的方式是在产出办法和看法的环节用"以终为始"来推演,在创造说法的环节用"浮想联翩"穷举。

六、用广告调性改变感受是直击本质的做法

品牌建设是塑造固化的偏好,这种偏好是一种主观、抽象、泛化、非理性的偏好,是一种个人感受。广告是通过改变消费者的看法或感受来改变行为,改变感受是广告直击本质的做法,是不讲任何道理,但是引发更底层的一种"喜爱",是"不可理喻的喜爱"。广告的调性就是广告呈现出来的风格与个性,受众通过**体验**这种风格与个性**破译**出某种感受,从而在感性层面改变或塑造对品牌的偏好。如果广告是糖衣炮弹,那么广告信息是炮弹,广告的调性就是包裹广告信息的糖衣,一流的糖衣本身就是炮弹,是可以直击感受,直接在非理性层面制造偏

好和喜爱的手段。而且广告的信息往往服务于具体的、一时的传播目标,但广告的调性是整个品牌在相当长一段时间内要一致建立、传播的某种感觉。因为,广告的调性就是品牌的调性,就是品牌在不同场景下保持稳定的一致性,是品牌个性的外在表现。

在广告的调性概念里,体验和破译是两个关键词,意味着调性可以改变受众对品牌或产品的某种感受,但是这种感受是受众通过体验之后自行破译的结果。调性并不能直接等同于感受,所见并非即所得,调性的破译在受众端是无意识的行为,但是在创作环节需要有意识地把控,把需要传递的感受编码为某种能触发这种感受的调性,并附着在创意作品上。如果这个感受被正确地破译出来,会影响受众心中附着在品牌上的那个感受,就积累了对品牌的偏好。虽然广告创作者想要努力引导受众破译一个预设的结果,但是还是会有受众因为认知差异导致破译结果并不一致。所以,对受众认知共性和行为共性的精准描述显得尤其重要,只有精准地了解目标受众对调性的敏感程度——他们是否在乎广告好不好看,广告有没有品质感,他们是否会因为广告的品质感影响消费决策,他们是挑剔的还是随和的,等等,才能编码出更能触发受众感受的调性。

调性是广告的第一印象,大多数人都是靠感性在瞬间完成调性破译的。看到一个可爱的广告,自然会觉得是一个年轻的新品牌,如果恰好看到的人是一个50岁的职业经理人,根本就不会对它感兴趣,直觉告诉他这个品牌不属于他,跟他没关系。调性很好用,因为感觉总是立竿见影、不可辩驳,所以大家总是不知不觉跟着感觉走。

调性服从于传播目的,不能抛开目的单独评判调性的好与坏。选择什么样的调性取决于想在受众心里埋下什么样的感受,这个目的在确定品牌个性的时候就是明确的。一个高端商务用酒品牌,无论它的广告场景是商务接待还是节日送礼,里面的人物形象、布景装潢等都要有一致性,体现出尊贵感;哪怕是没有主角的酿酒现场,也应该展现出整洁、有序、品质感。

调性在不同品类中的敏感程度是不一样的。通常来说产品有外显价值的品类,其调性的敏感程度比较高,如手表、汽车、手包、高端酒等,人们需要产品发挥它的社交识别功能,降低社会交往沟通的成本。随着消费人群碎片化细分的

123

趋势，越来越多的人也喜欢寻找"有腔调"的产品来标榜与众不同。一些以前不具备外显价值的品类当中也涌现出网红款、明星款产品（土豆皮削皮刀），这些产品的广告受众对调性很敏感。

调性还跟媒介环境的语境有关，因为广告本身就是依附于媒介的。过去的媒介环境是以公众语境为主，依靠电视、报纸、网络的单向信息传送，广告的调性更像是刻意描绘来引起人们注意的。现在的媒介环境从微博、微信到抖音短视频社交，社交语境正在成为主流。而在自媒体社交语境下，信息控制被打破以后，信息数量大增且真假难辨，"质感真实不过分修饰"的低保真（lo-fi）信息让人觉得真实、亲近、可信，更容易得到传播。广告的传播只有在社交媒体下"传"起来才有意义，所以在新的社交语境下广告的调性也会发生变化。

广告的调性不是感性诉求，广告呈现出来的风格与个性需要被受众体验后破译成自己的感受，而感性诉求仍然是一个诉求，是希望说服别人，让别人接受的一个很感性的观点。

七、如何评价广告文案和创意

对广告的整体评价首先是"对与错"：

（1）广告是否匹配商业目标？

（2）广告是否匹配传播目标？

（3）广告是否传达了要传达的核心体验？这个核心体验是不是来自品牌定位相关的品牌核心价值？

（4）广告是否匹配之前确定的策略 idea 和创意 idea？

（5）广告是否符合品牌调性？

广告要尽可能提供价值，而不只是纯粹的打扰，广告常见的价值有五种：审美价值、娱乐价值、情感价值、知识价值、社交价值，分别对应几种受众的感受：爱看、有趣、心动、好用、想玩。几十年前芝华士（Chivas Regal）有一篇在父亲节的经典广告"致父亲"（To Dad），它完全是以情感价值让一篇广告文案至今读起来都触动人心。

致父亲

因为我一生下来就认识了你；

因为那天，那辆红色的 Rudge（手牌）自行车让我成为整条街上最开心的小男孩；

因为你允许我在草坪上玩蟋蟀；

因为你有一回腰上围着抹布在厨房里跳舞；

因为你总是为我掏出你的支票本；

因为我们的家里一直充满书香和笑声；

因为你付出无数个星期六的早晨来看一个小男孩玩橄榄球；

因为无数个深夜，我在床上安睡，你还在案头工作；

因为你从不在我面前说任何下流话，让我难堪；

因为我知道你的皮夹中有一张褪了色的关于我获得奖学金的剪报；

因为你总是告诉我，一定要把鞋跟擦得和鞋尖一样亮；

因为你38年来，每一年都记得我的生日，一共38次；

因为你现在见到我，还会给我一个拥抱；

因为你还总买花回家给妈妈；

因为你的白发实在太多了，而我知道它们因何而来；

因为你是个好爷爷；

因为你让我的妻子感到她自己也是这个家的一分子；

因为我上次请你吃饭，你说麦当劳就很好；

因为每次需要你，你都会在；

因为你允许我犯错，也从来不说"我早跟你说过"；

因为你老是假装你还不用戴眼镜看书；

因为我对你说"谢谢"说得太少；

因为今天是父亲节；

因为，如果你还配不上这瓶 Chivas Regal，

还有谁配呢？

这些经典的广告，完全是内容营销，将广告变成了非常有价值的内容，用各自的方式把广告变成了精致的艺术、动人的文学、有趣的娱乐。把广告的五种价值分成三组：审美价值、娱乐价值、情感价值是一组，选择哪些审美价值、娱乐价值、情感价值来感染受众通常是要基于社会群体洞察来考虑；知识价值为一组，其往往是直接跟消费品类或产品有关的知识，所以经常源自消费群体洞察；社交价值则主要是与参与群体洞察有关。

广告文案的评价标准就是一个字"达"，信息要充分表达而且被受众接收和准确理解，再有就是调性的准确表达。汪曾祺说："语言的目的是使人一看就明白，一听就记住。语言的唯一标准是准确。"

广告创意的评价标准是相关性、原创性、影响力（relevance、originality、impact，ROI）。

（一）相关性

相关性指创意与品牌、产品、消费者相关，而且是同时与这三者相关。这里面包含创意是否忠于品牌主张、是否展现品牌个性、是否符合产品特性、是否有引发消费者共鸣的洞察。相关一定是非常深入的、内在的、洞察的相关，是引发消费者的共鸣。而且创意还要把媒介属性的相关考虑进去。相关性是从策略 idea 和创意 idea 层面建设，不是从执行 idea 层面拼凑。

（二）原创性

原创性指不只是某个具体作品的原创性和独特性，而是整个品牌的传播都要有原创性和独特性，否则就会难以区隔或者被认为是次等追随者。原创性主要由执行 idea 层面负责实现，当然策略 idea 和创意 idea 层面也可能有原创性的做法。

（三）影响力

影响力指创意抓人眼球给人留下深刻印象的能力，一个是观看当时是否起效，一个是长期缓释，作用不一样。曹禺说："新奇的东西是以奇取胜，所以新奇的东西不一定好,但是好的艺术永远新奇。"

八、广告如何互动传播

前文讨论的问题是,受众看了这个广告会有怎样的认知改变;忽略的问题是,他们要是不看该怎么办?广告的传播是由"传"和"播"两个动作合成的。"传"是击鼓传花式的人人相传,在过去大众媒体不发达的时代,"酒香不怕巷子深"说的是一家酿酒作坊的酒酿得好,这个信息变成产品的口碑,靠着口口相传扬名在外,那个时候只有"传"而没有"播"。到了现代,报纸、电视等大众媒体发达起来了,人们开始依赖于大众媒体更有效率的天女散花式的"播",以此来获取信息,"播"慢慢代替了"传",此时"酒香也怕巷子深"说的是即使酒酿得好,不通过媒体广告只有少数人才知道。而现在,各种社交媒体、自媒体又发达起来了,迎来了一个"播""传"并行的时代,传统的"播"加上用户之间的"传";关键意见领袖(Key Opinion Leader,KOL)的"播"加上粉丝的"传",等等。

在"播"和"传"并行的时代,每个人都可以成为二次、三次传播的自媒体,传播的关键在于如何能吸引更多人参与广告内容的互动和转发,让广告受众变成参与者,来帮助完成、扩大、升级对内容的传播,拉长和丰富传播链条和周期。广告与受众之间的互动是创作一切广告作品都需要的思考路径。广告传播,无论是其中"传"所需要的"传达率",还是"播"所需要的"到达率",都建立在与受众有效互动的基础上,否则就会出现"传"而不"达"或者"播"而不"到",被受众直接忽视。要让受众与广告互动需要向受众提供足够的"参与动机",这个动机的设置就是要基于对参与人群的深刻洞察和对媒介属性的了解。常见的激发用户互动的动机有四种:有关系、有好处、有意思、有期待。

(一)有关系

有关系是说建立广告内容或标题与受众之间的关系,是指它们之间的相关性。亚当·斯密在《道德情操论》中说,人既是自私的又是有同情心的,但是人的同情心随着人与人之间距离的拉远急剧减弱。这就能解释为什么人们关心自己小区井盖丢失摔伤老人多过关心非洲某国数千人家园被毁。广告的内容或标题就是要明确地告诉人们，这个事情跟他有关系，才会引发他的参与。"身份证号尾数为 9 的人注意啦""你家还在用普通毛巾洗碗吗""成都小升初的家长可以关注这条视频"，这类标题能够迅速与锁定的用户产生关联，这种关联性有多强取决于洞察到的话题对他的价值有多大。

（二）有好处

有好处指的是利益承诺或利益暗示。"华为 Mate40 Pro 开启退场模式，只要 9 块 9！限 12 月 25 日""北大荒几十万全款买别墅"。好处有很多种，也不一定都是金钱层面的好处，比如"房车博主闭口不提的 5 件事"，这个文案就是在暗示，接下来会揭示一些不可告人的秘密，而且这些秘密对用户很可能是有用的。还有一些文案，是一些很鲜明或者很新奇的观点，比如"一瓶红酒一百多，一个软木塞就要二十！以前不懂为什么！""为什么房子必须每五年重装一次！"，这种标题暗示的利益其实是受众需要的一些观点、知识，甚至谈资和标签。

（三）有意思

有意思指的并不一定是有趣、好玩、幽默、滑稽，而是广义的"娱乐性"。好笑的段子、好听的音乐、漂亮的图片，这些都是给人美感、令人赏心悦目的东西。广告或短视频可以在一开头就让这些东西露出，让受众第一时间看到、听到。比如"你不得不听的 20 首英文歌，小心耳朵会怀孕！"人们愿意把有意思的内容分享给他人，这能代表他自己的审美水平，是对个人形象的加持，这个时候有意思还会变为有好处。

（四）有期待

有期待指当人们看到这个内容时对它有某种期待，这种期待可能是从有关系、有好处、有意思而来的，也有可能是凭空造出来的。"这段视频，前 1 分钟是福利，后 1 分钟是震撼！""据说，没人能看到第 10 张图还不笑"，还有"震惊""独家解密""必看""官宣""终于等到了"，等等，用这些词或者小花招制造受众对内容的期待。

这四种动机有强弱之别，通常来说，有关系强过有好处，因为关系是客观的，好处是主观的；有好处强过有意思，因为娱乐不是刚需，利益是刚需；有意思又强过有期待，因为期待可能是凭空捏造的。这四种动机也可以随意组合后使用到一条广告或一个标题中。需要注意的是，用动机引起受众与广告互动不能只停留在标题的花招或凭空捏造期待，沦为"标题党"，关键是运用其中的道理和逻辑，结合广告内容的价值形成互动才是目的，没有价值支撑的互动对品牌也是伤害。这四种动机的诱因除了文字外，视觉、听觉上的设计，以及其他各种可以在内容中、在不同的媒介环境下实现的效果，都可以变成触发动机的诱因。

　　广告传播要达成两个目标：一是促进产品购买；二是促进顾客自发传播。促进产品购买就是要传播"购买理由"，促进顾客自发传播就是要提供给顾客供他识别、记忆、转述的词语、话语、符号、故事等。购买理由就是"期待的消费者的认知改变"，也就是由核心体验和传播目标共同定义的"办法"，这个购买理由还是冲突理论讲的品牌要解决的核心冲突。购买理由往往是一句极简单的话语，这句话不是设计给顾客听的，而是帮顾客设计一句他自己的话。这句话的购买理由不需要把产品或品牌说清楚，也不需要把顾客说服，只是需要把顾客说动。传播学中说清、说服、说动是三个层次，不是三个阶段，说动不一定说清或者说服，购买理由应聚焦于"说动顾客"。

　　"怕上火喝王老吉"，其既没有说清楚王老吉的功能，也难以说服顾客相信王老吉的功效。但是吃辣、熬夜会上火是消费者认知中存在的冲突和焦虑，"怕上火"放大了冲突，制造了焦虑，也就改变了认知，是说动型的口语化广告。传播是"由口及耳"，是一种口语现象，能说出来的才能更好的"传"，购买理由一定要简化为顾客自己的一句话语，才能被顾客记忆和自发传播。

　　比一句话语更容易被记住和传播的只有词语，它是比话语更有力量的传播载体。说出来事物才存在，没有说出来的事物就无法存在，如果通过话语的描述让事物存在，那么用词语命名就是对事物的直接召唤。命名必须是听觉词语，不看文字直接听到就能立刻理解才是正确的名字。因为"名"这个字本身就是为听觉而生的。《说文解字·口部》解释道"名，自命也。从口从夕，夕者冥也，冥不相见，故以口自名。"意思是说，在早期的社会交往中，人们白天相见，可以通过形体、面貌、声音相互识别。一旦到了晚上，相互看不清楚，就只能通过自报名字来区分你我了。所以，名字是用来叫的不是用来看的，文字是对口语的补充，而不是口语的转换器。命名要有熟悉感和形象感，让人听了就能懂，还能产生联想和快速记忆。如果能把"购买理由"放到名字里，是对名字最大的加持，因为带着购买理由的名字很可能就是建立了品牌和品类特性的关联性。"丹泉洞藏老酒"就是把品牌名关联了品类特性，形成一个独占的，由洞藏和老酒组合成的"购买理由"，这就是丹泉酒的超级词语。

画面是为品牌制造一个视觉上的记忆点，同样也是对购买理由的放大。画面设计既要"与众不同"，又要便于描述，与众不同也是为了清楚地用话语描述出画面的关键内容，能够变成话语的画面才有更大的传播价值。广告传播中视觉只能到达，听觉才能传达，词语和口号才有传达率。一个名字、一句口号（购买理由）、一张画面，这三样构成了广告，是帮助顾客识别、记忆、转述的核心形式和内容。如果做不到完整的广告传播策略，起码要围绕这三件法宝，也就是围绕"购买理由"努力促成受众记忆和自发传播。

价值营销的主要观点

- 品牌定位是将品牌与品类特性关联，而广告就是围绕品牌定位通过内容创造和传播来改变消费者的认知，进而改变他的行为。
- 广告的作用途径是通过改变认知来改变行为，能够引发改变的才算是广告，好的创意作品不一定就是好的广告。广告不是创意，不是艺术；但广告可以是创意，也可以是艺术；只不过广告不能只是创意，不能只是艺术。
- 广告策略要回答的三个问题：产品要卖给谁？他们的购买理由是什么？怎么让他们知道这件事？这三个问题分别定义了广告的商业目标、传播目标，以及广告创意和传播。
- 广告商业目标更像是一个商业策略，它的准确定义是"广告通过让什么人做出什么样的行为改变来实现什么目标"。传播目标的定义是"能导致这种行为改变的认知改变"。传播目标一定要为商业目标服务，两者必须一脉相承。

- 洞察通常是一些未被发现或者已被遗忘的真相，人们只能发现一个已有的洞察，而不可能制造一个别人心里完全没有的洞察。所以洞察也可以定义成"一些被忘记了的事物之间的关联性"。
- "说破型"洞察是那些"心念已至，口未能及"的东西，人们都知道但是说不出来或者说不清楚，它存在于人们认知和表达之间的缝隙。
- "看透型"洞察是那些"一闻此言，恍然而悟"的东西，是早已存在但是没人认知的真相，它存在于人们认知和真相之间的缝隙。
- 广告的洞察是某一人群的认知或行为的隐秘共性或者是背后的真相。广告的洞察一定跟"人"有关，通常是与消费者生活和品牌、产品、品类有关的"不被察觉的真相"。
- 驱动人们购买的实际上是心理上的打动机制，而不是需求在驱动，这个机制就是说动自己决策的"购买理由"。从广告的角度出发，要引导消费者产生购买理由必须向他提供值得购买的价值证明，这个价值是围绕品牌定位的某个单一的核心利益点。把这个核心利益点定义成"产品或品牌可以提供的、独特的，对顾客有价值的一种体验"，称为核心体验。
- 核心体验是导致消费者认知改变的根本原因，广告创意就是运用这种核心体验与三个人群洞察进行交叉、碰撞、融合，看看能创造什么样的组合和搭配，最后选取交集形成广告的策略 idea、创意 idea 和执行 idea，也称为办法、看法和说法。
- 策略 idea 指的是说什么（what to say），也称主张（proposition）、核心传播信息，是传播目标和核心体验共同定义的：以怎样的核心体验推动怎样的认知改变，是实现商业目标的"办法"。
- 创意 idea 指的是怎么说（how to say），是基于策略 idea 的选择所给出的回答：用这样的一个理由就可以催生这样的认知改变。它是为实现传播目标而找到的切入点，是用来改变认知的"看法"。
- 执行 idea 是对创意 idea 的包装：如果这样说这个理由更会被接受和认同。它是为更好地表达看法而造出来的"说法"。

- 办法，指的是为促成一个"行为改变"而期望实现的那个"认知改变"；看法，指的是为促成这个认知改变而要传递给目标人群的那个理由。说法，指的是为传递那个"看法"、那个"理由"而找到的表达方式。
- 说法为看法服务，是为了看法能更好地被接收；看法为办法服务，是为了让这个办法能真正实现。
- 从办法到说法（从上到下）是可以不断发散的，一个办法可以找到很多种不同的看法来支持，一个看法能激发无数种不同的说法来表达。
- 从说法到办法（从下到上）是层层承载、层层负责的关系，说法要对看法负责，看法要对办法负责。谁在上谁在下，也有个重要性层级，办法胜于看法，看法胜于说法，多少好说法也比不过一个好看法，多少好看法也比不上一个突破性的、有效的好办法。
- 改变感受是广告直击本质的做法，是不讲任何道理但是引发更底层的一种"喜爱"，是"不可理喻的喜爱"。广告的调性就是广告呈现出来的风格与个性，受众通过体验这种风格与个性破译出某种感受，从而在感性层面改变或塑造对品牌的偏好。
- 如果广告是糖衣炮弹的话，广告信息是炮弹，广告的调性就是包裹广告信息的糖衣。一流的糖衣本身就是炮弹，是可以直击感受，直接在非理性层面制造偏好和喜爱的手段。
- 广告的调性不是感性诉求。调性广告呈现出来的风格与个性需要被受众体验后破译成自己的感受。而感性诉求仍然是一个诉求，是希望说服别人，让别人接受的一个很感性的观点。
- 对广告的整体评价首先是"对与错"。广告文案的评价标准就是一个字"达"，信息要充分表达而且被受众接收和准确理解，再有就是调性的准确表达。
- 常见的激发用户互动的动机有四种：有关系、有好处、有意思、有期待。这四种动机有强弱之别，通常来说，有关系强过有好处，因为关系是客观的，好处是主观的；有好处强过有意思，因为娱乐不是刚需，利益是刚需；有意思又强过有期待，因为期待可能是凭空捏造的。这四种动机也可以随意组合后使用到一条广告或一个标题中。
- 购买理由不需要把产品或品牌说清楚，也不需要把顾客说服，只是需要把顾客说动。传播学中说清、说服、说动是三个层次，不是三个阶段，说动不一定说清或者说服，购买理由应聚焦于"说动顾客"。
- 命名必须是听觉词语，不看文字直接听到就能立刻理解才是正确的名字。
- 一个名字、一句口号（购买理由）、一张画面，这三样构成了广告，是帮助顾客识别、记忆、转述的核心形式和内容，如果做不到完整的广告传播策略，起码要围绕这三件法宝，也就是围绕"购买理由"努力促成受众记忆和自发传播。

第三部分

营销模式篇

- 第十三章　　白酒营销的发展历程
- 第十四章　　深度分销是通过社会化终端实现销售
- 第十五章　　圈层直销是通过"人找人"实现销售
- 第十六章　　数字营销是利用互联网实现"货找人"的品效合一

第十三章 白酒营销的发展历程

改革开放四十年来，中国白酒产业经历了一次大的调整和两次小的调整，从市场营销学的角度，过去四十年的白酒营销历史可以划分为工厂时代、市场时代和品牌时代。1984年国家不再对酒企调拨粮食，由酒厂向市场采购，因为成本上升，国家将酒厂税收从60%降到30%；1988年全国放开名烟名酒价格，实行市场调节价；1989年取消白酒国家专卖，中国白酒走上市场化发展的道路。那时白酒企业刚刚从计划生产、计划调拨的模式走出来，生产能力远远达不到市场的需求。中国白酒此时处于供不应求的工厂营销时期，以提高产量满足市场为导向，产能是驱动企业发展的最大动力，企业不需要考虑产品的品牌定位、包装创新这些问题，着重考虑的是保证质量多酿酒，顾客也不挑剔产品的外包装，这个时期的白酒产品也相对较少，这个阶段称为生产驱动销售。从1989年到1992年，国家为了抑制通货膨胀开始对宏观经济进行"治理整顿"，实行适度从紧的货币政策，白酒增速减慢，开始进入第一个发展调整期。

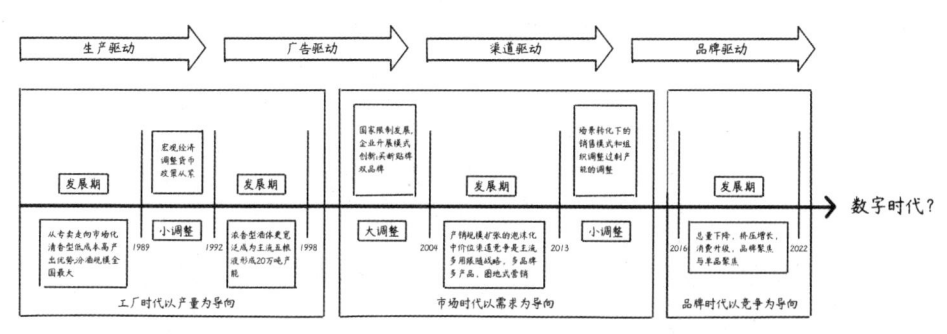

《深度分销》《圈层直销》《数字营销》

1992年邓小平同志的"视察南方谈话"推动了新的改革发展热潮，白酒进入新一轮快速发展期，同时酒厂通过大广告、大招商的粗放方式快速上量。1995年，秦池以6666万元夺得央视标王迅速闻名全国，当年销售额为1.8亿元（同年五粮液销售额为12.6亿元);1996年,秦池销售额为9.5亿元并以3.2亿元卫冕标王;因为市场操作和公关营销的失误,1997年秦池销售额下滑到3亿元,之后逐年下滑。诞生于1998年的金六福是另一个通过央视大广告快速崛起的品牌,虽然当时的金六福没有自己的工厂,只是在五粮液贴牌生产,但最高峰年销售数量进入全国白酒前三名。这一时期中国白酒最成功也最有效的营销策略就是大广告大招商方式,称为广告驱动销售。

20世纪90年代末的山东秦池标王事件把中国白酒推到风口浪尖,从1998年开始国家采取一系列的政策限制白酒产业的发展,中国白酒进入了真正意义上的第一个调整期,前后长达6年。当时,浓香型白酒已经占七成以上的消费主流,这些政策对浓香型企业的低端酒产生很大影响。为了应对艰难的局面,五粮液创新开展贴牌买断模式以消化庞大的产能,后来成功孵化了金六福、浏阳河等品牌;水井坊、国窖1573、舍得等品牌也是在这一时期,企业为了应对产业政策,提高销售价格开创的第二品牌。

从2004年开始,中国白酒进入了十年黄金发展期,这十年也是改革开放和人口红利释放的黄金十年。随着城市化水平的逐年提升,人口持续不断地涌入城市,中国的餐饮行业得到了蓬勃发展,这成为拉动白酒消费规模扩大的引擎,而消费者手中可支配收入的增加以及居民收入水平的分化成了白酒升级提价的直接动力,围绕三公消费的政府采购更是变成高端白酒的催化剂。

面对市场持续不断的需求,白酒企业开足马力建窖池、提价、出新产品、全国化招商。产能提升推动营销从产品短缺的工厂营销时期进入到产品丰富的市场营销时期。而市场营销时期的典型特征是以满足需求为导向,所表现出来的常常是"企业用很多产品去暂时满足顾客的多样化需求",由于信息传递链条过长,企业感受到的顾客的多样化需求常常是被各级经销商甚至厂家销售人员放大的不真实的需求。

供需关系的改善推动了中国白酒真正意义的第一次营销转型,从广告营销转到渠道营销。这一时期的市场竞争主要是在渠道层面和中档价位产品上的直接搏杀,部分企业开始引入深度分销的市场管理手段,结合终端盘中盘的资源管理和市场开拓的方法。所谓深度分销是以终端拜访为管理重点,以五率(拜访率、铺货率、推荐率、自点率、占有率）为主要管理指标。深度分销有 1 个核心和 2 个作业面，1 个核心：定人、定线、定点、定时的四定巡回拜访；2 个作业面：城区市场网格化管理和乡镇市场线路化管理。所谓终端盘中盘是在深度分销的基础上，通过聚焦资源投入优先选择核心酒店启动市场的终端强推战术，强调动员终端各种力量把产品推荐给目标消费者。

从 2003 年到 2012 年中国白酒规模以上企业销售收入增长 7 倍多，产量增长 3 倍。同一时期中国的城市化率增加了 13.5%，餐饮行业从 2003 年的 6191.4 亿元增长到 2012 年的 23448 亿元，增长近 4 倍。白酒行业这一轮的增长是赶上了中国一线城市大规模城市化发展的春风，城市的扩大带来了更多的销售网点，特别是餐饮网点，人口的流入带来了更多的消费人群。这一轮行业大发展主要的驱动力量是来自渠道，尤其指渠道数量的增加，称为渠道驱动销售。

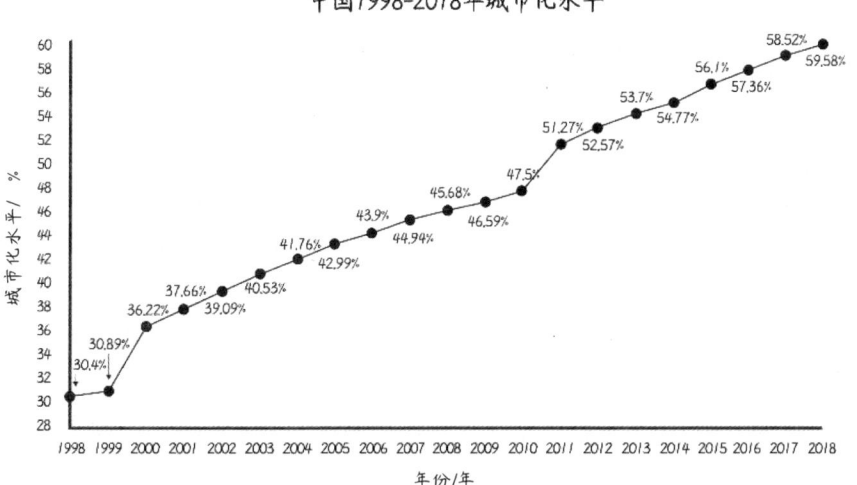

中国 1998-2018 年城市化水平

2011 年《中华人民共和国刑法》将醉驾入刑，各地开始严查酒后驾驶。2012 年年底国家限制三公消费，白酒行业于 2013 年快速进入了深度调整时期。围绕政府官员的宴席饮酒场景被直接禁止，极大地影响了高档酒的销售，导致高档白酒销量快速下降，而且价格体系受到巨大冲击，很多白酒价格倒挂。消费需求在短期内快速下降，使得白酒行业存在的产能不平衡矛盾凸显，一些以本地政务消费为主的区域酒厂迅速倒闭（2019 年比 2017 年规模酒厂减少接近三分之一）。

名酒厂为适应新的消费场景和匹配新的销售方式，开始进行品牌瘦身、渠道扁平化、缩减成本保障现金流等工作，其中一些企业开始重视消费者持续的品牌教育工作。以企业直采、名酒进名企、商务团购、圈层营销等直接面对消费者的营销方法开始在酒企系统运行。

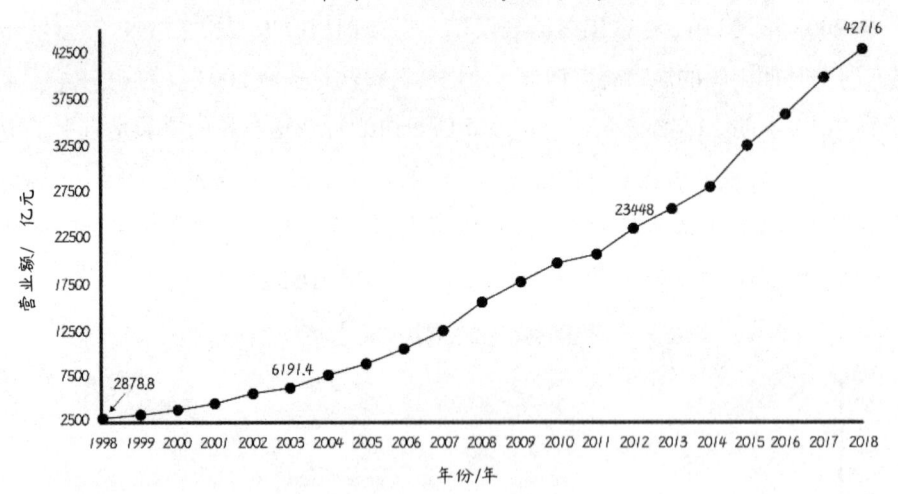

中国1998-2018年餐饮行业营业额

白酒行业经过3年多的社会库存消化和产销平衡，以及调整期的消费者持续品牌教育过程，从2016年下半年开始复苏。这种复苏首先表现在白酒消费升级，消费升级在过去十年就非常明确，只是这些需求在众多酒厂、众多产品中被分散提供给顾客。事实上，顾客只是需要一个"品牌、品质、价格"合适的产品，那些短时满足需求的商品只是存在于"信息不对称"的销售手段中，最终培育的市场也变成了别人的嫁衣。现在白酒高端酒消费结构已经完成调整，商务消费和个人消费占到绝对主导。

白酒复苏也明显表现在消费者品牌意识的崛起。由于互联网的信息传播和教育，消费者对产品的信息了解越来越多，特别是2013年进入4G时代后，移动互联网快速渗透，消费者获取信息的时间、速度、信息量都发生了极大的变化。推动中国白酒营销转型的动力就是信息爆炸。海量的产品信息通过互联网媒体传递给消费者，改变了以前厂家和顾客之间信息不对称的状况。消费者的品牌意识变得越来越强，他们并不是需要更多的白酒产品，而是需要更好的酒、更健康的酒、更健康的喝酒方式和风俗习惯。"更"字本身就是一个比较词，意味着顾客要在产品之间做出取舍，这种选择的基础是产品的差异化，准确地说是顾客对"产品差异化的认知"，也就是对品牌的认知。白酒营销从产品丰富的市场营销时期正式进入品牌营销时期，竞争的焦点在于顾客的认知培养，竞争的方式就是"打败对手实现转化"。目前白酒行业增长主要表现在头部企业，从 2016 年到 2022 年，排名前九的浓香型白酒品牌年销售额增长约为 1175 亿元，酱香型白酒前三名（茅台、习酒、郎酒）增长 1196 亿元，汾酒增长 216 亿元。这些头部企业的增长又主要来自核心单品，特别是浓香型酒和汾酒更为明显，大品牌、大单品增量是消费者主动选择的结果，是品牌化的成果，把这一轮驱动这些企业增长的动力归结为品牌驱动销售。

白酒营销再往前会怎么发展，驱动力是什么？跨过白酒行业，一方面，看到像宝洁、长虹这些成功的传统品牌近年来发展缓慢，但是迪奥、海尔可以借助互联网再次增长，鄂尔多斯、李宁借助互联网使品牌重新活跃。互联网带来了无处不在的便利，打开手机就可以购物。线下常见的品牌和销售分离，在网上也可以品效合一形成闭环，可以对效果循迹追踪，甚至实现对用户全链路追踪。互联网突破空间界限，可以用最小的代价小步快跑、快速迭代。这些都给传统营销带来了巨大的挑战。中国的互联网生态是全世界所没有过的，从国外传过来的传统的营销理论需要在我国现在的营销环境里重新适应。

腾讯、阿里巴巴两大巨头构建了涵盖出行、购物、娱乐、社交等围绕人们身边的互联网生态系统，数据打通后将消费者的信息全网收集并进行画像。阿里巴巴的 CRM 系统不仅可以帮助品牌精准地直达用户，还可以帮助品牌策划、具体执行及效果评估。互联网已经从"低价斗士"的角色演变成一个以数据技术为驱动、以用户为中心的营销平台，成为品牌拓展全国渠道、打破现有渠道桎梏并接触到海量新用户最便捷的地方。未来白酒销售增长的主要驱动力会是数据吗？从其他更早触网的行业看，数字营销正在成为越来越重要的增长动力。

价值营销的主要观点

- 从 1989 年到 2000 年，白酒营销主要特征符合工厂时代的营销特点，企业的生产能力和广告运作是主要的销售驱动力，当时广告的作用主要是

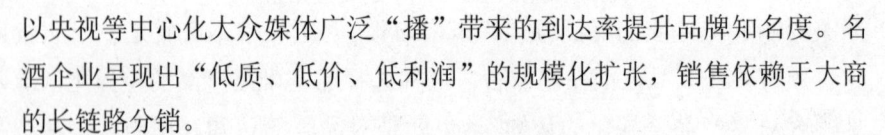

以央视等中心化大众媒体广泛"播"带来的到达率提升品牌知名度。名酒企业呈现出"低质、低价、低利润"的规模化扩张，销售依赖于大商的长链路分销。

- 从 2003 年到 2012 年，白酒规模以上企业营收增长 7 倍，产量增长 3 倍。白酒产业整体表现出市场营销特征，多产品汇量、多经销商分销、多渠道开发、价格分化是这一时期主要的营销增长方式。主要的推动因素有三个：一是城市化带来人口流入（城市化率同期增加 13.5%）和餐饮互补产业发展（同期增长 4 倍），拉动白酒消费规模扩大；二是居民可支配收入的增加及收入水平的分化促进了白酒消费价格的分化；三是房地产和大基建促进围绕"权力终端"的大量社交场景助推白酒高端化。名酒企业的发展模式转变为"多产品、多价格、多区域"的量价同时扩张，大商和区域扁平化招商并存，流动渠道开始品牌化连锁尝试。

- 从 2016 年至今，名酒企业主动调整增长方式，从渠道推动型增长转换成品牌（大单品）驱动型增长，从多价格带用力聚焦到主要价格带占位。名酒企业的发展模式跳跃到"高质、高价、高利润"的价格占位式扩张，企业开始重视对消费者的直接转化，以"扁平化分销争夺碎片化团购"成为主流方法。广告仍然是品牌主要的营销动力，通过移动互联网"传"带来的传达率提升品牌认知度，通过消费者体验强化认知，内容的传播逐渐取代信息简单的硬广传播，成为主要和有效的广告形式。

- 白酒业当前的总体态势可以归纳为三点：量缩价升、头部集中、利润高企。自 2016 年达到产量峰值 1358 万千升后，白酒产量急转直下，2022 年产量为 671 万千升，2023 年 1—7 月的产量只有 237 万千升，同比 2022 年下降 41.6%。白酒产量长期且加速下滑的趋势根本原因在于白酒消费人群和消费场景的持续减少。从 2016 年到 2022 年，行业前 19 家头部企业合计营收占比从 19%上升到 65%。2023 年 1—9 月，21 家白酒上市公司营收 3091 亿元，其中前六名上市公司（茅台、五粮液、洋河、泸州老窖、汾酒、古井贡酒）合计营收 2607 亿元，占白酒上市公司总营收的 84.3%，净利润占 92.2%。白酒行业在生产端的盈利能力随名酒集中化一路走高，特别是在 2016 年开始的白酒品牌化浪潮中，规模以上生产企业净利润率从最低点 13%增长达到 33%。

第十四章　深度分销是通过社会化终端实现销售

一、消费者购买行为理论

研究消费者购买行为的起点是"刺激—反应理论",这个理论是美国行为主义心理学奠基人约翰·华生20世纪初期在巴甫洛夫条件反射实验影响下提出的(又称为"行为学习理论")。"刺激—反应理论"认为人类的复杂行为可以被分解为两部分:刺激和反应。人的行为是受到刺激的反应,刺激来自两方面:身体内部的刺激和体外环境的刺激,而反应总是随着刺激而呈现的。

菲利普·科特勒根据这个理论提出了消费者行为的"刺激—反应模型"。他认为消费者行为是一个刺激与反应的过程,消费者行为源于营销和外部环境的刺激,面对刺激的时候,虽然消费者会遵循固定的决策过程,但是也会因为个人特性的不同而作出不同的反应。从营销者角度出发,企业的许多市场营销活动都可以被视作对购买者行为的刺激,如品牌、产品、价格、渠道、促销、广告、服务等。所有这些,称为市场营销刺激,是企业有意安排的、对购买者的外部环境刺激。除此之外,购买者还时时受到其他方面的外部刺激,如经济、技术、政治和文化的刺激等。当这些刺激进入购买者的暗箱后,经过一系列的心理活动,产生了人们看得到的购买者反应:购买或拒绝,或是表现出需要更多的信息。购买者一旦决定购买,其反应便通过购买决策过程表现在购买者的选择上,包括品牌选择、产品选择、销售商选择、购买时机和购买数量。

刺激和反应之间的"购买者暗箱"包括两个部分:第一部分是购买者的特性,其受到许多因素的影响,并进而影响购买者对刺激的理解和反应,不同特性的消费者对同一种刺激会产生不同的理解和反应;第二部分是购买者的决策过程,它直接影响最后的结果。

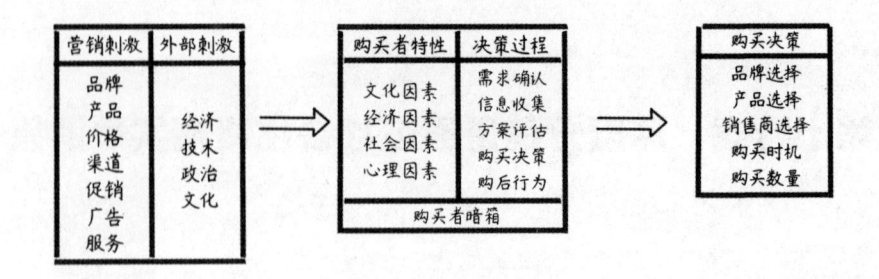

营销刺激	外部刺激		购买者特性	决策过程		购买决策
品牌 产品 价格 渠道 促销 广告 服务	经济 技术 政治 文化	→	文化因素 经济因素 社会因素 心理因素	需求确认 信息收集 方案评估 购买决策 购后行为	→	品牌选择 产品选择 销售商选择 购买时机 购买数量
			购买者暗箱			

（一）影响购买者特性的因素

1. 文化因素

狭义的文化是指社会的意识形态以及与之相适应的社会制度和社会结构，包括人类从社会实践中建立起来的价值观念、道德、理想、知识体系和其他有意义的象征性的综合体。文化来自人们后天的教育，不同的文化教育水平会带来不同的世界观、人生观和宗教信仰，并导致消费者有不同的消费行为。文化具有明显的区域性特点。文化可以分为若干亚文化。亚文化是指存在于一个较大社会中的一些较小群体所特有的特色文化，亚文化主要表现在语言、价值观、信念、风俗习惯等方面。

2. 经济因素

（1）产品的价格能否被顾客接受。价格的高低是针对目标顾客而言的，不同顾客的经济水平不同，对某个顾客来说是普通价格的商品，对其他顾客可能是高价商品。

（2）产品的功能是否与商品的价格相统一。高质量、高价格的商品，低质量、低价格的商品都能被顾客接受，但是"质次价高"的商品难以被接受。

3. 社会因素

每一个消费者购买行为都受价值观念及社会因素的影响。影响消费者购买行为的社会因素包括社会阶层、相关群体、家庭等因素。

（1）社会阶层：根据职业、收入来源、教育文化水平来划分的人类群体。发达国家的社会阶层分为以下几种：

1）老富翁和新富翁：老富翁过贵族生活，新富翁购买豪华的住宅、汽车和游艇。

2）白领雇员和蓝领雇员：白领雇员追求体面和华丽，蓝领雇员经常光顾折扣商店、购买二手汽车。

3）工人、农民和知识分子：工人和农民追求实惠，知识分子更关注品位。

（2）相关群体：是指购买者的社会联系，它是影响消费者购买行为的个人或集团，包括主要群体、次要群体和渴望群体。

1）主要群体：指的是家庭成员、朋友、邻居和同事。

2）次要群体：指的是社会团体、职业团体（如律师协会）。

3）渴望群体：指的是自己渴望成为电影明星、体育明星等一类人士，希望自己成为该团体中的一员。

相关群体对消费者购买行为的影响包括以下三点：

1）改变原有购买行为或产生新的购买行为。

2）相关群体引起群体成员的仿效愿望。

3）相关群体促使人们的行为趋于某种"一致化"。

（3）家庭：其对消费者购买行为的影响包括直接影响和潜意识影响。家庭的生活方式、文化程度、价值观念及购买习惯对消费者个人的影响方式是十分复杂的。目前，家庭对青年人的影响正逐渐减弱。

4. 心理因素

影响消费者购买行为的心理因素是指消费者自身的心理活动因素，也称为个别因素，主要包括以下五个方面：

（1）需求：消费者没能实现的愿望。消费者的需求是购买行为的起点，也是市场营销活动的出发点。人们的需求复杂多变，可以分为多个层次：生存的需要、享受的需要和发展的需要，因此也可以将消费资料分为生存资料、享受资料和发展资料。人们的闲暇时间增多以后，享受发展方面的需求越来越多，观赏商品、礼品商品将成为市场需求的重点之一。

（2）动机：推动人们进行各种活动的愿望与理想，它激励人们以某种行动达到一定的目的。人们的需求千差万别，购买动机分为以下六种：

1）求实动机：以追求商品的使用价值为主要特点，购物时追求商品的实惠、使用方便，不大考虑商品的外形美观与否，不容易受社会潮流和各种广告的影响。

2）求安全动机：以追求商品使用安全为前提，考虑商品在使用过程中和使用以后是否会对生命安全或身体健康造成影响。

3）求廉动机：追求商品的价廉物美，对商品的花色品种、包装及质量不怎么挑剔，有时专门购买一些低档品或处理商品。

4）求新动机：追求商品的时尚和新颖，重视商品的款式新颖、格调清新和社会流行，对商品的使用程度和价格高低不太注意。

5）求美动机：重视商品的欣赏价值和艺术价值，购物时重视商品的造型、色彩、艺术美，重视对人体的美化作用。

6）求名动机：追求名牌产品和具有特点的商品，在购买时十分注意商品的商标、产地、名声及购买地点。

尽管消费者的购买动机可以划分为上述六种，但在实际经济中，消费者的同一购买行为可能具有多种购买动机。

（3）经验：现代营销学理论认为，从心理学角度看，消费者的绝大多数购买行为受到了后天经验的影响。消费者的购买动机是由五种因素互相作用的结果，这五种因素是驱使力、刺激物、提示物、反应、强化。

1）驱使力：消费者的不满之感、求足之愿。

2）刺激物：能够消除或者减缓驱使力紧张程度的物品。人们的驱使力碰到某一刺激物就会产生相关动机。

3）提示物：决定消费者所产生动机的方向和程度。

4）反应：消费者对诱因或刺激物的反作用。

5）强化：物品对消费者的满足程度会加强"刺激—反应"关系。如果消费者预期某物品对自己满足程度比较高，那么消费者就会重复购买；相反，如果消费者不满意，那么就不会继续购买。

（4）态度：消费者对某种刺激物的见解和倾向，表现为消费者对某人或某物的特殊感觉或所采取的某种行动。消费者对某种刺激物的态度一般包括以下两个方面：

1）认识因素：对某种商品的信念，包括对商品特点和评价的信念。比如某种商品的好与坏、对某种商品是需要还是不需要。

2）感情因素：消费者对商品情感的反应。比如对某种商品是喜欢还是不喜欢。消费者对某种刺激物的态度多数是后天学习获得的，它受到家庭购买习惯以及同辈人的影响很大。

（5）个性：是消费者个人特性的组合。影响消费者购买行为的个人因素很多，比如消费者的性格，随和还是专横、内向还是外向、依赖还是独立、孤立还是合群、爱交际还是沉默寡言、保守还是激进，以及消费者的自我意识。消费者的自我意识是指消费者的自我画像，在心目中把自己塑造成什么样的人或者企图使别人把自己看成什么样的人。消费者的自我意识同相关群体的关系十分密切。消费者往往购买与自己所追求的形象相一致的商品，如果与自己的形象不相称，就会拒绝购买。比如，追求学者风度的消费者往往选择既端庄又有风度的服装。

（二）购买者的决策过程

影响购买者的购买决策过程是营销工作的另一项重要内容。消费者的购买决策过程分为五个步骤：

需求确认 → 信息收集 → 方案评估 → 购买决策 → 购后行为

1. 需求确认

购买行为是从需求开始的，营销策略通过品牌、产品、价格、渠道、促销、广告、服务等对消费者的"眼耳口鼻身意"进行刺激，可以引起消费者需求。当然，消费者的需求也许并不一定是他真的需要这个产品，只要消费者给自己找到或者认同一个购买的理由就会产生需求的认知。但是，顾客有了需求并不一定马上购买，因为满足需求往往意味着付出成本，他还要分析自己的需求要不要马上解决还是可以等一等、满足需求可能的成本自己能不能承担。如果这个环节顾客没有坚定马上满足需求的决心，那么购买行为也不会接续发生。营销工作在这一步除了对消费者进行感官刺激，使需求得以显化和确认之外，还需要引导消费者下决心解决需求的问题，才能进入下一步。

2. 信息收集

一旦消费者确认了需求的存在，无论他是否已经决定马上解决问题，他都可能会收集更多的信息。消费者信息的来源可分为四种：个人来源、商业来源、公共来源和经验来源，其中最多的是商业来源（广告、推销、包装、展示等），即营销者所能控制的来源，然而最有效的是个人来源（家庭、朋友、熟人、第三方）。商业来源通常只能起到通知的作用，个人来源对作出购买决策起着是否合理的评价作用。消费者获得的信息对他是否下定决心解决需求问题非常重要。

3. 方案评估

对产品质量、效用、款式、价格、品牌、售后服务进行比较和做出判断，并对不同商品的不同属性以及属性的重要程度加以比较。消费者往往只对几个重要属性比较感兴趣，比如对电视机，主要关心它的图像、音质、价格和造型；对车胎，主要关心它的寿命、安全、价格、质量；对电冰箱，主要关心它的耗电量、容量、价格、式样、保鲜效果。这些属性是消费者根据自己认知建立的一个评估解决方案或者产品的优先顺序，称为购买优先顺序。营销工作在这个时候是最关键的，务必要引导购买者，在他的头脑中建立有利于营销者的优先顺序才能进入下一个环节，成为被选择的卖方。进入购买者的卖方名单后才有机会向他演示解决方案或产品对他的价值，然后他会进行方案和产品功能、价值、成本的评估，通过评估之后才能进入到购买决策环节。

4. 购买决策

消费者在评估阶段所形成的意图或偏好会在购买决策阶段得以实施。购买者通过对各种选择方案进行评估后，会在备选品牌之间形成偏好（购买意图）。而在购买意图和购买决策之间还有三种影响因素：第一种是"其他人的态度"，其他人否定或肯定的态度都可能使购买意图发生改变；第二种是"预期因素"，指产品价格和预期收益与消费者本人的收入水平；第三种是"未预期到的情况"，某些突发事件可能改变购买意图，比如服务员的劝告。消费者根据上述影响以及根据前期分析结果做出决策：立即购买、延期购买、决定不买。

5. 购后行为

当买了某种产品后会有两种情况：满意或购后失调。当消费者对所做的选择

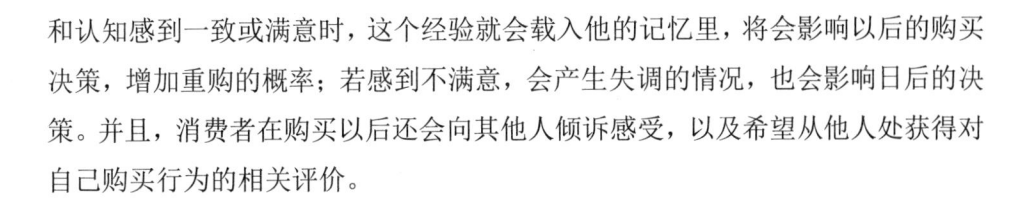

和认知感到一致或满意时,这个经验就会载入他的记忆里,将会影响以后的购买决策,增加重购的概率;若感到不满意,会产生失调的情况,也会影响日后的决策。并且,消费者在购买以后还会向其他人倾诉感受,以及希望从他人处获得对自己购买行为的相关评价。

二、用营销手段从外部刺激消费者的五率指标体系

在刺激购买者的外部因素中,经济、技术、政治、文化这些条件更多的是体现在营销战略设计和选择上,在实际的营销策略中是不可控的因素。营销活动对购买者的刺激贯穿购买决策的全部过程,这些营销活动需要实现的效果是围绕购买者的视觉、听觉、味觉、嗅觉、触觉、感觉,形成全感官的外部刺激,这些都是白酒营销中常常会用到的感官刺激方式。

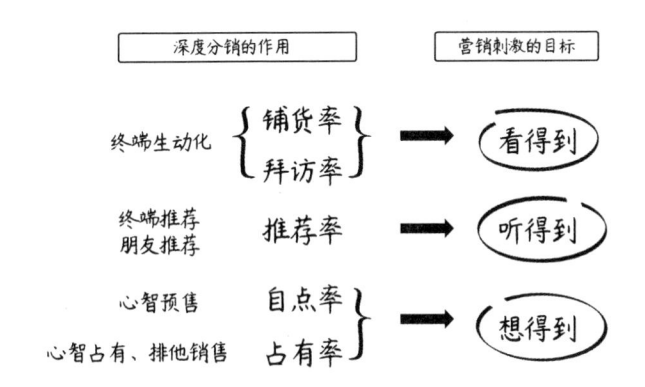

深度分销的作用		营销刺激的目标
终端生动化	铺货率 / 拜访率	→ 看得到
终端推荐 / 朋友推荐	推荐率	→ 听得到
心智预售	自点率	→ 想得到
心智占有、排他销售	占有率	

用"看得到、听得到、想得到、喝得到、闻得到、感受到"来形容消费者获得的白酒营销活动刺激,其中体现在深度分销模式中的主要是:看得到、听得到、想得到这三个方面。在这背后可以用五个量化的指标来衡量对消费者形成刺激的效果,即拜访率、铺货率、推荐率、自点率、占有率。

终端生动化展示是让顾客看到以后产生需求,帮助顾客建立产品"旺销"的印象。终端生动化需要为产品规划合理的铺货率,而保障铺货率的前提是合理规划业务人员对不同终端的拜访率。

通过提高终端推荐率实现对消费者的终端拦截,通过朋友的推荐形成消费者

链式传播，让顾客高频率听到产品或品牌信息，刺激顾客产生需求或购买理由，帮助顾客建立"购买优先顺序"，帮助顾客决策。

品牌营销的成果体现在顾客端就是让顾客有需求的时候能随时想起品牌或产品，形成"心智预售"，这个工作需要管理销售场所的自点率。当原点市场有大量原点顾客开始"指名购买"时，则意味着对原点人群的认知培养取得了成效，是品牌进入发展期的重要信号，同时也是调整营销费用，保持"推拉力平衡"的重要信号。让顾客持续保持活跃，即顾客有需求的时候持续把产品放在首选。营销工作需要使"心智份额"和"销售份额"保持同步，销售份额可以通过终端排他性销售来强制实现，而心智份额则需要不断地对消费者进行维护和投资，不断深入挖掘消费者价值，同时把消费者从对产品建立的喜好转变为对品牌的偏好。

深度分销正是建立在消费者行为学理论的基础上，基于这样的理性思考解决销售方式问题。

三、深度分销的"12345"密码

（一）深度分销的1个核心和2个作业面

深度分销的1个核心是定人、定线、定点、定时的终端巡回拜访。终端销售网点数量多、分布广，终端业务员人数多、工作枯燥，售点管理和人员管理的难度叠加，使基于业务员行为管理的终端深度分销往往不能达到理想的效果。坚持"四定巡访"对深度分销管理非常重要，这项管理既是为了固定业务员的工作（行程、工作量、工作内容），帮助业务员克服惰性和畏难，也是为了产品和品牌在销售终端循序渐进地推广。

（1）工作固化。

业务员每天的行程要固定，包括行进路线和拜访终端店的顺序，行程固定使工作有迹可循，而且方便检查。业务员每天工作量要固定，每天拜访的终端数尽量平衡（20～25家/天），要确保业务员能完成拜访目标，还要考虑业务员往返的交通工具和时间。业务员拜访终端开展的工作内容要固定，单纯考核销售会导致业务员挑点拜访，常规的终端工作有三项：产品生动化陈列和终端氛围布置、终

端库存盘查和订货、终端销售信息交流和一店一策促销活动沟通。

（2）增进客情。

业务员和终端老板良好的客情关系有助于终端老板推荐率的提高，有助于减少因产品滞销可能导致的下架和退货。事实上，很多退货是因为长期没人服务、缺少客情维护导致的。

（3）一店一策。

业务员对不同类型的终端店给予差异化的动销政策，实现终端的有效动销。根据终端动销周期的不同制定不同的拜访频率，合理分配工作时间和工作重点，避免订单流失。

（4）维护价格。

价格是白酒消费场景划分的重要标准，是品牌的生命线之一，价格的刚性化能降低消费者及终端交易的选择成本和购买风险。业务员通过"四定巡访"维护终端标价，调研终端实际成交价，保障消费者感知的价格统一，保障终端商获取合理的、有竞争力的销售利润。

"四定巡访"是产品在市场有一定销量之后的方式，但是在新品铺货、活动执行等有明确主题和明确目标时要改变方式，实行集中拜访。"四定巡访"的路线和路线上的网点要及时更新，网点分类分级要定期调整。

深度分销有 2 个作业面：一个是在人口集中的城区市场实行网格化管理，把市场划分成若干小片，业务员在固定的片区中开发网点和组成路线。通常每个网格半径不超过 3 公里，消费者行走半径为 30～60 分钟的区域；另一个是人口分散的农村市场，把乡镇按照行车顺序组成路线，采用跟车销售的方式，将乡镇售点列入线路开展"四定巡访"。

（二）开展深度分销的 3 项准备工作

1. 终端分类

（1）有效终端的界定。有效终端须具备以下四个条件（至少是其中之一）：

1）效益型终端：终端产出（销售利润）大于开发与维护的投入。

2）广告型终端：对展示产品、宣传品牌和企业形象具有较大的帮助。

3）促销型终端：适合于开展各类促销活动的终端。

4）竞争型终端：对竞争品牌具有拦截作用。

（2）终端分类管理的目的。

1）确定原点渠道。

2）制定渠道覆盖的推进顺序。

3）制定人力配置和费用投入规划。

4）为促销活动执行范围提供参考。

（3）餐饮终端。

1）餐饮终端是指消费者在终端购买并现场消费的零售终端。

2）餐饮终端购买者即使用者或使用者中的意见领袖。

3）餐饮终端可大致分为商务酒店、宴席酒店和特色餐饮。商务酒店是以商务接待为主的高档餐厅或星级酒店；宴席酒店是否有足够面积的大厅，经常举办大型宴会的酒店；特色餐饮是指特色菜系餐厅，适合朋友日常聚会。

（4）流通终端。

1）流通终端是指消费者在终端购买但并不现场消费的零售终端。

2）流通终端购买者的购买动机包括赠送和自饮等，即购买者与使用者可能并非同一个人。

3）流通终端依据营业面积、单品数量、购买习惯等不同分为大卖场、区域连锁（单点）超市、副食店、名烟名酒店等。

2. 终端普查

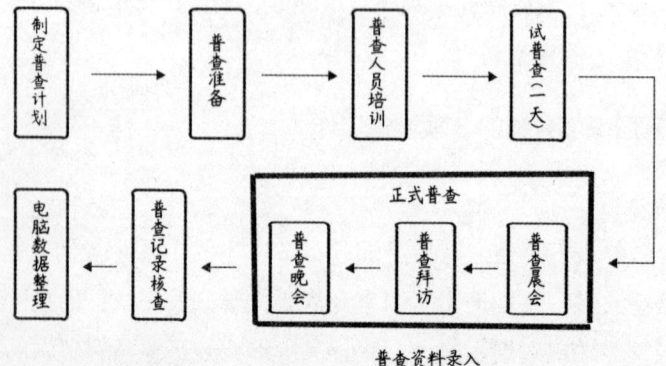

（1）制定普查计划：明确普查进度和目的（了解的信息），主要包括终端点总数量及分布、分类数量与占比、主要销售价位与占比、终端渠道消费分类与占比、竞争、合作方式及相关费用。

（2）普查准备：普查区域划分、城市地图、各分区地图、手绘分区地略图、终端普查登记表、笔（红色/蓝色）、小礼品。

（3）普查人员培训：终端普查前对所有的终端普查人员集中培训，以使其明确普查的目的、方式、内容、表格填写的事宜。

终端普查登记表

调查路线：_____ 调查人：_____ 调查日期：_____

终端分类：1. 大卖场；2. 区域连锁（单点）超市；3. 副食店；4. 名烟名酒店；5. 高档酒店；6. 中档酒店；7. 普档酒店

终端编号	终端名称	地址	联系人	电话	终端分类	营业面积	供货商	销售产品								是否上促销员	是否做店招或其他生动化
								品名	价格	品名	价格	品名	价格	品名	价格		
1																	
2																	
3																	
4																	
5																	
6																	
7																	
8																	
9																	
10																	
11																	
12																	
13																	
14																	
15																	

填写说明：

1. 调查路线由负责人在制定普查计划时确定，以字母+数字方式编写，其中字母代表区域（每个业务员负责一个区域），数字代表区域内的路线（例如 A4 代表 A 区第 4 条路线）。
2. 终端分类填入对应的数字。
3. 每天调查的点数为 20～30 家。

（4）试普查（一天）：为了更准确地完成普查，在正式普查前进行为期一天的试普查，结束后组织全体人员总结，分析普查中存在的问题与改进措施。

（5）正式普查。

1）普查晨会。

①研究调查区域总地图，按调查路线行走规则设计当天行走路线。

②检查当天调查要带的表格、地图及工具。

- 地图：城市地图、各分区地图、手绘分区地略图。
- 终端普查登记表：每天带30张或更多。
- 工具：笔（红色/蓝色）、小礼品。

2）普查拜访。

①普查线路行走规则。

- 每天早上必须计划当天的调查区域并确定大致路线走向。
- 确定一个当天调查的起始点，调查时以大路为主线靠右行走。从何处离开主线就从何处回到主线，继续沿主线前进。
- 每天在到达指定调查区域并开始正式调查之前先在调查区域内快速行走一遍，熟悉路线走向。
- 一定要在指定的地图区域内进行调查，不可跨区调查。
- 完成一片后再进行下一片，不得任意穿插路线。
- 沿途每遇到一条街/巷时均需入内调查。
- 在彻底完成一条街/巷后必须从原入口处出来（靠右行走），回到原主线上继续行走。
- 如遇到分岔，同理以分岔处为入口，调查完该分岔街/巷后再回到分岔入口处，然后再沿着进入分岔街/巷之前行走的方向继续调查。
- 无论在地图上是否标出，沿途只要遇到街/巷都必须进入，并在地图上标明该路段。
- 走进任何一条街/巷时，必须注意此街/巷到何处终止，若与地图上所标位置不同，请在地图上改正。
- 每到一个路口或交叉口，在进入或出来或拐弯前都必须确认是否按计划路线行走。

②标图注意事项。
- 将客户位置和客户序号准确标在手绘分区地略图上,并将此编号圈起来。
- 每张分区地图的客户序号都必须从①开始,依次往下标,如②、③、…。
- 对地图所做的每一个修改都必须经过再三确认后方能进行。
- 对地图上没有标出的路、街、巷,可用红笔在地图上绘出该路段和明显识别标记(如建筑物、单位、广告牌等)并标上路名。

③终端普查登记表填写注意事项。
- 字迹清晰、端正、易读。
- 用蓝色或黑色笔填写。
- 认真填写每一栏项目,勿无故空缺不填。
- 每张调查表格上必须填写调查路线、调查人、调查日期、调查区域编号。
- 每天交回的表格必须按当天的调查序号排列。

3)普查晚会。
①核对、整理每天的表格及地图。
②业务人员交回每天的表格及地图,待检查合格后才能离开办公室。

(6)普查记录核查:为了保证普查全面、真实、有效,办事处经理依据业务人员填写的"终端普查登记表"对已完成区域加以核查,在完成全部普查后,业务代表跨区域抽查。抽查终端点不小于总数的10%。

(7)电脑数据整理:根据业务代表终端普查登记表,准确、全面地以电子表格方式分区整理输入并加以保存。

3. 分区与线路规划

(1)关键概念。

1)按照各类终端的重要程度和拜访要求,制定各类终端标准拜访频率(每周/每月几次拜访)。

2)根据终端分布情况和交通状况进行市场区域划分,为每个细分区域指定责任业务代表。

3)根据各细分区域的各类终端拜访频率的要求和终端分布情况,结合交通状况,将细分区域内所有纳入拜访计划的终端分成若干条拜访线路,并确定每条拜访线路的拜访时间（每周几）和终端拜访顺序。

（2）工作目的。

1）明确业务员责任区。

2）为重要程度不同的终端点制定不同的服务频率，突出工作重点。

3）与终端老板进行有时间规律的沟通，便于掌控终端销售变化。

4）定人、定线、定点、定时巡回拜访，便于量化和检查业务工作。

（3）区域与线路规划重点考虑因素。

1）保障业务人员有合理的工作时间。

①终端网点的间距不能间隔太远，否则路途时间太长无法保证终端有效拜访。

②每天拜访的终端数量要基本接近，拜访数量与时间要在业务人员合理的工作量范围内。

③对不同进货频率和不同类型终端要规划不同的拜访频率。频率设定是逐步认知和不断修正的过程。

2）适当的成长空间。

①区域规划时要考虑有向外延伸扩大范围的空间。

②区域内终端铺货率有不断提升的空间。

③设定的区域可能未来要规划分销商，要考虑分销商的配送范围。

3）有效的市场管理。

①市场信息能够通过拜访收集得到及时反馈。

②终端客户对市场服务（配送、费用、广告等）的满意度能够得到保障。

③销售组织能够快速反应，快速应对竞品开展的终端争夺。

4）高度的成本收益。

①业务员的拜访效率是通过拜访成交率来体现的，有效的分区划线是各区域和路线相对平衡的成交预期。

②经销商配送效益的标准是低成本、快物流、少赊欠，有效分区划线要考虑这些标准。

5）适宜的区域规划。

①分区划线要考虑地理上的限制条件（单行道、配送不变、交通恶劣）。

②分区划线可能涉及分销商的特殊限制，有的分销商经营的主要产品有固定区域或限制区域。

③分区要考虑附属市场的整体性，尽量把同一附属市场划到一个分区甚至一天的路线中，便于市场操作。

（4）拜访标准。

1）业务员每天拜访终端数量为15~25家（各市场可以有所不同）。

2）终端店拜访频率标准：一周拜访一次、两周拜访一次、四周拜访一次。

（5）工作流程。

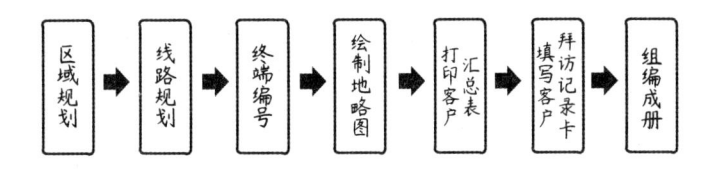

区域规划 → 线路规划 → 终端编号 → 绘制地略图 → 打印客户汇总表 → 填写客户拜访记录卡 → 组编成册

1）区域规划。

①按照市场总体终端数量和分布情况及业务员人数，以每个业务员100~300家终端的标准，结合分区重点考虑因素，以明显的城市街道为线进行分区。

②以大写英文字母A~Z为每个分区设定一个唯一的编号。

③将分区线在地图上清楚地标注出来，如：

A	B	C
F	E	D

2）线路规划。

①按照各区内终端分布结合交通状况及每天拜访标准将各区细分为若干网格。

②以区域规划指定的英文字母加上1~6的数字为每个网格指定唯一编号（A1~A6，B1~B6，…，Z1~Z6），其中的数字代表每周拜访的时间。

③将每个网格内纳入拜访计划的终端按从离办事处最远到最近的顺序（即先拜访离办事处最远的终端再依次往回走）依次串联在一条拜访线路上，此过程不论终端点的类别而只按拜访路线方便。

3）终端编号：将区域内纳入拜访计划的终端按"网络编号---XX"的方式进行编号（即 A1---01～A1---20，A2---01～A2---20，…，A6---01～A6---20）。编号数字顺序与拜访顺序一致。

4）绘制地略图。

①将每条线路按拜访顺序（编号顺序）绘制成地略图。

②地略图上要标注出主干道、有终端店的街道、主干道/街道名称、标志建筑物名称、终端店位置、终端店编号。

③地略图的比例与实际地图要相仿。

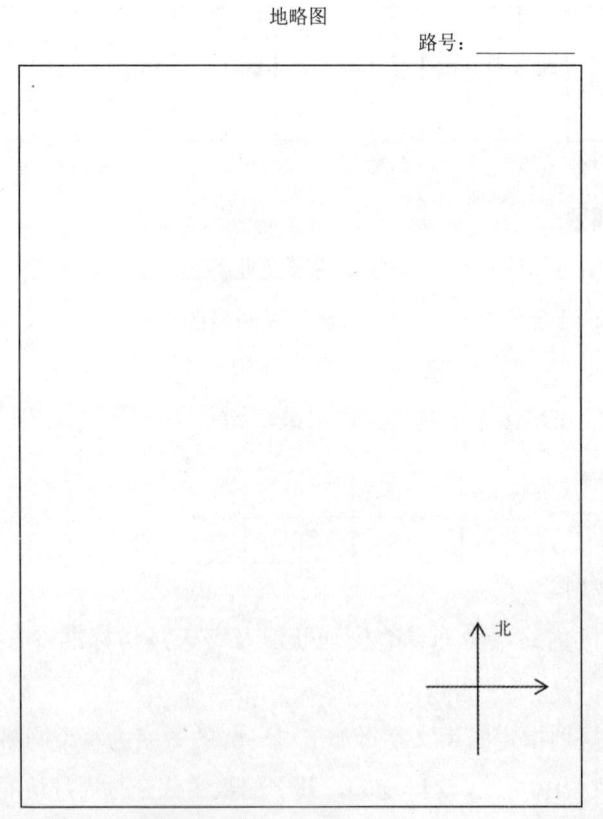

地略图　　　　路号：_____

画图说明：
1. 标明走向、起点、终点。
2. 客户位置请标注客户编号，如 A1---01、A1---02、A1---XX。
3. 一周两次拜访的客户请用红色笔标注编号。

5）打印客户汇总表：为每一条线路打印一张客户汇总表。

客户汇总表

路号：_____

客户编号	客户名称	地址	联系人	电话	终端类型	拜访频率		送货经销商
						一周两访	一周一访	

办事处经理：_____ 业务代表：_____

填写说明：

1. 客户编号栏按拜访顺序依次填写，表示该家客户在此路线上的位置 如 A1---11 表示 A 区周一路线上第 11 家客户（由远及近编号）。
2. 拜访频率栏内打"√"填写。
3. 终端类型共 7 种，其中非现饮终端 4 种：大卖场、区域连锁（单点）超市、副食店、名烟名酒店；现饮终端 3 种：高档酒店、中档酒店、普档酒店。
4. 送货经销商是为该客户供货的经销商或渠道商单位名称（可能存在多家）。

6）填写客户拜访记录卡：为每一个终端填写一张客户拜访记录卡。

客户拜访记录卡（正面）

客户编号：_____ 客户名称：_____ 联系人：_____ 电话：_____

地址：_____ 送货经销商：_____ □一周两访 □一周一访

终端类型：□大卖场 □区域连锁（单点）超市 □副食店 □名烟名酒店

□高档酒店 □中档酒店 □普档酒店

本品名称	日期									
	规格	库存/订单	库存/订单	库存/订单	库存/订单	库存/订单	库存/订单	库存/订单	库存/订单	库存/订单

填写说明：

1. 库存数以瓶为单位，包含陈列的数量和未陈列的数量。
2. 填写方式为：左上角填写库存，右下角填写订货，例如 3/2 。

客户拜访记录卡（反面）

本品名称	日期									
	规格	库存/订单	库存/订单	库存/订单	库存/订单	库存/订单	库存/订单	库存/订单	库存/订单	库存/订单

竞品名称	规格	库存	库存	库存	库存	库存	库存	库存	库存	库存

7）组编成册。

①按每一条线路将地略图、客户汇总表、客户拜访记录卡按规定顺序组编成册，放入业务员标准销售夹。

②客户拜访记录卡必须按照拜访顺序排列。

注意：现在有很多业务拜访和销售管理软件（如勤策），可以通过手机应用完成终端资料提交和线路规划，从实际操作来看无论是传统纸质操作还是使用终端管理软件，管理逻辑和管理要求都是一样的。

（三）深度分销的 4 个聚焦

1. 聚焦附属市场

附属市场概念的主要内涵是指消费者群体，其是**在一定的活动范围内，活动轨迹经常交叉和重叠，并且能够相互影响的一群目标顾客**。附属市场包括城市内大型社区的居民群体，封闭或半封闭的工厂员工群体，城市内大型办公区的职员群体，活动半径不超过步行 40 分钟的乡镇居民群体，某些开发区、大学城、城中村等。附属市场概念的次要内涵是一定活动范围的区域，通常这个范围不会超过业务员每天拜访的网格半径，也就是说在网格规划时要将已经形成的附属市场尽量划到同一个网格中，在同一天拜访中开展针对附属市场的工作。

聚焦附属市场的意义是利用消费者相对规律的活动轨迹对他进行终端拦截或广告影响，并且利用消费者轨迹的交叉重叠开展品牌信息的二次传播。比如通过一个附属市场内人流量大的销售终端开展产品推广，可以借到终端老板"街坊、熟人"的信任背书。在一个附属市场内投放社区广告，容易达成更高的曝光度。附属市场的人群还可能存在某些社交关系，如邻居、同事等，利用这些社交关系也有助于实现消费者裂变。

2. 聚焦黄金网点

在某个附属市场内潜在消费者活动轨迹经常交叉的白酒销售网点包括零售、餐饮、团购、宴席，如果这些网点可以协助开发附属市场并且有较大的白酒容量，就可能成为黄金网点。所有黄金网点的主要顾客应是附属市场的消费者而不是其他销售网点，也就是说，黄金网点的主要性质是"零售"而不是"批发"。白酒深度分销需要的黄金网点由众多分布散乱、实力、规模、形象参差不齐的批零店（有宴席销售能力）、名烟名酒店、大卖场等零售价格可以浮动的终端网点构成。

（1）黄金网点的分布规律。

1）围绕生活小区附近形成的生活采购店，可能是卖场也可能是烟酒茶专营店。

2）围绕酒店或餐饮集中区周边形成自带酒水供应店。

3）已经形成的名烟名酒店一条街，有商业集群效应。

4）在商业中心或商务区附近形成烟酒茶礼品零售店。

5）城市里以名烟名酒店形式出现的批零店。

6）乡镇里以超市或批发部形式出现的批零店。

（2）黄金网点的价值。

1）实现销售价值。由于自带酒、礼品酒、团购酒等市场的发展，黄金网点销量可观且具有很大的销售潜力。部分销售价值高的黄金网点，销售额远大于普通终端，通过签订合作协议约定销售量、维护价格、维护市场秩序、设计奖励方式可以达成该市场60%以上的销售。

2）实现传播价值。平时或三节（春节、端午节、中秋节）有动销且能够二次进货的普通黄金网点，承载陈列、氛围和品牌传播功能，能够最大化满足标准化建设要求，能够营造整体市场氛围。

黄金网点就是集中资源打造的"核心终端"，通过持续对黄金网点背后的"附属市场"进行高频率的影响和推荐建立良好的产品口碑，实现中档以上产品在黄金网点的"高占有率"，从而带动当地产品结构的提升和品牌的发展。签订销售协议的网点，两年之内在该网点竞争的价格段内要做到销售量领先。黄金网点管理是以"推荐率、自点率、占有率"为主要指标。利用附属市场的特点，在相对短的时间内让目标顾客相互推荐形成口碑，从而占领市场。开发附属市场要利用黄金网点形成"组合拳"，尽可能在营销期间内高频率地影响顾客。

3. 聚焦有效动销

有效动销是消费者用于"喝"和"送"的购买行为。新产品要实现有效动销需要聚焦到自身品牌定位能覆盖的消费场景。围绕消费场景选择终端店，针对消费场景设计广告和促销活动，使推广动作和节奏标准化。比如，丹泉洞藏 15 在广西聚焦宴席消费场景，产品的终端广告可以说："重要时刻，开启丹泉洞藏老酒"，选择有宴席推荐资源能力的名烟名酒店、批零店，采用回收瓶盖的方式促进终端推荐等。

有效动销还必须跟节气和白酒销售旺季紧密结合，利用短期放大的需求设计广告主题和促销方式。比如，丹泉在 2022 年年底针对年前聚会和送礼场景，设计广告语为"新春用酒，选丹泉洞藏老酒"，以意见领袖微信代言视频为主，选择名烟名酒店集中会销的方式，设立终端进货奖和消费推荐奖。

有效动销还依赖于终端"一店一策"的实施。有销售规模的销售终端都有自己的"常客"，往往只有终端老板最清楚什么样的销售政策能打动这些顾客。这些终端同时也可能是竞品的主销战场，也只有终端老板最清楚竞品促销活动的效果和软肋。实施"一店一策"的目的就是通过客情和销售政策最大化地调动终端资源，在店内同价位竞争中获取最大的胜利，实现产品在黄金网点的"高占有率"。深度分销是一种业务管理模式，帮助企业把人力、产品、营销资源调动到最接近用户的地方，而消费场景就是销售最后的临门一脚，婚宴、谢师宴、满月宴、尾牙宴、同学会等都可以通过灵活的宴席促销政策促使门店推广宴席活动，为公司赢得销量。

4. 聚焦氛围营造

（1）黄金网点陈列及氛围标准化。

1）普通陈列：占黄金网点的 40%。

2）形象陈列：占黄金网点的 20%。

3）常年地堆：占黄金网点的 5%。

4）节假日地堆：占黄金网点的 30%。

5）氛围店：占黄金网点的 80%。

6）形象店：占黄金网点的 20%。

（2）货架陈列。

1）业务型陈列：流通单产品陈列排面 6 个以下（酒店单产品 3 个以下），依靠业务员客情和动手整理，公司不进行陈列资源的投入。

2) 资源型陈列。

①普通陈列（资源型）：陈列6～12个排面未达到整节酒柜全部陈列产品的为普通陈列，签订旺季短期陈列奖（春节、端午节、中秋节共6个月）。

②形象陈列。

- 单柜陈列：陈列排面达到24个以上。
- 双柜陈列：陈列排面达到48个以上。
- 三柜陈列：陈列排面达到72个以上。

（3）堆箱陈列。

1) 每个地堆上需要有地堆箱贴物料。

2) 不能将地堆视为进货的促销手段。

3) 选择地堆终端时，需要门店形象较好，地堆位置直观、醒目且不被遮挡。

4) 地堆因销售出现短缺需要按现行政策及时进货补齐。

5) 签订地堆陈列协议要捆绑终端氛围（条幅、广告板、灯笼、货架插卡等）。

6) 常年地堆陈列数量控制在黄金网点的5%以内，春节、端午节、中秋节旺季可针对性投放，数量在30%以内。

（4）陈列注意事项。

1) 好位置大于多排面，好位置的顺序为收银台后的白酒陈列区、白酒陈列货架第二排和第三排、酒水陈列区的第一排、酒水陈列区端架。

2) 陈列签订周期标准：形象陈列为6～12个月，普通陈列为2～3个月。

3) 陈列排面整齐，价格牌一层一个，为增强陈列效果，6个陈列排面以上需要有空瓶展示。

4) 陈列奖励用酒标准：陈列奖励用酒高端化，提高奖励品的价值感。

5) 陈列兑付周期标准：普通陈列每月支付陈列奖励，形象店陈列每2～3个月支付陈列奖励。

6) 陈列维护每周维护一次。

7) 有合作费用的陈列终端必须签订协议，协议内容捆绑终端范围并及时兑现费用。

（5）氛围店的标准和要求。

1）氛围店：要求有货架陈列配合，氛围营造不少于3项。

①店外氛围：喷绘店招、橱窗画面、户外包柱、门条、门贴、灯笼、条幅。

②店内氛围：柜眉、室内包柱、条幅、广告板。

2）制作氛围时注意不要被遮挡，做到少而精。

3）店外画面需离地50cm以上，50cm以下不得出现品牌元素。

4）陈旧、破损氛围画面必须及时更新维护。

5）必须在陈列协议中捆绑氛围。

（6）形象店的标准和要求。

硬质门头（吸塑灯箱、彩钢、铝塑板）、整组陈列、氛围营造不少于4项。

1）店外氛围：店招、橱窗画面、户外包柱、门条、门贴、灯笼、条幅。

2）店内氛围：柜眉、室内包柱、条幅、广告板。

①每个店招必须签订协议，硬质店招的协议周期为2～3年（喷绘店招为1年）。

②本着节约原则，彩钢发光字、彩钢条、铝塑板发光字为主要硬质店招形式，控制吸塑灯箱店招投放。

③在选择门头位置时要注意核心位置，好位置的标准是十字路口、丁字路口、企事业单位大门口、高档小区门口、乡镇核心路段大客户。

④万元以上大额店招要控制数量，争取广告效果好的多门面商超店或乡镇街道数一数二的大门店。

⑤对于酒店大型店招慎用。

⑥彩铝条过于陈旧的，可对彩铝条进行重新喷漆处理，店招字也可重新制作。

⑦一个终端不得出现上下两块硬质店招。

⑧在制作店招时必须提供终端原始照片和实景效果图。在制作前业务员需将凭实景效果图送到终端与店主沟通制作相关材料和图样等内容，终端确认后必须在效果图上签字确认，当场签订"门头及氛围协议书"。

（7）陈列及氛围资源使用管理。

1）陈列管理要求：应确保陈列排面及陈列物料的完整性，不擅自改变产品陈列位置及品项，不出现陈列少导致排面不美观的情况。

2）地堆管理要求：地堆因销售出现短缺应及时进货补齐，不用空箱代替实物。

3）成熟期市场建议将合作费用拆分为月费用与季度费用相结合的方式发放，这样可以更有效地掌控终端。

（四）终端拜访的5个步骤

专业的终端拜访必须分解成以下5个步骤进行管理：

（1）访前准备。每天出门前要先明确今天拜访的门店有哪些，今天去哪些店要做什么事，上次遗留问题有什么，需要带什么东西。

（2）破冰。用动作和语言打破客户隔阂，达到让客户愿意交流的目的。

（3）信息沟通。了解店内销售信息、价格信息、竞品政策、客户需求，介绍公司产品，宣导公司销售政策。

（4）念经。重复公司关键信息，包括品牌信息、产品信息、产品卖点等。

（5）告别。确认客户需求、礼貌告别、预约下次的拜访时间。

注意：拜访时若老板不方便或者没有见到老板，可以及时预约时间当天回访。

四、深度分销必需的配套管理

深度分销模式既要依赖于广泛分散的销售终端达成目标，又要靠业务员日复一日的重复单调劳动维持运行，是一种高管理成本的营销模式。很多企业实施深度分销不能达到预期的效果，其中重要的原因是忽略了深度分销的必要前置条件和管理措施。深度分销是以终端拜访为管理重点，以中低价位产品为销售重点，以流通和餐饮终端为主要渠道，以五率为主要过程指标。实施深度分销模式有4个前置条件和管理措施：

（1）费用前置投入。深度分销模式需要营销费用前置投入，其中主要是终端业务人员的人力成本，其次是终端销售氛围的广告和物料投入。特别是人力成本在模式前期占比很高，新产品在新市场实施深度分销，即使战略和策略都正确，也经常会出现业务人员边际贡献为负，甚至很长一段时间业务员创造的终端回款甚至低于他的收入。这个时候特别需要企业的定力，在终端网点选择正确、投放

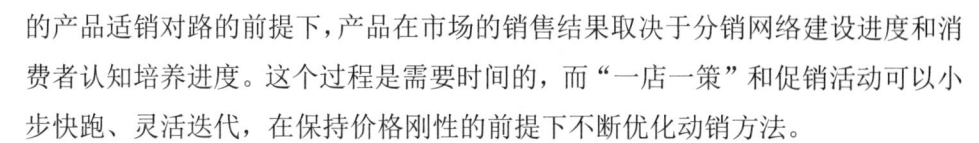

的产品适销对路的前提下,产品在市场的销售结果取决于分销网络建设进度和消费者认知培养进度。这个过程是需要时间的,而"一店一策"和促销活动可以小步快跑、灵活迭代,在保持价格刚性的前提下不断优化动销方法。

(2)主管协同辅导。业务主管对终端业务员的协同拜访是保障深度分销不断优化的最重要的管理措施。协同拜访应该跟随业务员在他固定的线路上进行指导,业务主管协同拜访每次不少于15家终端,每月不低于10天,每个月要覆盖所有业务员,每个季度要覆盖所有线路。主管安排协同拜访的顺序:新入职一个月内的人员→绩效/管理指标表现差的人员→管理指标表现异常的线路。绩效指标是业绩达成和品项达成;管理指标是拜访/铺货/成交/氛围。主管协同拜访的要求是一看二教三做:

1)一看基本动作/作业规范/竞争应对/客情状况。第一家店,看被协访人怎么做,离店总结,提醒被协访人关注点。

2)二教作业规范/具体做法。第二家店,主管示范怎么做,离店让被协访人总结,下一家店要怎么做。

3)三做。第三家店,被协访人按照主管的方法再做一遍,离店再总结,提醒被协访人需改善点。

(3)工作检查量化。终端工作检查是深度分销保驾护航的重要管理措施。业务主管在协同拜访的同时和非协同拜访的时间要对业务员终端工作进行检查,每次检查不少于10家终端,每月不低于10天,每个月要覆盖所有业务员,每个季度要覆盖所有线路。主管检查的目标要量化,检查的内容要标准化(拜访效率、生动化、客情、终端氛围、工作记录、销售机会、遗留问题等);发现员工有态度问题要马上批评,发现员工有能力问题要及时陪访指导;检查结果要在每天早晚会上及时通报,每周进行过程考核。

(4)开好早晚会。终端业务团队的早晚会是深度分销团队管理和团队激励的重要场景。基层销售组织每天必须开好早晚会,早会主管分享前一天检查结果,员工汇报当天目标;晚会员工交回当天拜访记录,汇报当天工作及沟通相关信息。早晚会人员一般为"1+6结构",超过7人要求分小组召开,会议时间原则上不超过30分钟,业务员发言时间在3分钟左右。

业务主管终端检查表

市场：_____ 网点业务员：_____ 检查时间：_____ 检查人：_____

终端名称	地址	黄金网点分类	店外观察（3分）	店内观察项目（每项1分，达到为1分，否则为0分）							询问项目（每项3分）			分数合计
			店招与店外氛围	品种齐全度	陈列位置优劣	排面数达标	主销产品光瓶陈列	包装清洁度	价格正确	价签与产品对应	促销活动宣传物料	业务员客情	经销商客情	费用执行到位	
改善意见															

　　深度分销通过拜访和铺货管理，在终端建立生动化阵地，从看得见和购买便利上帮助消费者决策；运用黄金网点的终端推荐，结合广告推荐帮助顾客听到产品信息；通过品牌心智预售的自点率管理，通过黄金网点针对性的高占有率，在消费者心智中不断重复和强化产品信息。深度分销影响产品终端动销的4个关键：一是通过终端氛围制造产品热销的印象；二是通过店内针对性竞争开展一店一策强化销售支持；三是聚焦黄金网点集中资源开发附属市场；四是加强终端客情，改变业务员视角，从"让客户进货"变成"帮客户卖货"。

价值营销的主要观点

- 用"看得到、听得到、想得到、喝得到、闻得到、感受到"来形容消费者获得的白酒营销活动刺激，其中体现在深度分销模式中主要是：看得到、听得到、想得到这三个方面。在这背后可以用五个量化的指标来衡量对消费者形成刺激的效果，即拜访率、铺货率、推荐率、自点率、占有率。

- 品牌营销的成果体现在顾客端就是让顾客有需求的时候能随时想起品牌或产品，形成"心智预售"，这个工作需要管理销售场所的自点率。

- 当原点市场有大量原点顾客开始"指名购买"时，则意味着对原点人群的认知培养取得了成效，是品牌进入发展期的重要信号，同时也是调整营销费用，保持"推拉力平衡"的重要信号。
- 让顾客持续保持活跃，就是顾客有需求的时候持续把产品放在首选。营销工作需要使"心智份额"和"销售份额"保持同步，销售份额可以通过终端排他性销售来强制实现，而心智份额则需要不断对消费者进行维护和投资，不断深入挖掘消费者价值，同时把消费者从对产品建立的喜好转变为对品牌的偏好。
- 深度分销的 1 个核心是定人、定线、定点、定时的终端巡回拜访。
- 深度分销有 2 个作业面：一个是在人口集中的城区市场实行网格化管理，把市场划分成若干小片，业务员在固定的片区中开发网点和组成路线。通常每个网格半径不超过 3 公里，消费者行走半径 30～60 分钟的区域；另一个是人口分散的农村市场，把乡镇按照行车顺序组成路线，采用跟车销售的方式，将乡镇售点列入线路开展四定巡访。
- 开展深度分销的 3 项准备工作：终端分类、终端普查、分区划线。
- 深度分销的 4 个聚焦：聚焦附属市场、聚焦黄金网点、聚焦有效动销、聚焦氛围营造。
- 终端拜访的 5 个步骤：访前准备、破冰、信息沟通、念经、告别。
- 深度分销配套措施：费用前置投入、主管协同辅导、工作检查量化、开好早晚会。

第十五章　圈层直销是通过"人找人"实现销售

一、圈层直销商的角色定位

圈层直销是一种适合高档酒的销售方法，是以销售商自身人脉资源为基础，围绕人际社交开展的品牌教育和销售的方法，是一种人对人直销的模式。白酒企业选择圈层直销模式，实质上是与销售商的人脉资源、人际口碑、个人时间精力等进行交易，而不是与销售商现有公司的销售网络、经营管理能力合作。所以，选择圈层直销的合作商标准与深度分销合作商有很大区别。简单来说，选择圈层直销商注重商家个人的社交习惯、人脉资源的宽度和厚度、在主要社交关系中的位置、人脉关系与产品销售价格的匹配度、个人对酒的认识等，完全不需要直销商有白酒行业经历；选择深度分销合作商更注重商家公司的资金、配送能力，与销售终端的合作经验，在当地酒类和副食品销售商圈的实力和口碑等，主要是基于商家的公司资源能力，其次才是商家个人的知识、态度等。

（一）圈层直销商和传统白酒经销商的价值输出不同

传统经销商把"卖酒"当成主业，经销商选择上游厂家产品构建供应链，通过激发自身资源能力，也通过借助上游厂家帮助进行销售。"卖酒"是经销商商业模式的核心（我的生意是什么），"酒商"是他们自己的角色（我希望别人怎么看我），如果一个厂家产品不好卖，商家会选择其他厂家，但是不会放弃自己的角色定位和商业模式，"酒商"的角色会随着生意的发展逐渐固化。传统经销商通过向分销终端提供产品销售机会、费用推广支持，向团购客户提供选酒服务、客情维护等，体现自己的专业价值，这个价值与"酒商"的角色定位相匹配。

圈层直销商往往是转化白酒行业外的，有一定人脉资源和阅历的"成功人士"，这些人在他们之前的行业和社交圈中已经有了固化的角色，圈层直销的本质就是利用他们原有社交圈的资源来推广和销售产品。把原来的角色直接切换成"酒商"的角色,这往往困难重重。其中最大的困难是,商家在以前的社交圈层中,能够基于经验和阅历等价值,在社交关系中与他人处于平等甚至优势地位。然而进入白酒行业成为"酒商"之后,商家是跨行业的"小白",很难为他的社交圈层提供新的"价值",在社交关系中容易处于弱势地位,这是商家们难以适应的角色转换。

圈层直销商的角色转换不能一蹴而就,也不能因为强调"酒商"的角色就削弱对社交圈层的影响力(对原有社交关系不提供新价值,只是直接卖酒把关系变现,容易引起抵触)。更重要的是,圈层直销模式要为销售商提供"价值",通过价值输出让他的社交关系逐步接受他的新角色。同时,让商家自己能理解这个生意是什么,未来他的角色要变成什么,且这个生意和这个角色是不能轻易放弃的。"存在即定义",能说清楚自己是什么才是真的存在,圈层直销模式首先要提供给参与者说服自己和身边朋友的理由。商家找到自己的角色和商业模式就能想办法在一条确定的道路上自发向前,而不是依赖上游的扶持,成为上游厂家定义的某一个辅助角色(某个分销渠道),这就是圈层直销的自我驱动力。形成自驱力的衡量标准是"客户不断介绍新客户加入,客户愿意从身边的人开始发展生意,包括亲戚、同学、战友、邻居等"。要达到这个效果必须为销售商在观念、知识、方法上进行系统化的赋能,将生意的社会价值、顾客价值、交易价值在营销模式中全面体现。

(二)圈层直销商和传统白酒经销商的业务重心不同

在深度分销模式中,厂家和深度分销商及销售终端构成一张销售和服务网,向消费者提供产品和服务。其中厂家和深度分销商都是围绕产品推广和产品销售开展工作,对消费者的服务和教育工作主要靠终端商完成,厂家的消费者教育工作主要体现在对商家费用支持上,其次是广告、公关的一些影响。可以说,传统白酒经销商的主要业务是配合厂家产品推广和销售。圈层直销模式的销售方法以体验式营销为主,商家既要承担用户开发又要组织消费者体验,相当于把深度分销商的客户拓展工作和终端商的消费者教育工作一肩挑了。而这其中最重要的环节是用户的拓展、维护和转化，这些工作依赖商家的社交能力，厂家只能起到辅助的作用。圈层直销模式的商家业务是围绕用户开展的，而不是围绕产品开展的，这一点与传统白酒销售商有很大不同。具体来说，圈层直销商家的主要业务是认识更多用户、识别优质用户、分级管理用户，然后与厂家一起转化用户。

二、圈层直销的道场：酒文化体验馆

酒文化体验馆是构建社交平台的物理空间，体验馆是传播酒文化和品牌信息的场所，是集私人会所、私房菜、酒窖、酒文化展示为一体的共享式圈层社交平台。酒文化体验馆由场所（硬件）和社交关系网（软件）两部分组成，外部呈现形态可以是"楼堂馆所"：可以是写字楼的办公区，也可以是星级酒店配套用房，还可以是临街或不临街铺面，或者是位置相对私密的私人会所；但是硬件部分必须包含4个空间：产品展示空间、品茶聊天空间、餐饮品鉴空间、举办活动空间。体验馆要重视消费者的自主意识，不是单方面自说自话的说教，而是通过简单的图文介绍酒文化知识和酒类常识，品酒、鉴酒、调酒的互动参与和体验，企业的品牌和产品信息要融入体验馆整体介绍之中。

体验馆的核心观点是人本论。体验馆是服务会员，搭建高端社交平台的工具，围绕以人为本的设计理念，把高端会所、专业酒窖、专业服务、文化（知识）展示、产品展示、互动体验等融入其中，避免沦为说教式博物馆、售卖式烟酒店、纯吃喝的酒茶馆与私人会所。体验馆的酒文化主线围绕"神本""酒本""人本"三个方面展开，其着重点在"人本论"，通过明确的"态度"传递"酒为人服务""健康饮酒"的理念。完整的酒文化体验馆需要实现的功能包括以下几个方面：

（1）中国酒文化和产品的展示与沉浸式体验。

分"神本""酒本""人本"展示文化馆的"态度"。

1）神本：中国酒是天人共酿，介绍中国酒起源、水土气气生（水质、土壤、气温、气候、生态环境）的酿造环境、微量组分对酒的影响等。

2）酒本：香型的历史、工艺区别、口感区别、酒体区别。

3）人本：健康饮酒（身）、快乐饮酒（心）、与快乐饮宴相关的信息。

（2）"1234"的好酒标准。

1分靠酿造，2分靠勾调，3分交给时间，剩下4分是做好酒的主人。

（3）展示动线可以归为五个主题的酒文化内容。

1）主题一：好酒是活着的液体，展示神性起源、组分之谜。

2）主题二：好酒须天人共酿，展示各香型代表、香型历史、工艺区别、口感区别、酒体区别。

3）主题三：好酒要妙手调和，展示定制酒（酒体）、文创酒（包装）、互动勾调体验。

4）主题四：好酒才有时间价值，展示瓶储老酒、坛储老酒。

5）主题五：做好酒的主人，展示健康饮酒（身）、快乐饮酒（心）、与快乐饮宴相关的信息。

（4）可封闭活动空间：用于喝茶、书画、吃简餐等。

（5）预留大型活动空间：可临时分割用于会议、主题活动、短期展览、商协会合作及展示等。

体验馆的软件是由商家发起和维护的社交关系网。这张社交关系网遵循三个原则：共建、共享、共赢。

（1）共建：体验馆由发起人和合伙人共同创建和经营，通过合伙人拓展社交圈层。

（2）共享：会员共享人脉、共享会所、共享酒窖、共享服务。

（3）共赢：发起人、合伙人、品鉴顾问、会员的利益分配机制。

圈层直销商要尽可能发展合伙人共同运营社交关系网，合伙人可以投资参与到体验馆的具体经营，也可以不投资只参与社交网络经营，无论是哪种方式，都需要设定相关的责权利。合伙人的主要工作是发展会员、维护会员、介绍关系，使用的资源包括体验馆和厂家提供的推广资源。合伙人是实现团购销售的中坚力量，其本身有一定的团购资源（与用户的直接生意关系）或关系（能影响用户决策的资源）。

品鉴顾问也是圈层直销模式的重要角色，其本身或者是白酒爱好的重度消费者，可以影响周边用户；或者是某单位/系统的联络中间人，通过他能尽快与用户单位决策者建立联系，部分品鉴顾问可以发展成合伙人。对品鉴顾问要有长期免费赠酒和其他服务，必要时甚至可以考虑顾问客情费用。选择合伙人和品鉴顾问要考虑能接触或影响用户的组织或个人，合伙人/品鉴顾问类型及说明如下：

合伙人/品鉴顾问类型	说明
核心名烟名酒行	有团购资源的白酒专业销售商
退休校长或老师	有广泛人脉资源和威望可以借势
富裕地区村级负责人	能影响本村商务和宴席消费
地方大型广告公司	自身有大量接待/赠送需求
茶叶团购商	用户共享度极高可以交叉联营并极善于团购的商人
医疗器械销售商	对卫生系统有很大的影响力且自身消费需求量大
办公用品销售商	用户共享度极高可以交叉联营并极善于团购的商人
礼品商	用户共享度极高可以交叉联营并极善于团购的商人
地方协会秘书长	对协会客户非常熟悉的人
异地办事处主任	对当地老乡企业非常熟悉并且接待需求大
写字楼物业和送水商	通过他们可以直接扫楼开发单位用户

每家体验馆的合伙人和会员数要有上限，如果以类似"股权众筹"方式无限制地发展合伙人和会员，结果可能是服务质量下降、会员质量下降，甚至沦为"传销圈钱"。当体验馆出现能力特别强的合伙人，或者会员数量发展太多接近服务极限，可以由合伙人主导的合资方式增开体验馆。圈层直销模式成功的关键在于，通过合伙人能否开拓二度、三度甚至更长链条的人脉资源，非传销式的会员裂变能力是社交平台价值的真正体现，工作是向会员输出价值，而不是纯粹"拉人头"。

酒文化体验馆是圈层直销的主场，酒是喝起来的，体验是最有效的转化手段，以顾客为中心的全感官沉浸式体验效果更佳。体验馆是文化营销的主场，以酒文化背书弱化商业信息，和消费者形成更高级的、更有人文质量的沟通才是有效的沟通。体验馆是技术营销的主场，在这里可以把技术常识讲清楚，同时也可以教授一套简单有效的卖酒方法。

三、圈层直销的核心业务：走出去与请进来

圈层直销的业务是围绕用户展开的，其中核心业务就是最基本的获客、体验、转化工作，这些工作可以浓缩成两个部分：走出去和请进来。

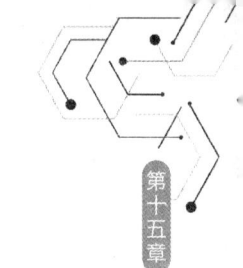

（一）走出去

走出去是指面向个人、企业开展直销工作，称为"商务直销"，其中既包括陌生拜访销售，也包括已有人脉资源的维护和转化。商务直销的对象是个人和企业，并不包括政府或事业单位，直销管理共分成 5 个环节：

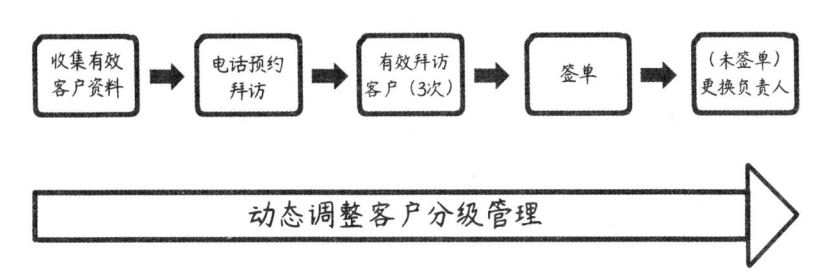

收集有效客户资料 → 电话预约拜访 → 有效拜访客户（3次）→ 签单 →（未签单）更换负责人

动态调整客户分级管理

1. 收集有效客户资料

首先需要对客户精准画像，这个画像可能是来自猜测加上以前经验的修正，包括什么样的客户有购买能力？什么人可能是买单人？要特别重视有过批量买酒经验的用户，他们采购过一次就会有更多次。并非所有客户都是有效客户，有购酒需求、资金预算和支付能力、买单权的关键人才是有效客户。有效客户要进行 ABC 分类，标准是按照预测的签单时间，A 类是近期会签单的客户，时间在一个月以内，B 类和 C 类是预测签单时间逐渐加长的客户。这个客户分类在业务员拜访之后要进行确认或调整，每周要调整分类数据库。

2. 电话预约拜访

电话拜访之前要明确哪些电话能打，有支付能力的、有购酒先例的、产品符合对方需求的，具备这三点的是优质客户，可以电话拜访。只具备两点属于机会客户，可以尝试电话拜访，但支付能力是前提。电话拜访前还要设定沟通方向，开场白怎么介绍，被拒绝时怎么留住客户，销售就是从被拒绝开始的。不断总结符合自己的开场破冰话术，5 秒之内要引起对方兴趣，30 秒内要完成破冰。有效电话拜访的标准是能够成功预约客户登门拜访的时间。

3. 有效拜访客户

登门拜访前要做充分准备，再次明确拜访对象是不是关键人，去见客户希望达成的目的是什么，是否了解客户的购买意愿如何，是否了解被访者的一些性格、习惯等个人信息。只有见到买单人的拜访才是有效拜访。每次登门拜访都要做好成交准备，第一次成交的概率远高于后续跟进，不要给客户太多考虑的时间。

4. 签单

培养业务人员每天都要有签单的意识，定期清理 A 类客户数量，不断从 A 类客户完成签单，做好第一次拜访就签单的准备。每个客户有效拜访不超过 3 次，否则要么放入 B 类、C 类客户，要么考虑业务员和客户性格不合，换人跟进。

5. 更换负责人

3 次有效拜访未成功签单应转入新分类或者更换负责人。业务员 80% 的时间应该花费在新增客户上，而不是跟进老客户。

销售主管组织业务员每天必须开好早晚会，早会时员工汇报当天目标，主管检查员工准备情况，进行分析和指导工作；晚会时员工交回当天拜访记录，汇报当天工作及沟通相关信息。主管白天的主要工作是对业务员进行电话指导和陪同拜访，还要运用经验帮助下属精准地完成客户画像和分类，帮助下属分析客户的真实意图。主管必须掌握团队所有 A 类客户信息及更新情况，在员工辅导时要亲自电话示范、拜访示范、签单示范。员工的工作绩效与考核挂钩，每周进行过程考核。

（二）请进来

请进来是指用户体验工作，包括在体验馆组织的一桌式家宴、茶话沙龙、知识分享会和定期在高档商务酒店组织的主题会销，沉浸式品鉴会及回厂游，共 6 项具体的服务。下面以一桌式家宴为例进行详细讲解。

一桌式家宴的关键有三点：找对人、说对话、喝对酒。

找对人是指邀约行业外的、有消费能力的、有消费意愿的、有团购资源关系的、喜欢喝酒而且酒品好的人，这是品鉴的第一步。

请进来：沉浸式品鉴会、一桌式家宴、主题会销、回厂游、茶话沙龙、知识分享会

说对话有两个方面。一方面是要学会讲故事。品牌故事提炼遵循三个角度：一是神本角度，世界上最好的东西都是自然的恩赐，是神的眷顾，价值需要神秘感；二是酒本角度，站在企业的立场讲述自己的各种特点，这种介绍是必要的，但注意不要沦为自说自话；三是人本角度，也就是好酒跟人的关系，人是万物之灵，自然的恩赐被人类利用才是最大的价值。另一方面，从推销的角度也要讲清楚产品的特点、功能和利益，特别容易被忽视的就是利益，人们习惯以自我为中心思考，再好的东西如果找不到跟"我"的关系那么对"我"也不重要，而且这种利益的观点只能采取提示，由用户自己做出判断。在产品介绍时也要特别避免说教式讲解，可以把内容分成几个部分通过丢包袱和解包袱的方式与人配合进行。当然，还有很多信息要融入细节中让消费者自己发现，比如在菜品上融入与产品相关的信息，产地特色菜、加入酒制作的菜等，通过这种方式强化产品的差异化特点。

喝对酒，首先是淡化请人来为了销售酒的形式和内容。避免以"品鉴"名义约酒，喝酒只是交流的工具，见面沟通才是目的。一桌酒会以 10~12 人为宜，其中饮白酒者不少于 70%，之前参加过酒会的 2~3 人，忠实用户 1~2 人，每次酒会只锁定 1~3 名潜在顾客并以其为推荐目标，全程关注和持续推进。

1. 一桌式酒会的三有标准

（1）有主宾。每次聚会尽量围绕主宾开展，主宾可以是品鉴顾问、职务/社会地位相对高者、同桌年长德高者，如果实在找不出可以在最接近的几位中选择善饮者。最好的主宾是既符合上述情况又是本次公关的潜在用户，切记避免组织者自己当主宾。围绕主宾制定主题、邀请人员，至少 1/3 的受邀贵宾认识或知道主宾，并认可主宾在席桌中的位次，受邀贵宾不能有与主宾性格相冲者。

（2）有主讲。每次酒会一定要有明确的介绍者，并根据节奏讲解产品和菜品。

（3）有氛围。酒会过程需要良好气氛，受邀贵宾中要有擅于营造气氛的客人。酒会第二阶段可利用游戏助兴，依据各地习惯而定，目的是活跃气氛确保主宾及主要客人喝酒尽兴。

2. 一桌式酒会的 3+3 控制

（1）酒会现场 3 段式节奏。成功的一桌式酒会从开席到散席一般要 3 个小时，其间分三段把控酒会节奏。

1）第 1 小时：带入阶段，一般由组织者控场，内容主要有酒会主题说明、参会人员介绍、产品介绍、提酒/敬酒发言。组织者在完成主要内容的同时逐步将话语权交给主宾。

2）第 2 小时：高潮阶段，一般由主宾控场，调节气氛者/组织者配合，主要内容有饮酒游戏、娱乐表演、捉对豪饮。组织者要观察并确保每位客人都得到足够的关注，确保主宾和主要客人交流尽兴。

3）第 3 小时：控制阶段，一般由组织者引导，主要内容有捉对叙话、提酒/敬酒发言。这个阶段要尽量让客人多说少喝，并观察确保每位客人都能尽量表现。

（2）酒会前后的 3 次服务机会。

1）第 1 次服务：会前引导客人按时到达。组织者至少提前 1 天编辑聚会信息并与参会客人确认，主要信息包括聚会主题、时间、详细地址、组织者及主要宾客、交通及停车指引、早到安排等。酒会前 2 小时短信发送参会提醒。

2）第 2 次服务：散会后确认贵宾安全到家。散会后由组织者亲自恭送客人离开，顺序是先主宾后其他客人，最好有长期合作的代驾等候。送别客人 1 小时后，组织者应微信/电话问候是否安全抵达。

3）第 3 次服务：会后第二天进行微信/电话回访。组织者在散会第二天应对参会客人做电话/微信回访，其中以电话回访为佳。回访内容主要是询问喝酒当晚感受和第二天感受（是否头疼？胃部是否不适？）。电话回访还应进一步解说酒会现场信息，并以此为引导发出下次聚会的邀约。

3. 酒会细节

（1）第一口酒。客人每次饮用高度酒的第一口感受非常重要，保证足够的醒酒时间，或者使用拉酒线的倒酒方法，可以加快酒精氧化和挥发，从而减少客人饮用第一口酒的刺激性。

（2）餐前保护。在烫酒具的同时，组织者招呼客人先喝点热牛奶、酸奶、热汤，可以减少空腹饮酒对胃部的刺激，同时能降低酒精的吸收速度。对客人有更好保护的同时也可能会略增加饮酒量。

（3）正确上菜。

1）凉菜提前上席，餐前汤是开始喝酒的信号，最好是清淡素菜汤/羹，好处是帮助客人更健康进食（控制食量、控制体重、利肠胃健康），同时减轻酒精对胃肠的刺激。

2）宴席开始之后上菜遵循3～5分钟间隔，确保组织者可以在上菜间隙时间从容介绍人员，安排提酒、敬酒等。全部上菜时间控制在40～50分钟完成，主食安排在第二阶段饮酒结束，大约在开席2～2.5小时，由组织者根据现场情况掌握，但需要提前告知后厨备餐。

3）点菜时要少点过于辛辣刺激的菜品，有此类菜品也应安排在上菜的中后时间段。

4）高质量的酒会组织者最好能安排一名员工在房间外协调，精准控制上菜节奏，及时调整相关布置，如餐前洗烫酒具、餐后安排代驾等。

（4）参会客人的完美组合。围绕主宾邀约，确保至少1/3的客人认识和认可主宾席的席座位置，确保每桌至少2～3人之前喝过且感受良好，确保参会中有至少1位能积极配合组织者的客人，确保参会客人没有与主宾性格/习惯明显冲突，确保参会客人之间没有过于紧张的人际关系，确保酒席人数10～12人且至少70%的人将会喝白酒，每次酒会主要关注的目标潜在用户不超过3人，尽量安排1位擅于气氛营造的客人。

（5）喝高兴为第一。气氛良好、客人组织合理的酒会，饮酒量必然高，组织者要客观评估每位客人的酒量，不使其过量饮酒。酒会的目的是营造愉快氛围，促进相互交流，并不以喝酒多少论结果，愉快的酒会自然带来愉快的产品体验。

4. 潜在用户的连续饮用

通过短时间连续饮用让潜在顾客经历：了解→认可→习惯→主动传播的转换过程。这个过程常常在 2～3 个月内完成，在这个时间内让潜在顾客品鉴 5～6 次。为了达成潜在顾客的连续品鉴，仅仅送酒给顾客让他自己喝基本上是无效的。在这 5～6 次的品鉴活动中，组织者至少参加 3 次，并在这 3 次酒会中充分关注潜在顾客的饮酒感受，确保其饮酒达到一定量（最大酒量的 80%）且感受良好。组织者常常很难在 2～3 个月内为一个潜在顾客组织起 5～6 场酒会，所以参与潜在顾客组织的聚会或者陪同潜在顾客参加其他聚会就非常必要，这需要组织者在会后持续跟进。

四、圈层直销的其他工作

圈层直销向用户的价值输出包括两个方面：用户感知到的社会价值和顾客价值。其中社会价值是由战略定位决定的，圈层直销输出的顾客价值主要是由产品和服务来体现。圈层直销是人与人直接交易，销售的产品必须具备三个特点：产品有故事、推荐带体验、价格不可比。在传统渠道和电商销售的公司主线产品并不完全适合圈层直销模式，需要配套新的产品来提升顾客价值。

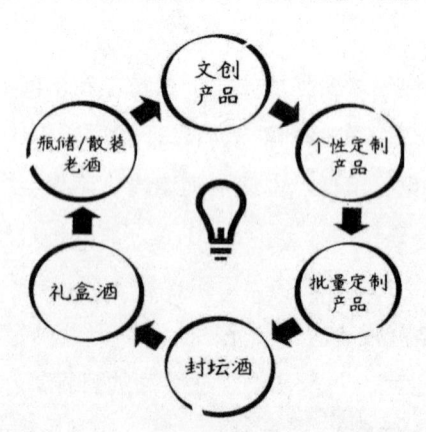

有文化基础和艺术表现力的文创产品、节日用的高档礼盒产品，这类产品采用固定产量"以产定销"的方式，适合圈层直销。以网上设计下单方式满足用户

个性化包装的定制酒,能转化长尾用户和部分有审美主见的意见领袖。企业批量采购的定制酒能够为商家带来利润。封坛酒是"到厂买酒"实现用户批量购买的重要产品。瓶储老酒容易打动懂酒的会员,而且溢价能力较强。散装老酒主要依靠商家和意见领袖的信用,以众筹封坛或分装的方式销售。

服务是圈层直销商家的主要业务,服务内容包括用户体验服务和对商家的培训服务。这些服务内容需要厂商一起开发,形成标准化和高质量的输出。服务内容就是产品,要以开发产品和管理产品的标准来输出服务。

用培训为商家赋能,让商家"爱酒、懂酒、会卖酒"。圈层直销通过发展行业外的人投资加入,本质上是一个"连锁加盟"式商业逻辑。企业的需求是借助商家资源实现动销和推广,但是站在商家的角度,他需要的是一个"解决方案式的合作"来激活他自身的资源实现利润或其他回报。事实上行行都有自己的专业性,卖酒也是需要专业知识和经验的。赋能商家从行业外变成专业者,需要解决的三个问题是爱酒、懂酒、会卖酒。爱酒是解除他或他身边朋友对中国白酒、对酒文化的误解,用客观的立场真心喜欢上酒,不仅仅把酒当成挣钱工具。懂酒是帮助商家从"小白"变成达人,成为他自己圈子里的"白酒专家",企业需要开发消费者感兴趣的品酒、鉴酒、酒文化故事及酒工艺等专业知识。会卖酒是具体的卖酒方法,针对不同价位、不同场景的产品,企业要提供专业的销售指导,甚至包括培养经销商通过微信、抖音宣传的能力。

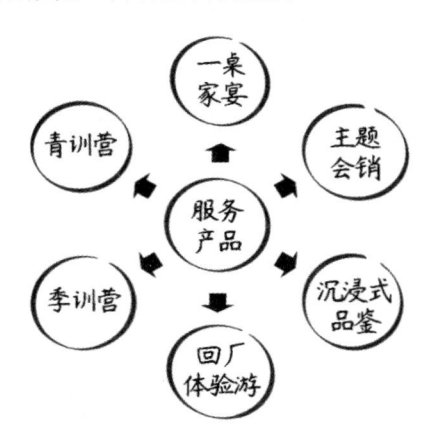

从连锁加盟的角度,对商家的赋能还包括品牌输出、选址指导、财务核算指

导、门店引流帮助等。以上这些赋能工作都应该形成具体的培训讲义，形成专案的"项目经验内化"，让商家感到企业无时无刻在关心和帮助自己。

产品价格保持刚性是圈层直销的重要保障，企业全渠道销售的主线产品价格很难不波动，但是圈层直销系统内的文创、礼盒、个性定制产品，还可以通过"统一收银"的无库存分销模式，在统一价格的同时把顾客和商家进行绑定分利。

价值营销的主要观点

- 白酒企业选择圈层直销模式，实质上是与销售商的人脉资源、人际口碑、个人时间精力等进行交易，而不是与销售商现有公司的销售网络、经营管理通力合作。
- 圈层直销模式的商家主要业务是围绕用户开展的，而不是围绕产品开展的。
- 酒文化体验馆是圈层直销的主场，酒是喝起来的，体验是最有效的转化手段，以顾客为中心的全感官沉浸式体验效果更佳；体验馆是文化营销的主场，以酒文化背书弱化商业信息，和消费者形成更高级的、更有人文质量的沟通，才是有效的沟通；体验馆是技术营销的主场，可以把技术常识讲清楚同时也可以教授一套简单有效的卖酒方法。
- 一桌式家宴的关键有三点：找对人、说对话、喝对酒。

第十六章　数字营销是利用互联网实现"货找人"的品效合一

一、用户思维：货找人的主动营销

　　白酒线下营销的过程是企业运用广告和其他推广手段影响顾客，而最终销售实现的环节，是由顾客向销售网点或推销者提出购买需求。对大多数人而言，白酒是低频消费的商品，又有聚饮消费的属性，顾客接收到广告或推广影响并不一定马上产生购买需求，而顾客产生购买需求的时候又不一定只向一个品牌发出购买信号。白酒线下营销在销售实现环节更像是一种"人找货"或"人到场找货"的逻辑，就是说消费者没事不会去逛烟酒店或餐馆，也不会没事和酒商互动联络，当顾客产生买酒需求的时候，大部分已经因为品牌的"指名购买"作用形成了心智预售，剩下的销售机会很少。白酒线下销售常见的购买行为有两种：一种是即时消费，就是顾客产生用酒需求之后马上购买使用，这种购买行为因为顾客决策的时间很短，更容易受"购买风险"的影响，基本上倾向选择知名度高的名酒产品；另一种是预售，即在接触顾客的时候就说服他购买，像"买新喝老""到厂封坛"等都是做这个生意。要实现这种销售需要找到有闲暇时间和资金，有一定的用酒量，并且喜欢酒的人，更重要的是要能给予顾客个性化的让利，这是名酒大单品很难做到的，也就给了小品牌机会。

　　数字营销带来的改变就是从"人找货"到"货找人"的变化。驱动购买行为的常常是"购买理由"而不是"需求"。在数字营销的环境中，用户在不同的"场"之间流动，利用大数据"千人千面"的画像能力，可以尝试更加精准地找到批量用户。数字营销环境中的用户突破了物理空间的限制。线下营销必须考虑每个物理空间市场的发展，不同市场的品牌和销售发展速度不一致，很容易导致窜货影响价格，而且企业的营销资源和人力成本也不允许全面开花式的投放。虽然数字营销也存在品牌与渠道的匹配问题，如选择不同渠道发展的顺序问题，但是这些渠道或平台的用户本身是不受物理空间限制的，全国各地的用户可以同步触达品牌信息，当然企业也可以通过大数据精准地选取某个区域市场的消费者开展营销，这是推广策略的问题。

（一）获取用户

无论是线上营销还是线下营销，用户都是企业最重要的资产，管理用户资产就是管理生意增长和生意规模。线上的流量相当于线下的进店用户数量、客流量，流量既可能是门店（线上渠道）创造的，也可能是品牌创造的（指名购买）。获客是数字营销最重要的工作，每一次广告传播、公关事件、促销活动都要以最低的成本获取最多、最有效的用户为导向。白酒企业获客的主要途径有四个：投放广告、分享福利、圈层社交、异业合作。

数字环境下的广告投放首先需要对目标顾客的互联网行为进行分析，每个网络平台都有自己的用户结构和行为分析，从中找到自己假设的目标顾客，分析他们共同的浏览习惯、兴趣爱好，根据目标顾客可能的路径设定广告露出的时间和位置。不管企业用于广告的资金是否充裕，在投放广告时都要遵循聚焦的原则，即短时间集中曝光的原则，如果资金充裕可以多平台多点投放，如果资金有限就聚焦平台投放。比如阿里巴巴拥有最多的购买类用户信息，腾讯的社交网络更能识别兴趣类用户，字节跳动的知识类和兴趣类用户标签更明显。广告投放还要充分利用现有数字生态系统集成的大数据优势。横跨多个行业的数字生态系统能够更精准地描述和锁定目标顾客。因为在同一个生态系统内部，无论用户路径如何，只要他的身份标识号（Identity document，ID）没有变，都可以循迹追踪，这样画出的用户画像和路径更加精准。比如阿里巴巴的生态系统横跨文化娱乐、金融、电商、生活服务、房产家居、汽车交通、企业服务、社交八个行业；腾讯投资最大的五个行业分别是文化娱乐、金融、电商、汽车交通、生活服务。无论采取什么广告策略，都不要忽略在每个生态系统或独立平台内建立自己的用户数据存储平台，作为这个系统或平台内获客、留存、运营的阵地。

分享福利是利用网络社交实现用户裂变的有效手段，企业通过制造和出售即得福利，利用社交网络把"有福利可享"的消息迅速扩散，刺激用户及时购买。支付宝集五福活动，通过集福卡的方式获得生肖卡，转发邀请亲友激活生肖卡，共同参加生肖抽奖领"添福红包"。滴滴出行超百亿补贴活动"天天薅羊毛 低价打滴滴"，用户第1天签到打开App就获得奖励，连续签到3天和7天还有大奖励，用户邀请10个好友可以得到800元福利金，实时到账8元，还能和好友一起瓜分5000万元福利金。拼多多也是将虚拟福利与社交属性紧密结合，利用用户不用实际支付就可以"赚到额外福利"的心理，通过社交分享，给予让分享者和新增用户双方都满意的福利，从而实现用户裂变。分享裂变的方式能够帮助企业迅速找到志同道合的潜在用户，低成本快速实现用户增长。

圈层社交获客是发动现有经销商和员工，通过他们个人在社交平台获客的方式。企业辅导经销商的视频拍摄、剪辑的技能，传授酒类常识，提供基本广告素材，企业官微（微信、微博、抖音等）与经销商和员工一起形成传播矩阵。圈层社交获客可以留存到销售商私域流量池转化，也可以引流到企业微店、抖音店转化。

异业合作获客是企业直接与有用户资源的网红、博主、微商或者其他跨行业的用户资源方合作。白酒重要顾客的会员权益，可以直接和某些其他行业的资源方合作。比如与机场和高铁贵宾通道合作，企业为自己的用户购买贵宾服务，也把双方用户资源打通。

（二）运营用户

运营用户不是从获客以后才开始的用户管理，而是与获客同步甚至更早时就开始了。运营用户包括三个要素：用户画像、用户互动、用户管理。

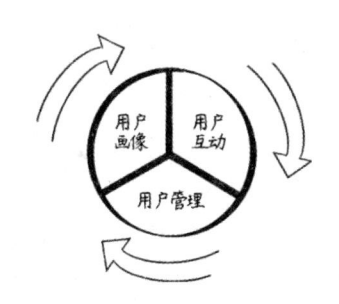

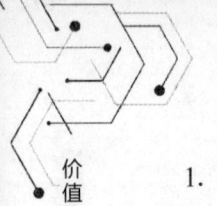

1. 用户画像

运营用户的目的是推动用户的认知转变，使品牌定位在用户心智中扎根。所以，运营用户要不断反馈用户的共性认知，以便于对用户精准地画像。还需要对用户持续深刻地洞察，并由此产生和修改广告创意。用户画像是基于目标人群的认知共性和行为共性，营销工作通常是先观察到消费者的某些共性行为，然后假设目标消费者都有这些行为，之后再"代入"他们的生活，描述他们的认知共性。在数字营销环境里，消费者的行为被清晰地记录下来，他们的上网时间、搜索内容、常用的App、网购的商品、收货地址，甚至每天的锻炼时间、睡眠时间等，这些信息被互联网企业用来计算、分析、勾勒出一个数字化的用户。更重要的是，在数字环境中复原用户行为，甚至可以做到比用户自己更了解自己，比如无意识点击的内容、无意识划过的广告都可以记录和累积成对用户偏好的描述。在数字营销环境下能够更准确地对用户进行画像和精准地识别，用户运营的第一要素就是不断获取和分析用户数据，对用户进行行为描述和认知描述，验证广告策略"用什么样的核心体验改变顾客的什么认知"，产生更有效的广告创意"用什么理由更能触动顾客的认知改变"。

2. 用户互动

与用户互动是用户运营的重要工作，互动的目的有四点。第一是提高用户的体验感，用户是感性的，其作出购买决策，很多时候不是通过性价比，而是通过感觉。用户对公司和产品好感增加，购买意愿就会增强。第二是增加用户黏性，通过与用户互动提高活跃度。与用户互动得越多，对公司、产品、企业文化了解得越多，其疑虑越少，对公司和产品的信任越多。第三是帮助用户做出决策。用户在选择产品和服务时，一般都会查看其他用户使用该产品后的评价情况，借此来帮助自己做决策。第四是通过互动形成用户主动分享，实现用户增长。白酒的用户互动主要是两个方面：内容互动和活动互动。

与用户互动的内容来源有三个类型：用户原创内容（User Generated Content，UGC）、专业生产内容（Professionally Generated Content，PGC）、职业生产内容（Occupationally Generated Content，OGC）。企业提供素材和模板，通过经销商和员工引领，辅导和激励用户原创视频、图片、短文等内容。部分优秀的内容和

创作者逐步发展成专业内容制造者，并且向社群外传播延伸。企业与自己的PGC用户和专业网红、博主等签订付费合作，把他们变成职业或半职业的OGC。

UGC ≫ PGC ≫ OGC

内容互动非常重要，与用户互动多了，容易生产出用户真正感兴趣的内容。内容互动的方式包括以下八种：

（1）开发微信、抖音、小红书等多渠道互动阵地。

（2）建立"企业+经销商+员工"的自媒体矩阵。

（3）设立用户故事征集，鼓励用户积极生产内容，筛选和帮助用户传播好内容，包括内容置顶、热门、精彩点评、官方微博推荐等。

（4）鼓励用户之间多互动，如"一键三连"（评论、转发、关注）。

（5）引导用户做出评价，对用户留言积极回复，无论是公众号发布的内容还是其他地方，都要做到与用户积极互动，让用户感觉自己被重视。

（6）发起争议话题，设置用户投票。

（7）开设直播是一个很好的与用户互动的方式，尤其是公司创始人团队、核心成员与用户互动直播，让用户了解到公司的真实情况，增加对公司的信任。

（8）将用户感兴趣的内容推送给用户，但要注意时机和频率，做到用户不反感。

活动互动的主要方式包括以下四种：

（1）文创/纪念产品预售、众筹、个性定制等，通过总量限制的方式给予首批用户尝鲜价格优惠，正式发售价高于尝鲜价，让用户感受到消费者盈余。

（2）整箱优惠拼单、封坛优惠拼单等，通过活动实现用户"老带新"直接转化。

（3）分享型福利和抽奖活动。

（4）积分变现游戏，让用户通过互动游戏让积分翻倍，而且即刻兑换。

3. 用户管理

用户管理包括用户运营模型和用户资产留存平台。常见的用户运营模型有

AARRR 模型（管理用户价值）、金字塔模型（管理用户属性）、RFM 模型（管理交易频次）。

（1）AARRR 模型。

1）Acquisition（用户获取）：获客阶段需要先推荐用户画像，再设定引流渠道，包括种子用户邀请、广告投放、福利投放、圈层引流、异业合作。比如，滴滴公司早期是通过先引入司机端，打通乘客端，再引入司机端这样一种交替的方法，保持一种稳定的供需平衡，这是因为这类产品是需要保证供需平衡。

AARRR 模型（用户价值管理）

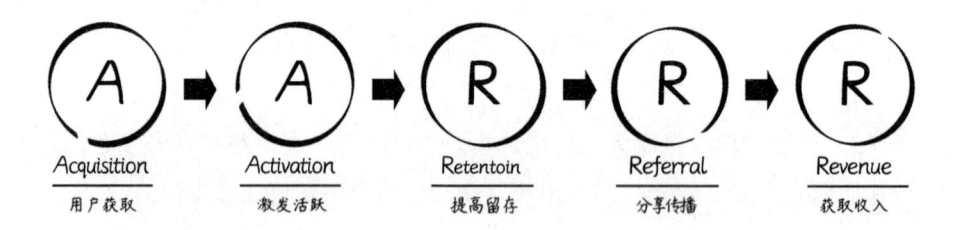

A Acquisition 用户获取 → A Activation 激发活跃 → R Retentoin 提高留存 → R Referral 分享传播 → R Revenue 获取收入

2）Activation（激发活跃）：真正有意义的是活跃用户数，而不是注册用户数，因为只有活跃用户才可以真正为产品创造价值。因此需要与用户互动，包括内容互动和活动互动。

3）Retention（提高留存）："用户来得快，走得也快！"这就是互联网的自然现象。如果想提高用户留存率，那么就要不断提高用户的转换和流出成本，包括程序型转换成本、财务型转换成本、关系型转换成本，形成"让对手进不来，用户出不去"的高壁垒型客户关系。

4）Referral（分享传播）：又称自传播，是指用户在线上分享、互动的口碑传播。实现用户爆发式增长的自传播，关键在于品牌是否了解用户心理，是否能解决用户需求，是否能让客户通过传播提升自我，能否给他超出预期的体验，从而勾起用户分享的欲望，这样才能让品牌以最小的成本达到最大的效果。

5）Revenue（获取收入）：所有的开始都是以最终盈利为目标，如何盈利是商业模式的基础。白酒用户运营的主要盈利模式就是实现用户购买，运营的核心目标就是提高用户转化率。

（2）金字塔模型。积累了一定量用户之后，需要通过数据化的形式进行属性差异分级管理。不同属性的用户在购买产品的时候会有明显不同的习惯，需要根据不同人群开展针对性运营，这个精细化运营策略也称为用户分层管理策略。

金字塔模型（管理用户属性）

种子用户
利润用户
基石用户
规模用户
长尾用户

1）种子用户：是来自原点人群的忠实粉丝，也称为天使客户。

2）利润用户：是与用户画像最接近的人群，有明确的需求和购买量，是利润来源。

3）基石用户：是重复购买品牌核心产品的主要用户，是核心业务的压舱石。

4）规模用户：需求不明确或主要竞品的用户，是销售快速放量需要的用户。

5）长尾用户：没有消费或消费频率低、消费量小，处于培育期的游离用户，数量可观但缺少认知和行为共性。

（3）RFM 模型。为了对用户有效分层，我们需要对用户的消费建立一个分析模型，RFM 模型是管理用户交易的一个经典模型。RFM 分别表示用户消费的三个指标：消费金额、消费频率和最近一次消费的时间。

1）Recency（最近一次消费的时间）：是衡量用户流失的一个指标，也是衡量用户对你的品牌记忆的一个指标。

2）Frequency（消费频次）：是在限定时间内的消费次数，是用户忠诚度的体现。

3）Monetary（消费金额）：是商业的核心，也是最重要的一个指标。

这三者根据高低不同可以形成八种组合（消费金额高/低、消费频次高/低、最近一次消费的时间近/远）。当然金额高低和频次高低还有购物时间远近的设定需要和本身产品的消费周期相关联。

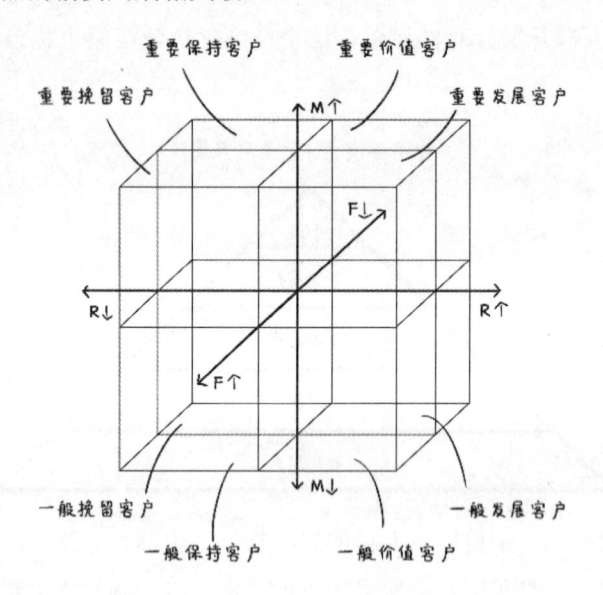

重要挽留客户　重要保持客户　重要价值客户　重要发展客户
一般挽留客户　一般保持客户　一般价值客户　一般发展客户

二、成交思维：只有成交才能形成闭环

数字营销的过程与线下营销相比有明显的缩短。白酒线下营销的链路中，因为顾客的数量难以聚集，最大的营销成本是找到潜在顾客的成本，企业往往只能把资源聚焦到有限的市场，通过关键渠道触达顾客，通过种子用户（意见领袖）产生人群裂变和扩大。这个营销过程的时间周期和反应链条很长，而且企业对当中的某些环节（如意见领袖的口碑扩散）控制力不强，很多失败的白酒项目不是因为操作不对，而是时间不够或者中途被莫名影响而中断。比如某个产品在某个市场推广了一段时间，恰好遇到同价位的竞品也开始大力度争夺相同的意见领袖，或者在同样的终端售点新的营销力量介入与资源的高度重合，可能打乱了之前产品的推广节奏，没有在预测的时间内达到预想的效果。

与传统营销相比，白酒数字营销的基础是庞大的互联网人口聚集，尽管从中识别和有效触达用户也需要越来越高的成本，但是从用户触达到购买和反馈的周期明显缩短，中间的不确定性远比线下营销小很多。数字环境提供了更小的试错成本，无论是产品设计还是广告策划，甚至潜在顾客选择，数字营销都允许企业"小步快跑、快速迭代"。

在首次接触就实现用户转化，把传播和销售在短时间内同时完成，这称为数字营销的"品效合一"。品效合一需要效果广告的引导，在广告策略里讲过，效果广告就是把唤起需求和引发消费放到一次传播里完成，这里面需要设计出"四个力"。第一步是广告的吸引力，要通过设计动机：有关系、有好处、有意思、有期待，激发用户参与互动，实现"消费人群"的有效停留。广告的吸引力是基于对消费人群的有效洞察，因为消费人群才是最有可能被转化的，他们的停留才是最有效的停留。第二步是广告需要利用品牌背书、品质背书、专家背书等迅速让消费者建立信任或者对调性的认同，还要创造真实可信的自我语境，让停留的消费者产生信任力。第三步是用诱惑力激发现场强烈的瞬间"拔草"式心动，低价折扣、限时优惠、超高性价比、制造稀缺，给予品质和退换的服务承诺等。第四步就是简明清楚的传递行动力，打破顾虑触发尝试，要简明清楚地告知简单的转化路径，还要用"买它""买买买"这类话语不断强化刺激，制造哄抢气氛。

数字营销环境下的成交必须依赖对数字渠道的运用，是通过线上顾客接触点的管理来提高转化率。围绕目标用户的浏览习惯布局接触点，把品牌信息故事化、场景化、知识化，在不同的渠道上用不同的呈现方式让品牌触手可及和快速转化。目前的数字营销渠道按属性主要分成以下四类，但是大的平台往往都是横跨了不同属性：

（1）以电商贸易为基础的电商渠道：天猫、淘宝、京东、拼多多等。

（2）以社交连接为基础的社交渠道：微信、抖音、快手等，在社交渠道同时也开展电商贸易和内容创作，但是底层逻辑还是社交连接平台。

（3）以内容制作为基础的内容渠道：头条、微博、小红书等，这些内容渠道本身也有社交属性。

（4）以细分行业、品类、地域为基础的垂直渠道：美团、网易严选、小米优品等。

以上这些数字渠道的人群特性和购买习惯是有区别的，各个平台也通过不断优化自己的算法（平台信息与用户交互的规则）形成了越来越显著的差异，这就要求企业在不同渠道上要采取不同的运营技巧。电商发展初期，各个酒类品牌都倾向入驻所有电商平台，实行广撒网的方式收割流量红利，但是随着互联网的发展，流量成本越来越高，平台差异化越来越大，大多数平台的风口期已过，企业需要主动营销和用运营动作去吸引流量。消费者主动搜索的流量来自品牌的"指名购买"作用，靠的是品牌知名度和认知度；数字渠道推荐来的用户，靠的是企业的营销能力和预算实力。大多数品牌都不能做到品牌力、营销能力和资金预算全面胜出，所以如果选择过多的渠道全面运营则会分散团队的精力和资源，更好的策略是根据自己产品的不同特性和资源能力选择与自己目标受众相匹配的数字渠道集中发力。

品牌在不同数字渠道获取的用户最后都需要到网店转化，网店设计和管理是数字营销的核心工作，虽然各个渠道对网店要求有差异，但是设计和管理的核心是一样的，如下：

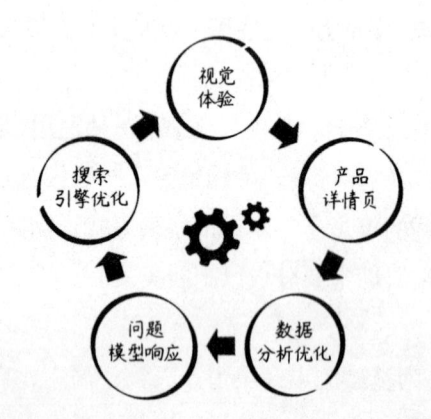

视觉体验往往是用户购买过程的全部体验，网店的视觉设计要符合品牌调性，还要一目了然（一眼就能知道店内商品属性），要清楚体现品牌的核心体验、产品的利益点、品牌的质量承诺，促销政策和购物路径要简单、清楚、无歧义。用户到店的静默转化率是他浏览商品之后不需要询问客服就自行下单的人数占总客单数的比例，这个指标是检验店铺视觉效果的直接指标，企业可以优化调整

产品利益点和视觉体验感，用静默转化率来评判优化效果。

在数字渠道中，用户路径十分简短，往往不是沿着"网站首页—频道分类页—店铺首页—产品详情页"这样的路径，而是从网站首页或其他链接直达产品详情页，甚至根本没有浏览店铺首页，直接在产品详情页完成购买后离开或者跳转到其他地方。把产品详情页当成店铺首页来设计，是假设每个进入产品详情页的用户都没有完整地浏览过店铺首页，也并不了解品牌信息。每个产品详情页前三张图最重要，需要完整地呈现品牌定位、品牌调性、购买理由、促销活动，其中品牌定位就是回答三问"你是什么？有何不同？何以见得？"；品牌调性是通过视觉和文字带给用户的第一印象；购买理由是产品给顾客的利益点，产品的特点和功能都是为了呈现利益点的辅助，利益点才是产品对用户的效用；促销活动就是刺激用户马上购买的信息，而不是长期的价格优惠或其他长期福利。

数据分析优化是利用平台提供的数据信息追踪、分析用户在店铺内的浏览路径、跳转路径、流失方向，不断调整和优化店铺设计，提高静默转化率。

问题模型响应是通过预设和归纳用户问题，为每个问题推导用户动机，为每个问题设定回复答案，同时还要在回复中推动用户继续转化。用户的问题可能是源自对品类知识的缺乏，也可能是对品牌和产品信息的不了解，或者是潜藏着与竞品的比对等，大多数问题背后都潜藏着可以进一步推动用户体验的机会。对问题的总结归纳和模型化、对用户问题的及时响应、通过问答引导用户体验，这些都是店铺运营的重要工作。用户的询单转化率（询单咨询后下单人数占咨询人数的比例）是检验问题模型有效性和问题响应及时性的试金石。

搜索引擎优化（Search Engine Optimization，SEO）是通过优化产品标题、上下架时间和类目等获得更好的排名。消费者搜索产品是带着需求去的，搜索引擎根据关键词做好整理，将好产品推荐给用户，也为品牌带来客流量。产品的上下架时间、产品销量（特别是近 30 天销量）、用户收藏加购数量、用户好评率，甚至参与公益和消费者保障等都是优化的重点。品牌还需要自主地通过各种方式，在用户的网络旅程中布点，与用户产生更多的连接，这样才能顺应电商平台的系统设置，更好地出现在用户 App 的首屏上。

价值营销的主要观点

- 白酒线下营销在销售实现环节更像是一种"人找货"或"人到场找货"的逻辑。数字营销带来的改变就是从"人找货"到"货找人"的变化。
- 无论是线上营销还是线下营销,用户都是企业最重要的资产,管理用户资产就是管理生意增长和生意规模。
- 运营用户的目的是推动用户的认知转变,使品牌定位在用户心智中扎根。所以,运营用户要不断反馈用户的共性认知,以便对用户精准地画像。还需要对用户中的目标顾客持续深刻地洞察,并由此产生和修改广告创意。

第四部分

营销管理篇

- 第十七章　营销管理
- 第十八章　营销计划

第十七章 营销管理

一、白酒营销管理的三个基本规则

白酒营销管理涉及三个核心的基础运营规则，分别是市场费用管理、绩效管理、产销协调管理。市场费用管理是解决销售费用怎么使用、如何管理，使企业所获得的效益最大。绩效管理是解决如何要求销售人员的工作过程，使企业在营销上获得的人力效能最高。产销协调管理是如何用最小的代价满足不确定的销售计划，使企业在产品供应端的效率最优。

（一）市场费用管理

市场费用管理的基本原则有下述六点。

1. 费用项目化

费用项目化的关键有两点。一是把主要营销资源通过费用项目的方式固化，让营销人员在相对聚焦的范围内思考问题。白酒营销涉及的市场费用按类别可以分成广告宣传类、促销类、支持补贴类等，每个类别下根据企业需要可以细分项目，每个项目又可以设定若干明细。比如促销类可以按促销受益对象分成经销商促进、批发商促进、终端商促进、消费者促进，终端商促进又包括终端包量奖励、终端陈列奖励等。二是把公司重要的营销项目费用单列，按项目的方式管理重要市场活动，比如深度分销的"驻地业务员费用""黄金网点陈列费用""回厂游专项费用""主题会销专项费用"等。

2. 费用性质

费用性质要区分固定费用、变动费用和价格政策。固定费用就是与销售不直接挂钩的费用投入，其构成主要的营销风险，如人力成本、广告费用等。这些费用往往是重要的战略性投入，随着销售规模的扩大，固定费用占比会摊薄。变动费用是指费用额度与销售挂钩的费用，这些费用的开支不能超出产品的综合毛利，因为费用是按销售的确定比例发生，一旦毛利不能覆盖费用，亏损就难以控制。价格政策包括给经销商的返利，长期固定的促销投入也可能成为价格政策的一部分。判断费用是否属于价格政策，主要是看费用是否影响到价格，其次是看费用是否进入财务折让科目，如果是影响价格的折让，如随货搭赠、确定性返利赠酒等，应该计入价格政策，也就是说产品的毛利是剔除这部分费用来计算的。

3. 市场费用来源和去向收支两条线管理

通过销售计提费用合理控制营销风险。计算市场费用的来源，要先为每个产品设定市场费用投入比例，随着产品销售进度，这个比例乘以销售金额得到"可控费用投入"。市场费用的去向要统计所有市场费用的申请金额，这个金额是预计要支出的费用，还要统计实际核销支出的市场费用金额，这个金额是企业实际支出的市场费用。"可控费用投入"分别大于这两个统计金额，说明费用没有超支；大于实际核销支出额，小于申请金额，说明未来可能存在兑付风险的大小；小于实际核销金额，则说明费用已经失控。

4. 建立费用分级授权标准

让花钱的人承担更多决策责任。市场费用的分级授权标准有两个含义：一是绝对金额的分级授权，比如一店一策费用，授予销售区经理有多少金额的决策权，让制定政策的效率更高；二是为不同层级建立费用独立核算的"小账册"，把产品费用来源比例分配给不同层级就可以计算不同层级的"可控费用投入"，按不同层级的费用申请与核销就能统计不同层级的费用使用情况。分级授权后可以根据不同层级的关注点对费用进行聚焦和专项规划，比如开展圈层直销模式，销售区更愿意用"家宴"费用资源吸引经销商打款，大区更愿意把自己的费用变成大区直投的"主题会销"来推动销售，营销公司更希望经销商带人回厂体验，所以聚焦"回厂体验游"费用来培养深度用户。再比如开展深度分销模式，销售区愿意用"终端进货奖"甚至"经销商达成奖"来吸引经销商打款，大区更愿意用"黄金网点专项费用"建立扎实的销售基础，营销公司从长期来看更希望市场把"驻地业务员"落到实处，建立起深度分销的系统。

5. 费用管理科目和会计科目的口径统一

市场费用管理是依据费用的对象、类别和性质、支付方式，甚至行业的约定俗成来设定费用管理的科目，而且会根据营销需要调整科目或称谓。会计科目是按照财务做账的规范设定的，科目之间的内涵一致和口径统一非常重要。另外，市场费用统计中有很多是"预提制"，通过预提的方式让费用周期与销售周期对应，有助于销售分析。但是财务的很多科目是按照"收付实现制"入账的，常常会存在数据不一致的情况，所以更需要科目内涵和口径统一。

6. 建立"预算、申请、使用、核销、分析改善"的管理闭环

市场费用的预算是年初随着营销计划一起制订的，年度营销计划里包含了分区域、分产品、分月的销售预算，也包括分级授权的市场费用来源和分类分项的市场费用去向，还包括人力编制和到岗进度以及由此产生的人力费用和管理费用等。预算是营销计划的数字化表现，是支持营销计划的资源使用计划。市场费用预算要清楚地指向营销策略和具体的营销措施，空洞的费用罗列不是预算。费用的申请是使用者在使用费用之前的必需程序，涉及不同的审批权限和费用来源是否充足的审核。费用的使用是执行者具体使用资源的情况，也包括费用使用的方式（客户垫资后核销、公司直接支付等），费用使用情况由执行者定时汇报，督导部门不定期检查，费用核销同样是由使用者发起的报销流程，对应审批权限和费用来源是否充足的审核，以及费用余额不足的措施。分析改善是市场费用的优化环节，费用项目化以后可以便于数字化管理，以及便于不同使用者的横向效果比较，营销的月度会议和季度会议是费用分析改善的重要时间节点。

（二）绩效管理

绩效管理是指如何通过管理手段让员工产出更高绩效的过程，包括绩效计划、绩效辅导、绩效应用。

绩效计划包含在营销计划的目标之中，由财务目标和过程指标组成，绩效管理的目的就是高质量地达成组织目标，不能抛开营销目标再单独设定绩效计划。

绩效辅导包括目标管理、过程管理、结果管理，也称为树目标、追过程、拿结果。

（1）树目标。很多人错误地把树目标看作销售工作开始前的准备阶段。其

实，树目标本身就是销售工作的第一步，合理的目标是销售成功的内在驱动力和重要保障。目标不明确或者太高或太低，都有可能在斗志、心理状态及工作方法等各个方面给业务员带来负面影响。树目标需要把目标定到每一天和每一个业务人员，需要带着完成目标的意识进行每一天工作、每一次拜访。目标要精准定量后严格执行，也需要积极反省及时调整目标，让目标量保持在团队的平均水平线。

（2）追过程。追过程是每天的业务跟进和辅导，每天晨会帮助业务员梳理当天工作目标和完成目标的方法，晚会是听取业务员汇报当天工作，快速回复他需要支持的事项，其他时间开展对业务员拜访检查、资料检查、协同拜访、示范教练等工作，通过早晚会和帮扶、协同等动作帮助业务员达成目标。追过程以周为管理周期，每周分析业务员目标完成进度、工作实施进度、问题解决程度、下一周的目标和计划。

（3）拿结果。拿结果是指每个人都要努力完成自己的目标，对主管来说团队结果是他全部的结果。在达成团队整体结果的过程中，主管必须优先关注和倾斜资源给优秀业务人员，这样才能保障目标达成。同时，主管要根据二八原则，重点关注前20%的关键客户，通过他们拿到结果。

白酒营销的绩效考核周期一般以月和年为单位，每月考核业务人员的销售回款和销售过程、全年计算边际贡献和目标完成情况。绩效考核的本质是过程管理，而不仅仅是对结果的考核。绩效考核的指标来源于营销目标，其中财务目标是考核经营结果，过程指标是考核工作过程，两方面指标的权重根据淡旺季有所不同。过程目标考核必须量化，要制定数据抓取的方式和评价标准，考核结果及时体现到每个月。过程考核指标项目也要依据工作进度调整，项目不能太多也不能全年项目都不变。对不同层级的岗位应有不同的考核项目和权重，主要的过程考核指标应是直接上级确定的，不是人力资源部门确定的。

绩效考核结果的应用范围主要体现在以下3个方面：

（1）引导员工行为。"员工不是做你期望的而是你考核的。"绩效考核的项目就是为了引导员工按照设定的重点开展工作，倘若考核项目过多反而会失去工作重点，而且员工也很难同时关注多个重点。绩效考核的结果对员工进行强制分布，企业奖优罚劣，让优者更优，让"良币"带动"劣币"甚至驱逐"劣币"，使组织整体效能加强。

（2）帮助上下级构建伙伴关系。上级的绩效管理工作不仅仅是制定考核目标，还有责任辅导下级绩效达成和提高。绩效考核要建立起连带负责关系，下属的绩效结果影响主管的绩效结果，促使主管帮助员工改进工作或者进行人力优化。

（3）提供上下级改善的建议。员工绩效不达标有三方面原因：一是员工能力不够，可以通过改善知识、技能和经验来达到改善能力的目的；二是员工态度不好，若是因为他不想干好所以绩效下滑，则需要了解员工的价值观、认知和情感，有针对性地改善工作态度；三是主管的目标设定问题，如果主管缺乏对达成绩效具体工作的认知，或者盲目高估下属的能力，或者设定不切实际的考核项目或指标，都可能导致下属绩效结果不达标，这个时候需要辅导的是主管而不是员工。

（三）产销协调管理

大部分白酒生产企业都是把生产和销售设计成两个独立的主体。白酒生产的主要过程包括发酵、分质（分轮次）摘酒、原酒储存、基酒勾调、产品灌装等多个环节，其中发酵加上存储时间，使白酒生产有周期长的特点，再加上不同质量酒体分质储存，以及基酒勾调创造出风格差异的酒体，白酒生产又具有多品种的复杂性。白酒销售的淡旺季差异大，销售与消费的时间跨度大，叠加产品长效期，以及多SKU[1]同时并存，造成了白酒生产和销售的协调性很差。

白酒的产销协调核心有以下三点：

（1）产品分类管理，对不同产品采取不同的方式，核心大单品用安全库存来保障，定制、文创、时效性产品按订单生产。

（2）原物料和广告促销品按照通用性和成本占比分类，开展VMI[2]供应商库存协同管理。

---

[1] SKU（Stock Keeping Unit，库存量单位）：库存进出计量的基本单元。

[2] VMI（Vendor Managed Inventory，供应商库存协同管理）：是一种以用户和供应商双方都获得最低成本为目的，在一个共同的协议下由供应商管理库存，并不断监督协议执行情况和修正协议内容，使库存管理得到持续改进的合作性策略。

（3）滚动销售计划与生产计划合并，控制供求弹性减少信息流失。

产销协同的本质是计划管理，分为产销年度计划、产销季度滚动计划、产销周产计划。

1. 产销年度计划

产销年度计划分为销售年度计划、生产年度计划、采购年度计划。通过年度计划的制订，便于在年初对生产产能、供应商、全年资金流等的评估和资源分配。

（1）销售年度计划：指销售部门根据公司发展战略、资源配比、市场容量，客观、科学地制订出全年销售任务，销售任务要求分解到月度、品种、数量。

（2）生产年度计划：指生产部门根据销售年度计划、产能、产品安全库存等，按月制订产品品种、质量、产量和产值等生产任务的全年生产计划和对产品生产进度的安排。

（3）采购年度计划：指采购部门根据销售年度计划，分月制订各品类包装材料、辅料、酒水的全年采购计划，分析供应商的供货能力，合理分配采购资源。

2. 产销季度滚动计划

执行年度计划时，以季度滚动方式对年度计划进行调整修订。季度滚动计划和月度计划相结合执行，是销售、生产、采购维系最为紧密的计划，是对年度计划的修正和调整。季度计划中的第一个月也是真正的月度计划，要求准确率高，第二个月和第三个月是为生产和采购做预期的一个计划，特别是生产周期大于一个月的产品，可以根据季度滚动计划做适量的备货和安排。

（1）季度销售滚动订单计划。

销售部门以月度订单计划和季度订单计划相结合的形式提报，每月固定时间上报季度销售滚动订单计划，其中季度第一个月的订单计划要求销售部门分解到产品品种、数量、提货时间（天），第二个月和第三个月的订单计划要求销售部门分解到产品品种、数量。

1）订单计划一单一号，每个客户分配一个编码。客户在月初下月度订单时严格填写订单号（编码+序号），订单号码具有唯一性，月中发提货单时客户也要填写订单号，运营部门根据订单号码进行生产发运，该号码作为客户随时查询货物信息的依据，直到货物发运到客户仓库为止。

2）每单货需要按最低发车量批次订购，其中季度第一个月销售订单不允许再做修改调整，严格按照订单品项和数量发货，月初无订单产品不能保证发货时间。

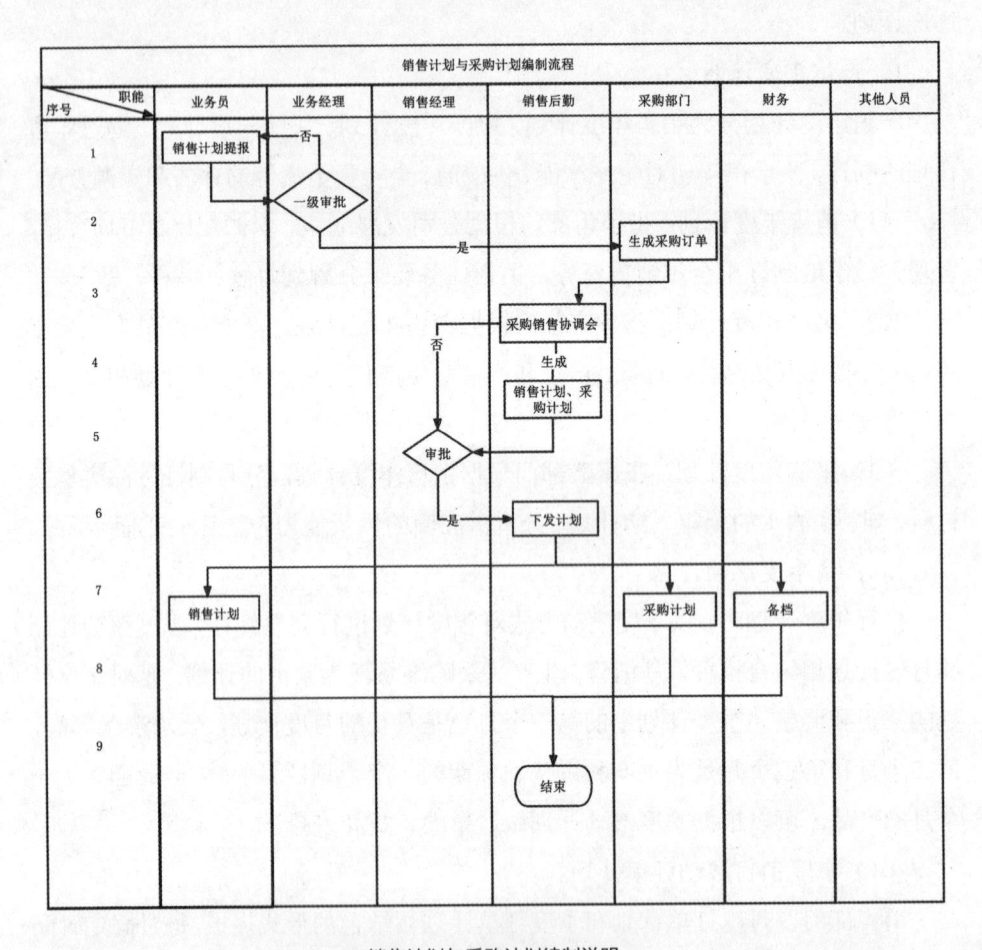

销售计划与采购计划编制流程

序号	职能	业务员	业务经理	销售经理	销售后勤	采购部门	财务	其他人员
1		销售计划提报						
2			一级审批（否/是）			生成采购订单		
3					采购销售协调会			
4					生成销售计划、采购计划			
5					审批（否/是）			
6					下发计划			
7		销售计划				采购计划	备档	
8								
9					结束			

销售计划与采购计划编制说明

序号	步骤内容	执行部门和岗位	涉及控制程序及表单
1	业务员根据客户库存和月需求量制订月度销售计划（电子档），月中根据月度销售计划允许对周计划做调整一次	销售部门业务员	1. 月度销售计划表 2. 周销售计划表
2	业务经理根据业务员提报的月度销售计划，结合产品结构、年度预算等对销售计划进行一级审批	销售部门业务经理	1. 月度销售计划表 2. 年度销售计划表
3	一级审批后的月度销售计划传送至采购主管，采购主管根据月度销售计划和库存层别表制订月度采购计划，分析临期产品库存	采购主管	1. 月度销售计划表 2. 库存层别表 3. 月度采购计划表

续表

序号	步骤内容	执行部门和岗位	涉及控制程序及表单
4	销售后勤部门组织召开供销协调会，参加人员（销售经理、业务经理、采购主管、销售后勤、财务人员）共同调整销售计划、采购计划，提报临期品库存，由销售部门出台处理意见	相关部门主管	月度采购计划表
5	通过供销协调会生成调整后的月度销售计划表和月度采购计划表	销售后勤	1. 月度销售计划表 2. 月度采购计划
6	销售经理审批	销售经理	月度销售计划表
7	销售后勤部门下发计划，财务部备案，保证当月现金流供应	销售后勤、财务部	1. 月度销售计划表 2. 月度采购计划
8	销售后勤人员打印客户月度销售订单，由业务员完成客户对订单的签字盖章，后交由后勤人员备案	销售部	月度销售订单
9	采购部门执行计划	采购主管	月度采购计划表
10	流程结束	无	无

（2）季度滚动生产计划、季度滚动采购计划。

1）生产和采购根据季度滚动订单计划制订相应的季度滚动生产计划和季度滚动采购计划。

2）生产根据销售部的季度滚动订单计划合理分配产能，其中季度第一个月按品种、按天做排产计划，第二个月、第三个月按品种总数做排产计划。每月固定时间将季度排产计划报送采购和销售。

3）采购根据季度滚动生产计划制订季度滚动采购计划，其中第一个月的采购计划要分解到采购品种、到货时间、供应商选择，第二个月、第三个月按采购品种、数量做采购计划。

4）采购于每月固定时间将季度滚动采购计划传递给生产调度，同时把采购需求传递给供应商。

3. 产销周计划

（1）销售部门每周六对有订单调整需求的客户进行一次订单修订，信息提报（如取消订单、修改订单、追加订单）给销售内勤（开票员），但调整的订单均按照追加订单处理，并对相关市场业务员做提货率考核。

订单执行流程

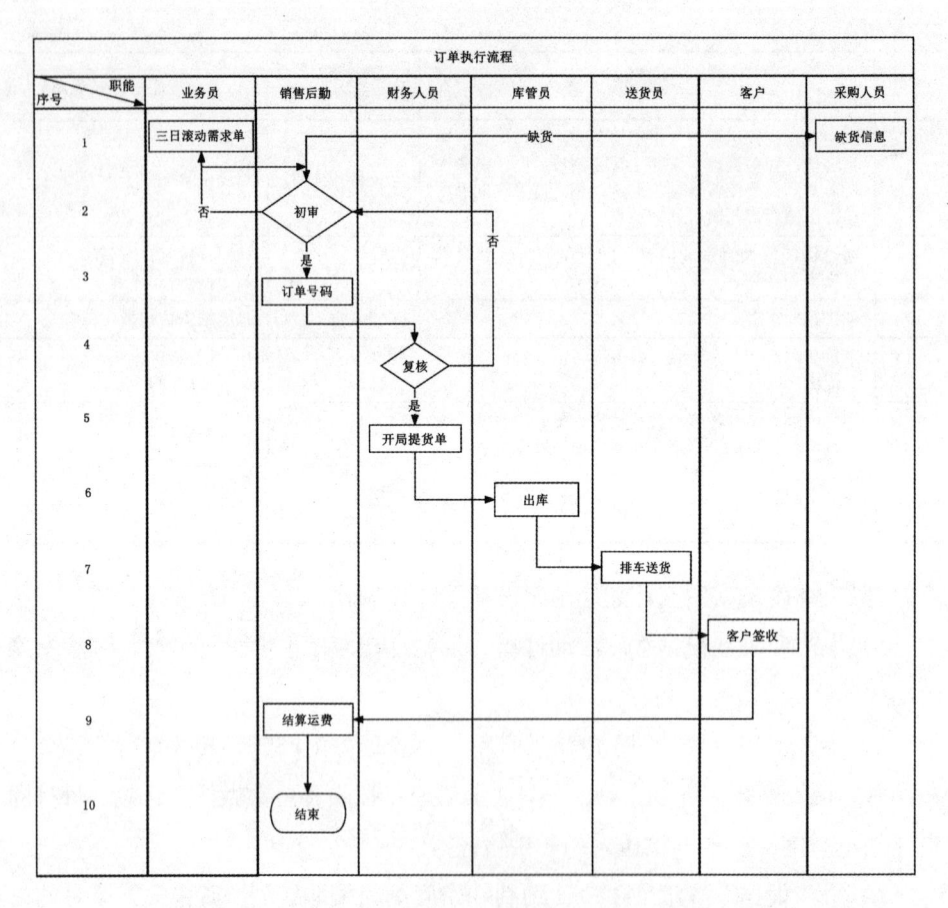

序号	职能	业务员	销售后勤	财务人员	库管员	送货员	客户	采购人员
1		三日滚动需求单			缺货			缺货信息
2		否	初审		否			
3			订单号码					
4			复核					
5			开局提货单					
6					出库			
7						排车送货		
8							客户签收	
9			结算运费					
10			结束					

（2）销售内勤把汇总后的订单调整需求传递给生产内勤，生产内勤根据调整后的周订单对原周排产计划进行调整，周六下班前将排产计划提报给采购。

（3）采购根据周要货计划制订包材、酒体的周到货计划，周一上午提报给生产调度。

订单执行流程编制说明

序号	步骤内容	执行部门和岗位	涉及控制程序及表单
1	业务员提报三日销售滚动订单计划（通过电话、邮件或传真接收客户订单）	业务员	客户提货单
2	接单员接收订单（将接收到的电话和邮件订单转换成书面订单）并对订单进行编码，初级审核订单品种、数量、单价、库存（对缺货产品进行排单并在汇总表上标注欠货情况，传递给采购部门）	销售后勤接单员	订单汇总表

续表

序号	步骤内容	执行部门和岗位	涉及控制程序及表单
3	查款、二次审核产品单价,打印出库单(一式四联:财务自留一联、司机一联、库管员一联、客户一联),编制销售日报表	财务人员	1. 销售日报表 2. 出库单
4	库房管理员根据出库单组织产品出库,登记出库产品生产批次	库房管理员	产品出库生产批次登记表
5	送货员根据客户地址合理安排送货路线,送货(带客户联、司机联)	送货员	无
6	客户签收(司机联签字),要求签字人员必须是协议人或被授权人	客户	无
7	送货员带回客户签收联返回公司结算运费	送货员	无

二、用知识管理把岗位经验内化成企业自己的营销文化

什么是知识管理？把通用的营销理论、知识、方法和企业在相关岗位上的实践经验结合、内化，转化成企业自己独有的知识产品，通过培训和管理手段加以贯彻，使它可以指导营销实践，并在实践过程中不断印证和升级知识产品，最终理论和实践得以互相促进、互相指导，这个过程就是知识管理。知识管理是一个将岗位经验显性化、标准化、模型化、系统化的过程，包括把隐含在营销一线的实践经验发掘、提炼、融入营销理论，也包括对营销动作的具体环节进行分解、模拟、发散，转化成营销人员可以直接使用的方法、话术、工具箱，整个过程可以分成以下5个步骤：

（1）结合企业需要，把通用的营销知识分类形成教材、表单。

白酒营销所需的营销知识可以采用两个分类维度：一是按照知识类别分成企业和产品介绍、销售工具、营销管理、心理建设、内训师训练；二是按照岗位的应知应会进行分类，针对不同岗位所需要掌握的知识分别归类。每个岗位的知识还应该分成岗前知识和到岗后知识，岗前知识是员工应接受的岗前培训，到岗后知识是指员工到岗半年或一年内应知应会的知识，这是帮助员工符合岗位需求的合格性培训。这个步骤称为"通用理论结构化"。

（2）开展内训，选择要研讨、总结、提炼的题目，组织员工收集答题信息。

选题内容包括企业和产品介绍话术、销售场景模拟、客户分类标准等。向员

工收集答题信息，引导员工有针对性地思考、总结。允许员工提出不同意见，但更重要的是要引导员工提出解决办法，也可以组织跨岗位的题目研讨，并不仅限于在本岗位范围讨论自己的议题，这有利于工作协同能力的加强。这个步骤称为"隐性经验显性化"。

（3）对研讨的过程和结果进行标准化管理。

公司要给予员工必要的指导，包括研讨的形式、题目的解释。对收集的答题要及时反馈和确认，有些业务员并不一定能准确表达自己的意思，或者是用套话应付（提高终端配合度关键是利润，要帮他创造利润），或者是把常识当成技巧（我把账跟老板一算，一个宴席套餐他能挣多少钱，他就进货了，所以做好铺货关键是算清利润），又或者是一些错误的技巧（我跟老板说卖不掉随时可以退货，他就进货了），等等。对答题员工要及时确认他的意思，通过点评答题和范例培训告诉员工什么样的答题是有价值的，让大家自己体会。研讨的结果要进行标准化输出。这个步骤称为"显性成果标准化"。

（4）对营销过程中重复的内容（往往是重要的工作模块）进行模型化管理。

模型是对知识组成结构的固定化，包括行动模型、思考模型、问题模型。行动模型是对重复营销动作的固定，如新品带货集中铺货、终端拜访和客户拜访等。思考模型是指导员工用结构化思维来做工作规划和汇报，如白酒营销战略模型、企业/品牌营销计划、区域市场增量方案等。问题模型是员工解决具体问题的工具箱，把问题进行分类，具体的问题和解决办法放到一起，员工遇到问题的时候按图索骥，快速找到可以参考的应对办法，如拜访破冰技巧、电话陌拜问题应对等，大的分类里面再有小的分类，让业务员可以快速搜索。越是模型化的东西越方便管理，也越具备实战指导意义。这个步骤称为"标准内容模型化"。

（5）用知识管理提升运营能力，支持关键营销过程的优化。

营销战略目标中涉及价值指标或过程指标，当知识模型的内容涉及这些关键过程指标的达成时，就具备了明确和直接的意义，重复使用和不断优化这些知识将有效提高企业的运营能力。因此需要把这部分知识管理的内容形成专项管理，由专人负责，制定目标、流程、标准、检查并纳入相应人员的考核工作。这个步骤称为"关键环节系统化"。

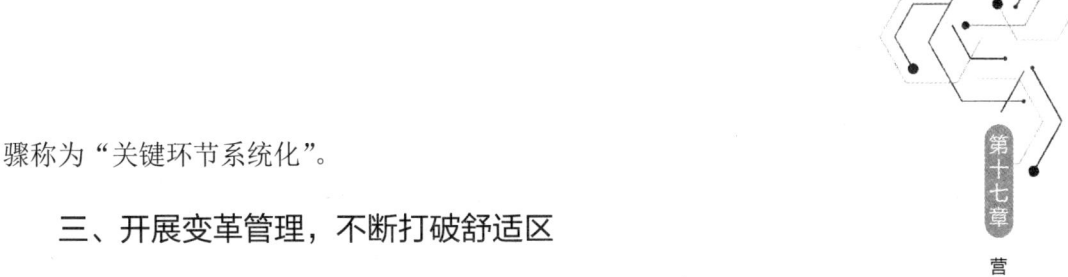

三、开展变革管理，不断打破舒适区

企业引入新的销售模式、管理措施，或者是老业务降本提质增效，都有可能影响员工的既得利益，改变习惯的工作方式，触及员工的舒适区，这个时候就需要对企业的变革进行管理。变革管理就是在企业内部推动创新、推动改革、推动新项目的一些经验和方法。企业的变革阻力主要是来自内部员工，从工作的状态上企业内部员工大致可以分成以下三类：

（1）"躺平"型员工。工作上偷懒耍滑，能少做绝对不多做，奉行"少说少做少错"的原则。这种员工要么是家里没有经济压力，要么是多年徘徊在同一个岗位不受重视的老员工，要么是选错岗位对工作没有兴趣、对企业没有归属感，又或者是社会经验尚浅还没有找到努力的方向。正常来说企业都会遇到这类员工，但是在企业里数量不会太多。然而在有些制度过于死板的大企业或者一些存续时间很长曾经很辉煌现在落寞的老企业，这类员工数量偏多，整个企业的创新氛围很差。还有些企业因为老板太强势，决策习惯独断，对员工特别是亲近员工习惯性批评，造成员工投其所好工作，这种企业里"躺平"型员工也会偏多。

（2）认真型员工。按时上下班，服从工作指令，但是缺乏主动性和工作热情，工作方法缺少创新，对企业的归属感不强，奉行的原则是"拿多少钱做多少事"。这种员工基本上不会主动找事情干，也不会主动加班。大部分企业里，这类员工占多数，企业工作氛围的改变也主要依赖他们的工作状态，企业变革管理的关键是争取这类员工的支持和参与。

（3）拼命型员工。工作非常主动、拼命，对增加工作量没有怨言，对能帮助自己的新方法、新工具也乐于接受。这类员工的工作态度或许是为了工作中的成就感，或许是因为在工作中成长进步，更多可能是为了工作的收入。招到这样的员工是运气，留住这样的员工需要靠企业文化和激励。企业的变革需要这类员工带头突破，企业文化建设的结果是这类员工占比越多越好。

在企业内部推动一项变革时，把员工状态的变化设定成四种情况，同时也对应着变革推进的不同程度，这四种情况按照参与变革的态度分别是无关群众（对企业变革项目不关心、不参与）、吃瓜群众（关注变革项目但是不主动参与）、听话群众（接受工作安排，执行具体的变革行动）、朝阳群众（积极主动参与变革行动，并且监督他人共同实施）。推动变革就是不断地把事不关己的"无关群众"变成关注项目的"吃瓜群众"，进而参与项目成为"听话群众"，最后是让每个人都能像"朝阳群众"那样积极主动，让项目形成"自我驱动力"。整个过程可以分成3个阶段6个步骤。

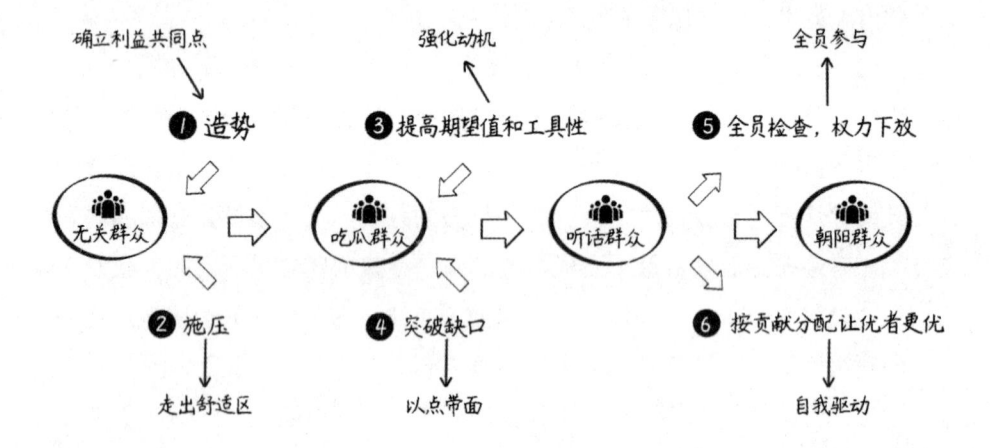

```
确立利益共同点          强化动机              全员参与
      ↓                  ↓                   ↓
  ❶ 造势          ❸ 提高期望值和工具性      ❺ 全员检查，权力下放
      ↓                  ↓                   ↓
  (无关群众) → (吃瓜群众) → (听话群众) → (朝阳群众)
      ↓                  ↓                   ↓
  ❷ 施压           ❹ 突破缺口          ❻ 按贡献分配让优者更优
      ↓                  ↓                   ↓
  走出舒适区          以点带面              自我驱动
```

从"无关群众"到"吃瓜群众"，首先需要让群众认识到变革与自己有关，通过"造势"让大家知道公司要干什么。但是，仅仅知道这个事情与自己有关是不够的，还要让大家知道这个事情对自己是有好处的，要找到企业和员工在变革中的利益共同点。如果员工不能清晰地知道变革对自己有什么好处，那么再好的改革措施他也不会关注。

当然，仅仅依靠"造势"不一定就能让员工顺利转变角色，因为员工如果正处在舒适区，那么是没有动力去改变的，即使知道变革对自己有好处，但是因为对现状满意或者麻木，没有足够的动机促使他行动。这就需要第二个步骤"施压"，通过施加让员工感到"不舒服"但又不至于"痛苦"的压力让他们离开自己的"舒适区"，改革的前提不是让员工觉得舒服，而是要让他们觉得不舒服。对员工施加的压力包括调整绩效指标项目和目标、调整费用投入方式、加强过程管理要求等。通过施加压力让员工产生参与变革的"动机",有了动机之后才可能行动。

从"吃瓜群众"到"听话群众"是让员工行动起来参与变革,这个过程需要把员工参与的动机提升到一个极高的程度才能促成行动。根据美国著名心理学家和行为科学家维克托·弗鲁姆的激励理论,员工对变革的积极性取决于三个因素:变革实现之后的收益大小(收益值)、变革实现的可能性大小(期望值)、帮助个人实现变革的非个人因素(工具性)。企业可以通过"描绘蓝图"向员工展示未来的收益值,向员工说明需要他们参与的程度和要达成的目标完全在他们的能力范围之内,以此来提高他们的期望值。但更重要的是展示激励的工具性支持,包括组织的支持、老板的决心、环境的条件等,这些措施都是为了强化动机。

动机=收益值×期望值×工具性

强化了员工的动机还不能保证所有人都能立刻参与变革,因为有句俗话是"枪打出头鸟",人们往往不愿意自己当出头鸟,而是更愿意观望和追随,他们往往追随的是"成功"而不一定是"对错"。推动变革的第四个步骤就是"突破缺口",找到拼命型的员工,帮助他们达成变革目标,通过不断地塑造标杆建立起一小部分先行动的群体,用这个群体的示范作用去带动其他人,这称为"群体行为改变个人行为"。

变革管理的目标是让员工的工作状态都变得像"朝阳群众"那样,主动、积极而且有主人翁的责任感和自豪感,让变革项目能够形成自我驱动、自我优化。从"听话群众"到"朝阳群众"是员工在工作状态上质的飞跃,在心态上最大的变化是有了工作主动性和主人翁精神,管理措施上最重要的推手就是激发员工的参与感。通过全员检查,让员工从"被检查被管理者"转变成"执法者",提高员工的自我约束力。企业要制定简单直白的检查标准,反复培训员工,让他们来交叉检查和规范其他人的行为。通过下放部分"制定策略"的权力,特别是员工需要反复用到的策略、工具、政策等,让"听得见枪炮声的人指挥战斗",把员工变成管理者,使项目自内而外的优化完善。

要长久保持员工积极、主动、自觉工作的状态,还不能只依靠全员参与,必须与"收益值"挂钩。因为员工的工作状态和贡献不可能完全一致，需要设定公开、合理的绩效评价标准，将员工的行为贡献和价值贡献进行强制分布，通过公开透明的激励措施"奖优罚劣"，在多劳多得的基础上让"优者更优"。

以某团骑手的奖金机制为例，骑手每周送 200 单以下，只能获得 2 元/单的奖金，每周奖金收入不超过 400 元，这个奖金计价就是给那些"躺平"的员工设计的。如果骑手每周送到 200~400 单，可以拿到 4 元/单的奖金，他的每周奖金收入变成了 800~1600 元，大部分骑手的收入在这个区间。如果骑手特别积极主动地拼命工作，他每周的送单超过 400 单，那么奖金变成了 6 元/单，每周奖金收入不低于 2400 元。当一个骑手每周都能拿到高收入的时候，慢慢就会影响身边认真工作的同事，越来越多认真工作的人转变成拼命工作的状态，企业的绩效就会大幅上升，那些不愿意改变的"躺平"员工如果主动离开，企业的整体效益和氛围可能会有改善。

躺平的 ＜200单，2元/单，200×2=400元/周

认真的 ≥200单，4元/单，200×4=800元/周

拼命的 ≥400单，6元/单，400×6=2400元/周

总结企业的变革管理，从"无关群众"到"吃瓜群众"，关键是要改变他们的**"认知"**，让他们认识到改变与自己相关且有好处，不改变就不会舒服。从"吃瓜群众"到"听话群众"，关键是激发他们**"行动"**，需要强化他们的参与动机，还要树立标杆以点带面。从"听话群众"到"朝阳群众"，关键是转变他们的**"态度"**，既要让他们主动参与更高层次的工作，又要用实际的激励手段让优者更优，让良币驱逐劣币，让每个人对自己的行为负责，公司对每个人的贡献负责。实现这三个阶段的转变需要六个措施。造势确立共同利益，提高期望值和工具性来强化动机，以发动全员检查和权力下放来提高参与度，这三个措施是给变革提供对

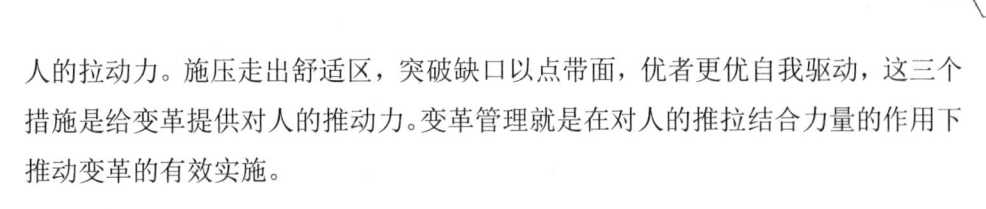

人的拉动力。施压走出舒适区，突破缺口以点带面，优者更优自我驱动，这三个措施是给变革提供对人的推动力。变革管理就是在对人的推拉结合力量的作用下推动变革的有效实施。

四、营销会议是为了提高效率，杜绝无效会议

开会是营销管理必不可少的手段，但是要避免频繁地中断销售人员的市场工作来参加会议，更重要的是要杜绝不出结果、不解决实际问题的无效会议。对常规的营销会议要确定召开时间、参加人员、会议主题、会议形式、会议时长、会议资料、输出结果等。按照"年预算、季复盘、月考核、周追踪、日记录"的营销管理节奏，销售人员参加的常规营销会议分为季度战略复盘会议、月度销售计划和考核执行会议、周工作检查和计划会议、市场早晚业务会议，具体会议要求如下：

营销业务会议要求一览表

会议主题	主持人	会议形式	参会人员	召开时间	会议时长	会议资料	会议成果
1. 大区季度销售分析和计划 2. 大区季度费用计划 3. 职能部门工作述职和下季度计划	营销总监	书面汇报、投影、讲评	营销总监、大区经理、职能经理、储备干部	每季度10号前	6~12小时	大区总监季度报告、职能部门季度报告、优秀市场季度报告、上月基础数据	1. 业务主管工作检查简报 2. 营销中心年度营销计划修订版 3. 会议决议 4. 大区和职能部门工作计划
1. 区域经理上月总结和下月计划 2. 区域市场费用执行检查 3. 重点市场工作检讨和计划	大区经理	书面汇报、投影、讲评	大区经理、区域经理、市场主管	每月3日~6日	6~8小时	区域经理月会报告、重点市场月报告、大区当月工作报告、上月基础数据	1. 会议决议 2. 销售区月工作计划 3. 管理考核简报 4. 下月KPI[1]考核汇总表
1. 重点市场周销售总结和计划 2. 重点市场周费用执行检讨 3. 核心终端周销售总结和案例分享	重点市场经理	口头汇报、讲评	重点市场经理、当地业务员、当地经销商负责人及当地客户业务员	每周六上午8:30—10:30	2小时	经销商进销存、终端市场检查表、促销员周报表	重点市场周报表
1. 前日工作汇报及今日工作安排 2. 今日工作反馈与工作检查反馈 3. 业务问题协调	重点市场经理	喊口号、口头汇报、讲评	重点市场经理、当地业务员、当地客户业务员	上午 8:40—9:10 下午 18:00—18:30	30分钟	市场信息、终端市场检查表	1. 当日工作及线路安排 2. 一店一策方案提报

❶ KPI（Key Performance Indicator，关键业绩指标）：是通过对组织内部某一流程的输入端、输出端的关键参数进行设置、取样、计算、分析，衡量流程绩效的一种目标式量化管理指标，是把企业的战略目标分解为可运作的远景目标的工具，是企业绩效管理系统的基础。

季度战略复盘会议是营销总监召集大区经理和营销职能部门，以年度营销计划为参照，对大区和职能部门的季度实际执行情况进行分析研讨。会议的形式是大区经理和职能部门对照计划详细述职，对与计划存在差异的地方分析原因和研讨改善措施，对下季度工作制订详细计划，提出资源需求和配合需求等，营销总监组织团队对各述职内容展开询问和讨论。会议最后要输出各大区和部门季度工作计划，要通报上一季度工作检查结果及奖惩措施，根据实际情况修正和细化公司年度营销计划后续部分，以及其他以会议决议的形式确定的事项。

　　"会议决议"不是冗长的会议记录，而是提取关键事项、负责人、完成时间的工作布置和决定。可以把不同时间召开的同一个会议的每一期会议决议都以工作表的形式放到一个 Excel 文件中，每次会议开始前先追踪前次会议决议的执行情况，也可以回溯之前的决议事项，如果发现某个事项多次提及，说明这个问题一直没有解决，往往是关键问题，需要深入分析和投入资源去解决。

会议决议

会议名称	××大区××月营销月会		
会议时间		会议地点	
会议主持		会议记录	
参会人员			
序号	决议工作事项	责任人	完成时间
1			
2			
3			
4			
5			
6			
7			
8			
9			
10			
11			
12			
13			

续表

14			
15			
16			
17			
18			
19			

审核：_____　　　　制表：_____

每月召开的月会是个人和基层组织横向比较，是管理层与基层主管沟通策略和资源的主要时机。月会是业务主管代表基层团队的述职和经验交流会议，其主要形式是业务主管汇总区域相关数据进行汇报，包括上月工作执行情况、工作中存在的问题与改善计划、区域团队情况、下月工作计划、资源需求等。上级领导和其他职能部门就汇报内容进行交流，对上月工作信息和下月计划达成一致认知。月会的输出结果是销售区的月工作计划、会议决议和业务人员日常管理考核简报。

汇报内容

序号	表单
1	本月产品进货达成：业务区域内的销售回款和进货数据
2	本月渠道出货明细：业务区域内的分渠道出货销售数据
3	本月经销商进销存统计：业务区域内主要经销商的进销存数据
4	本月黄金网点进销存统计：业务区域内主要核心终端的进销存数据
5	本月市场覆盖状况：业务区域内不同渠道的铺货数据
6	本月核心市场氛围打造：业务区域内终端生动化实施数据
7	本月核心市场赠酒与客情：业务区域内核心市场意见领袖赠酒及客情赠酒统计
8	本月消费者培养：本月用于消费者体验的费用统计
9	本月促销执行情况：本月促销活动执行数据统计
10	本月人力到岗情况：业务区域内人员编制及在岗情况统计
11	本月工作检查情况：业务区域内各级人员工作检查执行情况汇总
12	问题分析与改善：业务区域内本月出现的主要问题及改善计划
13	下月销售与促销计划：下月销售回款计划和促销计划
14	下月覆盖计划：下月分渠道铺货和维护计划
15	下月消费者培养计划：下月消费者推广和消费者体验计划
16	本月优秀案例分享：业务区域内优秀案例分享

业务人员日常管理考核简报是主管针对业务人员日常拜访、铺货、生动化、一店一策等具体业务动作和管理措施的奖惩，这些奖惩不是员工的绩效考核，而是每天、每周进行的由直接上级检查或者员工交叉检查结果的奖惩。

业务人员日常管理考核简报

区域	市场	姓名	职务	考核项目	奖惩措施

说明：

1. 本考核由大区负责执行，包括周报表、业务主管工作检查表。
2. 考核方式为同一项目工作在同一年度内第一次不合规罚款100元，第二次不合规罚款500元，第三次不合规罚款1000元并降职，第四次不合规视为无法胜任岗位工作予以辞退。
3. 考核每月进行一次，结果在每月4日前公布，涉及的相关处理决定在本通知公布后3天内执行完成。

周会是在市场当地召开，业务团队全体参加，各项数据汇总公布，汇报上周个人/团队主要工作内容及结果，汇报下周团队/个人工作安排。周会的主要作用是绩效追踪和管理，必须将月度绩效目标和管理目标提前分解到每人和每周。业务主管要对绩效问题和管理问题进行辅导和调整。周会要坚持以问题导向，以发现问题和及时解决问题为主,通过发现和解决问题达成绩效。业务主管每周对重点工作要做出布置和清晰的指导。周会的输出结果是区域经理工作周报和黄金网点进销存统计表。

区域经理工作周报

日期:_____　　　　市场:_____　　　　负责人:_____

上周工作总结					
业绩达成(按出货,单位:件)	本月销售目标			上周销售目标	
^	本月累计完成			上周实际完成	
区域核心产品进销存	产品名称	期初库存	本周进货	本周退货	本周出货	期末库存
^						
^						
^						
^	其他非核心					
^	合计					
主要工作事项					

下周工作计划			
下周销售目标:	(万元)	下周经销商出货目标:	(件)
行程与工作计划	星期一		
^	星期二		
^	星期三		
^	星期四		
^	星期五		
^	星期六		
^	星期日		

市场黄金网点进销存统计

单位：箱

黄金网点分类	客户名称	地址	联系人	电话	当月信息				累计信息	
					月初库存	本月入库	本月出库	月末库存	累计进货	累计出货
乡镇大户										
	小计									
城区烟酒店										
	小计									
城区零售店										
	小计									

价值营销战略模型——用三大价值构建白酒营销系统

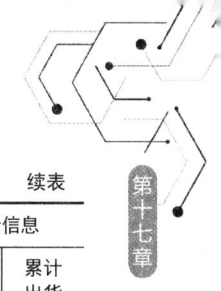

续表

黄金网点分类	客户名称	地址	联系人	电话	当月信息				累计信息	
					月初库存	本月入库	本月出库	月末库存	累计进货	累计出货
乡镇宴席酒店										
小计										
城区宴席酒店										
小计										
合计										

价值营销的主要观点

- 白酒营销管理涉及三个核心的基础运营规则，分别是市场费用管理、绩效管理、产销协调管理。市场费用管理是解决销售费用怎么使用、如何管理，使企业获得的效益最大；绩效管理是解决如何要求销售人员的工作过程，使企业在营销上获得的人力效能最高；产销协调管理是如何用最小的代价满足不确定的销售计划，使企业在产品供应端的效率最优。
- 把通用的营销理论、知识、方法和企业在相关岗位上的实践经验结合、内化，转化成企业自己独有的知识产品，通过培训和管理手段加以贯彻，使它可以指导营销实践，并在实践过程中不断印证和升级知识产品，最终理论和实践得以互相促进、互相指导，这个过程就是知识管理。

- 知识管理是一个将岗位经验显性化、标准化、模型化、系统化的过程，包括把隐含在营销一线的实践经验发掘、提炼、融入营销理论，也包括对营销动作的具体环节进行分解、模拟、发散，转化成营销人员可以直接使用的方法、话术、工具箱。

- 变革管理就是在企业内部推动创新、推动改革、推动新项目的一些经验和方法。总结企业的变革管理，从"无关群众"到"吃瓜群众"，关键是要改变他们的"认知"，让他们认识到改变与自己相关且有好处，不改变就不会舒服。从"吃瓜群众"到"听话群众"，关键是激发他们"行动"，需要强化他们的参与动机还要树立标杆以点带面。从"听话群众"到"朝阳群众"，关键是转变他们的"态度"，既要让他们主动参与更高层次的工作，又要用实际的激励手段让优者更优，让良币驱逐劣币，让每个人的行为对自己负责，公司对每个人的贡献负责。

第十八章　营　销　计　划

营销计划是承接营销战略的具体战术计划，是对营销执行过程的规划。营销计划同时也是营销各层级之间、业务部门和职能部门之间、营销系统和财务系统之间，甚至是职业经理和投资人之间的书面沟通方式。白酒企业的营销计划通常是按整年度规划，可以分为公司整体营销计划和销售大区营销计划，它们都遵循基本相同的七个步骤：分析资源能力、确定业务路径、制定目标体系、细化营销策略、管团队管开支、平衡进出费用、预算两张财表。

一、分析资源能力、确定业务路径是做好营销计划的前提

营销计划要体现营销战略的意图，在第二章讲过，白酒营销战略的定义是"企业通过整合资源能力，创造顾客价值，满足特定人群的特定需求，进而实现企业社会价值"。制定营销计划的前提是充分了解可以整合的资源能力，并以此为基础确定业务发展的路径。

客观分析现有的、可以用于营销的资源，以及可以获得的、合作伙伴提供的资源，分析这些资源对将要开展业务的作用；分析竞争对手的资源和竞争关键点，根据实际情况选择正面对抗还是避其锋芒。品牌在目标市场的发展阶段、公司的产品竞争力与产品线优劣势、现有业务团队的执行力、现有经销商/分销商的资源能力优劣势、现有渠道发展状况、公司生产供应能力和优劣势等这些都可以进行本品和主要竞品的比对分析。行业发展趋势、品类发展趋势、本地市场竞争状态也是需要分析的内容。通过分析资源找到可行的营销模式，确定有效的品牌策略、产品策略、价格策略、广告策略。

比如丹泉洞藏 30 规划广西南宁市场 2023 年营销计划，现有资源能力包括丹泉品牌知名度高且核心购买理由充分，洞藏 30 在本地高端酱酒占比靠前，现有 30 多家专业团购商开展圈层推广，洞藏 30 相比竞品的社会化终端分销范围太窄，

现有业务团队人力不足等。

产品	经销商	签约终端	2022年高端酱酒占比（除飞天）/%
洞藏30	37家团购商	29家协议分销商	33
××郎	4个团购商+4个渠道商	230家，10~300件坎级	33
××1935	茅台专卖店+万家共享店+i茅台直销	75~100家	13
君品××	1个平台商	100家，陈列/配额	13
金沙摘×	3家渠道商+4家团购商	80家左右	8

业务发展的路径很多，企业只能选择最适合自己的路径和业务发展顺序；区域业务增长的方式也是可选的，但只能在公司既定的营销策略之下，结合本地市场资源和发展状况，选择最合适的业务组合与顺序。2023年丹泉酒南宁市场选择的业务组合：深度分销聚焦洞藏15，以宴席动销形成中档酒大单品；圈层直销围绕洞藏30，以体验馆模式开展圈层私域销售，扩大高端酒市场份额；封坛和柔性定制业务，建立"到酒厂买酒"的体验式差异化营销，形成与全国名酒的营销模式区隔。丹泉在广西其他地级城市，由于品牌和渠道发展程度不同，并不一定适合三条业务线齐头并进，可能是集中资源开展深度分销，通过宴席消费形成品牌流行，再与优秀的圈层直销商合作进入高端酒市场；也可能是有非常优秀的意见领袖参与合作，集中资源从当地高端酒切入市场。总之，确定路径就是要根据资源状况规划理想的经销商、分销商、终端网点结构，规划业务（产品）发展的次序。

二、制定目标体系就是厘清业务路径

营销计划的目标包含财务目标和过程目标。财务目标是营销计划要达到的经营结果，包括销售收入目标、销售利润目标和产品结构优化目标，有的公司不要求销售大区的边际贡献，而是以费效比来管控这个指标。财务目标分解到每个月、每个产品、每个客户，就形成了年度销售预算（计划）。财务目标向销售渠道分解，向具体的销售策略分解，就产生了过程目标；对一些关键管理指标和关键业务过程的要求也是过程目标。过程目标是达成财务目标重要的关键环节，是运营管理和绩效考核的具体指标。过程指标是达成财务目标的"充分必要条件",两者之间的逻辑关系必须非常清晰。过程指标体现了管理者的意志,比如一些对利润影响很大且可以变化的固定费用,如人力成本跟编制和到岗进度有关,基础量小的增长型公司对人力成本尤其敏感。过程指标也是公司引导下级销售部门聚焦和改善工作的指挥棒,如公司对销售大区的毛利率要求,可以促进大区提价和改善产品组合等。对过程指标的明确还可以让决策者随时关注到经营的一些关键过程,让业务单位之间可以有横向比较,可以促使营销负责人从效益角度改善经营。有些关键过程指标虽然是达成财务目标的直接和重要的相关因素,但也可能是业务人员并不愿意重复做的,所以才要强制要求,如铺货率、拜访家数、招商家数等。

举例西北大区 2022 年营销目标(结果考核指标)

销售额目标:西北大区 2022 年销售额目标 2450 万元(2021 年 2430 万元)　　单位:万元

销售区	1月	2月	3月	4月	5月	6月	7月	8月	9月	10月	11月	12月	合计
兰州片区	60	10	40	30	45	30	20	35	40	30	45	15	400
白银片区	40	10	30	15	25	15	20	30	30	15	25	35	290
天水片区	40	3	30	10	20	10	15	27	30	10	35	30	260
陇东片区	50	10	45	20	45	25	20	35	45	20	45	35	400
银川片区	50	5	20	5	10	15	20	20	10	10	10	10	200
新疆片区	50	5	40	20	30	20	30	25	45	20	40	25	350
陕西片区	70	10	40	20	35	20	40	40	40	20	45	40	410
青藏片区	50	2	10	5	10	5	10	8	15	5	10	10	140
合计	410	55	255	130	220	140	170	220	265	130	255	200	2450

核心产品目标:2022 年西北大区核心产品合计销售目标 1345 万元,销售占比 55%　　单位:万元

产品	1月	2月	3月	4月	5月	6月	7月	8月	9月	10月	11月	12月	合计
××	80	5	80	50	50	80	30	60	50	70	50	60	665
××	20	5	30	20	30	20	20	20	30	20	20	25	260
××	30	0	30	20	15	15	30	20	30	20	20	40	270
××	20	0	10	15	15	10	10	20	10	15	15	10	150
合计	150	10	150	105	115	125	75	120	120	130	105	140	1345

销售金额和重点产品分区域考核目标

区域	金额目标/万元	核心产品2022年金额目标/万元 ××	××	××	××	重点产品销售金额/万元	占比/%
兰州片区	400	100	50	60	50	260	65
白银片区	290	30	10	80	0	120	41
天水片区	260	40	40	50	0	130	50
陇东片区	400	150	20	30	30	230	58
银川片区	200	60	30	20	10	120	60
新疆片区	350	60	50	20	0	130	37
陕西片区	410	165	60	10	0	235	57
青藏片区	140	60	0	0	60	120	86
合计	2450	665	260	270	150	1345	55

举例西北大区2022年营销目标（过程考核指标）

（1）优化产品结构，主要在地级市和省会城市分4类进行产品招商，按营销中心统一招商方案新增销售高端和次高端产品的经销商27户（含××酒），其中部分可能重合（××系列与××/××分客户运作，但都可与××酒客户重合）。

（2）兰州、白银、天水、陇东、陕西、银川、新疆各片区培育核心产品全年销售过百万元的百强县市场至少1个。

（3）打造10个重点乡镇，从拜访管理、氛围管理、活动管理三个方面达成专案目标。

（4）全区计划开展宴席强化专案，西北大区计划2022年全年宴席目标为2000场。

三、细化营销策略是自上而下和自下而上的反复碰撞

营销策略的形成是自上而下和自下而上的反复碰撞过程。自上而下是公司要提炼年度营销的关键策略，形成年度营销策略的"营销方针"，下级单位要落实这个方针就需要为每个方针设定目标，制定完成目标的具体"策略"，落实这些策略的具体"行动计划"，以及完成计划的时间、负责人、所需资源等，形成策

略分解细化的路径。下级单位在落实公司方针的基础上，对自己业务范围内，公司方针没有明确或涵盖的关键策略进行策略的细化。公司汇集各下级单位相似的关键策略，形成公司营销方针的补充完善，这称为自下而上。对于策略的细化必须有清晰的逻辑关系，"行动计划"必须是指向"策略"，而"策略"必须是能完整支撑"营销方针"目标的实现，任何多余的动作都可能是资源的分散，任何不足的动作都可能让营销方针难以落地实施。

举例××办事处2022年营销策略

（一）有计划地推进结构化招商。

经营方针	整体目标	关键策略	行动计划/分项目标	完成时间
有计划地推进结构化招商	通过收集600份有效潜在客户资料和至少150个意向经销商洽谈，于2022年上半年完成30个新增经销商的合作	分解招商目标，制定考核激励措施	1. 招商目标和过程管理指标分解到有空白市场开发任务的7个区域 2. 制定招商考核标准与奖励措施（首单10万元奖励2%，20万元以上奖励3%） 3. 将指标、考核与激励向团队充分宣传和培训	1月完成指标与考核激励制定，2月内完成团队培训宣讲与指标确认
		拟定标准化招商方案	1. 制定经销商选择标准、产品组合标准、首单与全年任务要求、市场分级投入标准化方案 2. 开展招商技能、招商方案的讲解和培训	1月完成方案制定，2月组织团队培训宣讲，之后每月月会进行专题培训和沟通
		收集潜在客户资料	区域经理开展市场摸排，按招商数量目标1:20提交潜在经销商通信资料，预计实现招商20家，资料任务400份	按进度提交，2022年5月之前完成规定资料的上报
			电销中心筛选既有资料并新开发系统的客户资料，按招商数量目标1:50提交潜在经销商资料，预计实现招商10家，资料任务500份	2022年2月之前完成规定资料上报
		潜在客户初步接触与筛选	电销中心按进度开展针对600户潜在经销商的标准化电话拜访，筛选出意向经销商不少于150户，添加微信互动经销商不少于300户	按进度要求，2022年1季度之前完成全部任务的80%
		意向客户的深度接触与互动	由招商经理对接电销中心的初步筛选结果，按进度统筹安排时间，以及要求区域经理配合，实施对意向经销商的陌生拜访	按进度要求，主要集中在2022年1季度之前
			电销中心向意向客户邮寄样品酒及企业介绍资料	
			由招商经理负责，区域经理和电销中心配合，组织区域小型招商及品鉴会议，每个区域至少1场	2月1场，3月3场，4月3场
			由招商经理负责，区域经理和电销中心配合，小规模多批次组织意向客户参观工厂及周边景区2~3天旅游，预计2022年不少于100人	按进度规划从2月下旬开始，持续到7月

（二）聚焦重点市场打造超级单品。

经营方针	整体标	关键策略	行动计划/分项目标	完成时间
聚焦重点市场打造超级单品	聚焦17个金银网市场，完成办事处75%以上销售；聚焦5个超级单品，完成办事处50.4%的销售占比。通过市场和产品的双聚焦构建办事处持续增长的基础	聚焦核心市场，加强核心市场管理	1. 聚焦经营17个金银网市场（销售100万元以上），合计完成销售收入2400万元，占总目标地的75% 2. 办事处规划各区域金银网市场签约进度目标，不能按时完成签约的可转到其他区域实施 3. 办事处按此进度规划人员到岗计划 4. 确保所有金银网市场都有清晰的年度营销方案，并得到经销商的认同 5. 所有金银网市场必须先拟定重点市场全年营销方案报批，方可签订金银网市场补充协议 6. 所有金银网市场都必须有专职客户经理，2022年每个区域经理必须兼任辖区内最重要的金银网市场作为自己的驻区市场，并确保每月在驻区市场累计工作不少于10天（含非工作日）；区域经理兼任的市场考核占月度考核收入的30%~50%	每月按进度要求，上半年完成所有金银网市场报批
		聚焦核心单品，推行核心单品考核	办事处5个重点单品××（4万箱）、××（3万箱）、××（6000箱）、××（3万箱）、××全系列（2万箱）合计占销售收入的50.4%，该目标按月分解到每个区域并据此进行考核	11月完成目标分解和宣传
			云贵办市场部针对5个超级单品制定推广手册，包含价格体系、宣传推广物料库、产品卖点与销售话术、金银网市场分渠道覆盖率标准和生动化标准	12月之内完成
			云贵办市场部利用全年2次经销商会议开展超级单品推荐宣讲；同时到各区域组织区域小型推荐宣讲会，每个区域全年至少2次小型推荐会，2022年3月之前各区域至少1次，9月之前各区域开展第2次	小型推荐会1季度、3季度完成，大型会随经销商会议进行
			营销中心制定核心单品增量奖励方案（××2%，××/××3%，××5%）和未达标的考核管理办法，办事处充分宣传和落实，并据此制定每个人每月重点单品考核指标，重点单品达标和销售收入达标均实施季度累计未达标末位淘汰制	奖励方案11月报批，12月宣讲，每季度兑现
		推行金银网市场经销商进销存管理	制定金银网市场核心单品周进销存管理制度，落实定期数据收集和分析	11月制订计划，12月试运行，1月全面开始

（三）取消随货政策，加强办事处价格体系管理。

经营方针	整体目标	关键策略	行动计划/分项目标	完成时间
取消随货政策加强价格体系管理	重点产品统一各销售环节价格，其他产品规定经销商最低出货价，批发市场限定产品销售	取消所有随货搭赠	从2022年2月开始取消所有产品随货搭赠，特殊客户与特定产品的随货政策2022年改为季度返利、半年返利、年度返利的方式后执行	2022年2月开始执行
		制定重点产品各环节标准价格体系	营销中心制定重点产品各环节标准价格体系，办事处采用标准价格上浮报备制度（上浮比例不超过20%），办事处辖区内重点产品价格必须各环节一致	12月完成价格制定和报备，完成向经销商的价格宣导，春节销售严格按照价格执行
		制定其他销售产品的经销商最低出货价格	营销中心制定其他产品的经销商最低出货票价格，并向全员及经销商宣导	12月完成价格制定和宣导
		各批发市场采取限定产品的特许经营方式	由市场部和督导部共同组织，区域经理配合，制定2022年办事处特许进入大型专业批发市场销售的产品明细，以及办事处需要重点监控的主要批发市场明细	12月完成制定和宣导
		开展专项价格和批发市场窜货检查	督导部开展专项重点产品经销商执行价格检查和定期专业批发市场检查（自政策宣传之后日期的非批发市场允许销售的产品均视为窜货处理）	价格检查从12月开始，批发市场巡查从2022年3月开始

（四）加强重点市场专项投资管理。

经营方针	整体目标	关键策略	行动计划/分项目标	完成时间
加强重点市场专项投资管理	通过向重点市场的关键项目聚焦资源，引导经销商和销售团队加强市场基础工作的落地执行	加强市场一线业务员投入和管理	人员投入应作为市场投资的第一优先选择，预计2022年云贵办终端业务员不少于50名。办事处制订一线终端业务员到岗计划，按照人均销售额不少于40万元规划人力，费用首先来自市场可控投入，人员按照重点市场开发进度陆续到岗	按市场进度配置人力
			制定一线业务人员绩效管理办法，加强对所有一线业务员的行程管理、业绩考核、定期培训	12月完成一线业务员管理办法制定与宣传
		加强黄金网点投资管理	办事处运行2021年春节期间黄金网点投资方案，根据春节黄金网点合作情况规划2022年黄金网点计划	2022年2月之前完成春节黄金网点计划的总结分析
			制定2022年全年黄金网点投资方案，重点解决网点寻找、协议签订、单品突破、销量统计、一店一策、销售奖励。2022年黄金网点专项投入全部集中在金银网市场，预计办事处2022年开发黄金网点不少于600家，经销商实现销售多于1000万元，公司销售多于500万元。办事处制定和分解开发目标到月份和区域	2022年3月开始签订全年黄金网点，8月前完成80%

续表

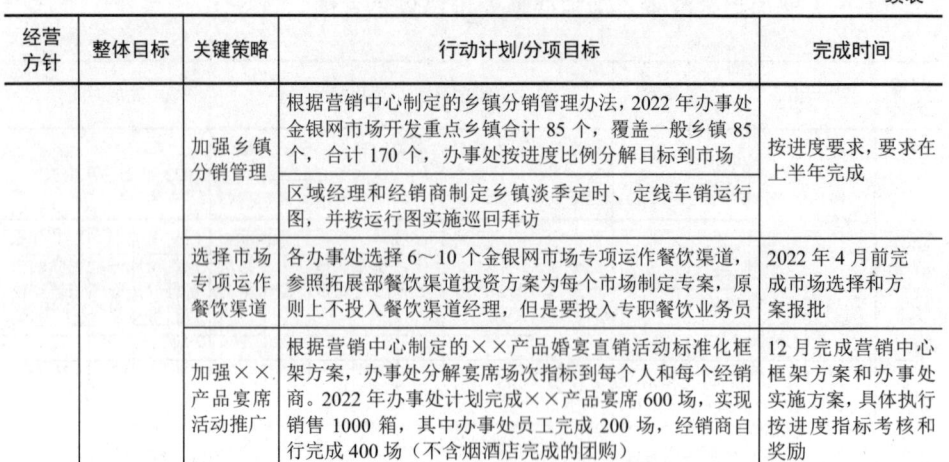

经营方针	整体目标	关键策略	行动计划/分项目标	完成时间
		加强乡镇分销管理	根据营销中心制定的乡镇分销管理办法，2022年办事处金银网市场开发重点乡镇合计85个，覆盖一般乡镇85个，合计170个，办事处按进度比例分解目标到市场	按进度要求，要求在上半年完成
			区域经理和经销商制定乡镇淡季定时、定线车销运行图，并按运行图实施巡回拜访	
		选择市场专项运作餐饮渠道	各办事处选择6~10个金银网市场专项运作餐饮渠道，参照拓展部餐饮渠道投资方案为每个市场制定专案，原则上不投入餐饮渠道经理，但是要投入专职餐饮业务员	2022年4月前完成市场选择和方案报批
		加强××产品宴席活动推广	根据营销中心制定的××产品婚宴直销活动标准化框架方案，办事处分解宴席场次指标到每个人和每个经销商。2022年办事处计划完成××产品宴席600场，实现销售1000箱，其中办事员工完成200场，经销商自行完成400场（不含烟酒店完成的团购）	12月完成营销中心框架方案和办事处实施方案，具体执行按进度指标考核和奖励

四、固定费用影响财务"保本点"

管理团队管开支包括组织架构、人力编制、到岗计划、固定费用预算，还包括希望让团队遵循的一些重要标准和要求，以及一些管理上需要改进的重大举措、企业文化建设上的一些要求。这部分需要落实公司的开源节流思想，需要对管理费用进行预算。管理费用中那些不管销售怎样都会支出的费用构成了公司的经营风险和盈亏保本点，对新创公司而言人力是非常敏感的固定成本。

举例西南办事处2022年人力编制和管理费用

（一）2022年人力到岗进度。

2022年人力编制

区域	辖区范围	岗位	编制人数	1月	2月	3月	4月	5月	6月	7月	8月	9月	10月	11月	12月	全年在岗人数
直营市场部	直营	区域经理	1	1	1	1	1	1	1	1	1	1	1	1	1	12
	直营商超	客户经理	1		1		1	1	1	1	1	1	1	1	1	11
		终端业代	1			1	2	2	2	2	2	2	2	2	2	19
	直营批发	客户经理	1	1	1	1	1	1	1	1	1	1	1	1	1	12
	婚宴团购	区域经理（兼）														

224

续表

区域	辖区范围	岗位	编制人数	到岗计划月份												全年在岗人数
				1月	2月	3月	4月	5月	6月	7月	8月	9月	10月	11月	12月	
昆明滇南市场部	昆明滇南	区域经理	1	1	1	1	1	1	1	1	1	1	1	1	1	12
	滇南	客户经理	1	1	1	1	1	1	1	1	1	1	1	1	1	12
	西山区	客户经理	1		1	1	1	1	1	1	1	1	1	1	1	12
	西山区	终端业代	2			2	2	2	2	2	2	2	2	2	2	22
	官渡区	客户经理	1			1	1	1	1	1	1	1	1	1	1	10
	官渡区	终端业代	2			2	2	2	2	2	2	2	2	2	2	20
	昆明郊县	区域经理（兼）														0
滇西市场部	滇西	区域经理	1	1	1	1	1	1	1	1	1	1	1	1	1	12
	楚大	客户经理	1	1	1	1	1	1	1	1	1	1	1	1	1	12
	楚雄市	终端业代	4	2	4	4	4	4	4	4	4	4	4	4	4	46
	保山市	客户经理	1				1	1	1	1	1	1	1	1	1	9
	保山市	终端业代	2				2	2	2	2	2	2	2	2	2	18
	临德	客户经理	1					1	1	1	1	1	1	1	1	8
	临沧市	终端业代	2						2	2	2	2	2	2	2	16
丽攀市场部	丽攀	区域经理	1	1	1	1	1	1	1	1	1	1	1	1	1	12
	丽香怒	客户经理	1			1	1	1	1	1	1	1	1	1	1	10
	丽江市	终端业代	2			2	2	2	2	2	2	2	2	2	2	20
	攀枝花市	客户经理	1			1	1	1	1	1	1	1	1	1	1	10
曲靖市场部	曲靖市	区域经理	1	1	1	1	1	1	1	1	1	1	1	1	1	12
	曲靖市	客户经理	1	1	1	1	1	1	1	1	1	1	1	1	1	12
	曲靖市	终端业代	4	2	4	4	4	4	4	4	4	4	4	4	4	46
	宣威市	客户经理	1	1	1	1	1	1	1	1	1	1	1	1	1	12
	宣威市	终端业代	3	2	4	4	4	4	4	4	4	4	4	4	4	46
	会泽县	客户经理	1	1	1	1	1	1	1	1	1	1	1	1	1	12
	会泽县	终端业代	4	1	2	4	4	4	4	4	4	4	4	4	4	43
	曲靖外埠	区域经理（兼）														0
		终端业代							4	4	4	4	4	4	4	32
	贵州外埠	区域经理（兼）														0
		终端业代	2				2	2	2	2	2	2	2	2	2	20
	盐津县	客户经理	1					1	1	1	1	1	1	1	1	9
		终端业代	2					2	2	2	2	2	2	2	2	18

注：丽香努为丽江、香格里拉、怒江的缩写。

续表

区域	辖区范围	岗位	编制人数	\multicolumn{12}{c	}{到岗计划月份}	全年在岗人数
				1月	2月	3月	4月	5月	6月	7月	8月	9月	10月	11月	12月	
合计		区域经理	7	6	7	7	7	7	7	7	7	7	7	7	7	83
		客户经理	21	10	12	16	19	21	21	21	21	21	21	21	21	225
		终端业代	49	18	31	40	49	55	55	55	55	55	55	55	55	578

（二）2022年管理费用预算，预计609万元。

项目	2021年实际/元	2022年预估/元	2022年预算/元	项目说明
一、固定费用项目	1196680	1450036	2987160	无
1. 办公费	320293	264870	313560	含房租、水电、物管、办公耗材、办公设备购置等
办事处办公室租赁费	68753	53000	45600	房租
办事处仓库租赁费	193665	163370	158400	与××及××公司共同分摊
驻地人员住宿租赁费	48600	37500	67800	昆明库库管1人（人均850元），滇西2人、昆明滇南1人、曲靖1人、贵州2人（人均800元）
办公设备购置	0	3000	30000	更换会议桌椅全套15000元，办公桌4张*600=2400（元），文件柜2个*800=1600（元），样品柜2个*2000=4000（元），投影仪1*3000=3000（元），简单装修4000元
其他日常办公费用	9276	8000	11760	月均：水电200元，座机+宽带300元，物管180元，办公耗材300元
2. 业务招待费	49139	35000	72000	无
3. 通信费	19015	26600	40600	无
移动通信费	15400	23100	36400	办事处主任1名月均300元，区域经理7名月均200元，客户经理21名月均100元，按照到岗进度分月计算
邮政快递费	3615	3500	4200	含与总部邮寄和与客户样品邮寄等，月均350元
4. 差旅费	252639	330000	633000	办事处主任月均4000元，区域经理7名（人均3500元），客户经理8名（人均2500元），另外13名客户经理常驻金银网市场（人均500元）
5. 车辆补贴	79800	150000	301200	办事处主任月均5200元，区域经理7名（人均1700元），客户经理8名（人均1000元）
6. 会务费	68963	90000	84000	含四次季度培训会议（经销商参与三季度会议及四季度会议）住宿、餐饮、会场租赁、会议布置等
7. 人员工资	406831	553566	1542800	含区域经理7名（人均基本薪资4500+2016平均月度提成2500元），客户经理21名（人均基本薪资3500+2016平均月度提成1200元），办公室主任1名（人均3000元+2500元）

续表

项目	2021年实际	2022年预估	2022年预算	项目说明
二、变动费用项目	2808154	2500275	3276000	无
8. 运杂费	1242863	1060000	1449000	含一次运费、二次运费、装卸费，按照2021年比例为4.6%
9. 营业税费	1565291	1440275	1827000	按照2021年比例为5.8%
合计	4004834	3950311	6263160	无

五、平衡营销费用的"进""出"两本账

营销计划有个重要的概念就是费用平衡，所有的变动费用都是因销售产生的，同样所有的费用都需要通过销售计提，就像是一个水池，销售不断往里蓄水，支出不断往外放水，公司的现金流和风险就在这一进一出中间平衡。公司需要给业务单元建一个一个的小水池，可能会前置蓄水，也可能涉及水干了，小水池按什么规则向大池子借水先用。这里还有一个重要的点就是为重要的项目匹配好资源。

举例××办事处2022年销售费用计划

（一）××办事处2022年产品可控投资力度。

2022年办事处产品按形态和开票价格分为6个档次，其中对重点产品的可控投资力度大于同档次的其他产品，有助于引导销售团队聚焦超级单品打造。随着重点产品在当地市场逐步上量，办事处再通过逐步减小投资力度来获得利润和稳定价格。市场投资采取分级授权，区域经理可控部分根据客户的销售预算和市场投入重点来规划，允许区域经理在自己辖区内自行调节聚焦市场集。

市场投资比例是公司内部核算的依据，不是告知客户的随货搭赠，所有投资均采取客户垫资后核销的方式。财务部根据销售计划审核该客户或区域的费用申请是否来源充足，同时在核销时审核办事处或区域已经产生的费用余额是否充足，以确保区域和办事处的财务投资安全。

2022年可控投资力度

产品档次	产品系列	子系列	最低开票价/元	可控投资比例% 办事处	区域	合计	说明
光瓶	××		7.00	20	20	40	开票价格10元/瓶以下的，不带外盒的光瓶酒
	128ml 小××		7.00	20	20	40	
	光瓶××		6.00	15	15	30	
	其他光瓶产品			10	10	20	
低档盒装酒	××	全部××	13.00	10	15	25	开票价格17.9元/盒以下的，带有外盒的盒装酒
	红×	全部红×	14.00	10	15	25	
	××	全部××	16.50	10	15	25	
	××××		17.00	20	20	40	
	其他低档盒装酒			10	10	20	
普档酒	××××		20.00	20	20	40	开票价格18~29.9元/盒之间的产品
	××		27.00	20	20	40	
	其他普档盒装酒			10	15	25	
中档酒	××××	××××	48.00	20	20	40	开票价格30~59.9元/盒之间的产品（含所有×）
	×系列	红×	58.00	20	20	40	
	其他中档酒			15	15	30	
高档酒	××系列	×××	88.00	30	30	60	开票价格60元/盒以上的产品（不含××）
		其他××系列	—	30	20	50	
	其他高档酒			20	20	40	
礼盒酒	开票价≤50元/盒			20	无	20	所有礼盒类产品
	50元/盒<开票价≤80元/盒			25	无	25	
	80元/盒<开票价			30	无	30	

（二）××办事处2022年可控投资费用预算。

办事处重点基金来源：该费用是按照办事处预算销量和办事处可控投资比例计算出来的，由办事处总监支配的，专项用于金银网市场的费用，此费用名称定为"办事处重点基金"。

2022年可控投资费用预算

产品档次	产品系列	子系列	最低开票价/元	可控投资比例/% 办事处	区域	合计	年度销量/箱	销售总金额/元	办事处可控金额/元
光瓶	××		7	30	10	40	40000	3360000	1008000
	128ml 小××		6	30	10	40	2000	144000	43200
	光瓶××		7	20	10	30	1000	84000	16800
	其他光瓶产品			10	10	20	5000	330000	33000

续表

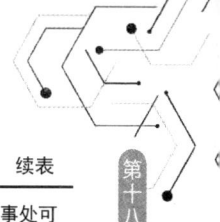

产品档次	产品系列	子系列	最低开票价/元	可控投资比例/% 办事处	可控投资比例/% 区域	可控投资比例/% 合计	年度销量/箱	销售总金额/元	办事处可控金额/元
低档盒装酒	××	全部××	13	15	10	25	90000	6400000	1080000
	红×	全部红×	14	15	10	25	50000	4550000	682500
	××	全部××	16.5	15	10	25	5000	500000	75000
	××××		14.5	20	0	20	30000	2610000	522000
	其他低档盒装酒			10	10	20	—		
普档酒	××××		19	30	0	30	30000	3420000	1026000
	××		28	15	10	25	20000	3560000	534000
	其他普档盒装酒			15	10	25			
中档酒	××××	××××	40	30	10	40	600	144000	43200
	×系列	红×	58	20	20	40			
	其他中档酒			15	15	30	—	400000	60000
高档酒	××系列	×××	88	30	10	40	6000	3168000	950400
		其他××系列	—	30	20	50			
	其他高档酒			20	20	40		428000	85600
礼盒酒	开票价≤50元/盒			20	—	20	12000	1776000	355200
	50元/盒<开票价≤80元/盒			25		25			
	80元/盒<开票价			30		30			
其他产品				15	10	25	—	656000	98400
合计							291600	32000000	6563800

（三）办事处重点基金支出：办事处重点基金支出分两个部分：一是重点市场专项投资，二是办事处其他重要项目投资。

（1）办事处 2022 年重点市场专项投资，预计 424 万元。

2022 办事处重点基金支出

区域	市场名称	市场类型	年度合同任务	一线业务 人数	一线业务 费用/万元	黄金网点投资 点数	黄金网点投资 签约金额/万元	黄金网点投资 费用/万元	餐饮费用/万元	宴席投资 场次	宴席投资 费用/万元	费用合计/万元
昆明滇南	西山区	银网市场	150	3	5.4	40	20	14	1	30	2.38	45.55
	官渡区	银网市场	120	3	5.4	40	20	14	1	30	2.38	
滇西	楚雄市	金网市场	200	4	9.6	40	20	14	2	40	3.17	70.72
	保山市	银网市场	100	2	3.6	40	20	14	1	30	2.38	
	临沧市	银网市场	100	2	3.6	40	20	14	1	30	2.38	

续表

区域	市场名称	市场类型	年度合同任务	一线业务 人数	一线业务 费用/万元	黄金网点投资 点数	黄金网点投资 签约金额/万元	黄金网点投资 费用/万元	餐饮费用/万元	宴席投资 场次	宴席投资 费用/万元	费用合计/万元
丽攀市	丽江市	银网市场	100	2	4.2	40	20	14	1	30	2.38	21.58
曲靖	曲靖市	金网市场	211	4	9.6	40	40	14	2	40	3.17	86.30
曲靖	宣威市	金网市场	277	4	9.6	40	40	14	2	40	3.17	86.30
曲靖	会泽县	金网市场	219	4	9.6	40	40	14	2	40	3.17	86.30
贵州	威宁县	金网市场	260	4	9.6	40	20	14	2	40	3.17	100.70
贵州	安顺市	银网市场	100	3	5.4	40	20	14	1	30	2.38	100.70
贵州	兴义市	银网市场	150	4	7.2	40	20	14	1	30	2.38	100.70
贵州	六盘水	银网市场	150	4	7.2	40	20	14	1	30	2.38	100.70
昭通	昭通市	金网市场	350	4	9.6	40	48	14	2	40	3.17	99.49
昭通	鲁甸县	金网市场	200	4	9.6	40	48	14	2	40	3.17	99.49
昭通	盐津县	银网市场	100	2	3.6	40	48	14	1	30	2.38	99.49
昭通	巧家县	银网市场	100	2	3.6	40	48	14	1	30	2.38	99.49
合计			2888	55	116	680	116	238	24	580	46	424

（2）办事处2022年其他重要项目投资，预计157.7万元。

2022年办事处其他重要项目投资

	首单标准	奖励标准/%	计划招商数量	计划奖励金额/万元	
招商奖励	首单5万元	1	20	1.0	—
招商奖励	首单10万元	2	8	1.6	—
招商奖励	首单20万元以上	3	2	1.2	—
招商奖励	合计		30	3.8	—
	产品	2021年销售额/万元	2022年销售额/万元	增量奖励标准/%	奖励金额/万元
核心单品增量奖励	××光瓶	21	336	2	6.3
核心单品增量奖励	××××	139	261	3	3.7
核心单品增量奖励	××××	34	342	3	9.2
核心单品增量奖励	××	231	356	3	3.7
核心单品增量奖励	×××	26	317	5	14.5
核心单品增量奖励	合计	452	1612		37.4

续表

项目说明		投资金额/万元
其他项目	1. 送×下乡活动	68
	2. 中秋、春节核心客户联谊会	17
	3. 中秋动员会	3
	4. 春节动员会	3
	5. 经销商业务骨干及金银网终端业代集训 4 次，预计总参会 200 人次	12
	6. 区域小型招商品鉴会，预计 7 场，邀约 200 人次	3.5
	7. 通用型广告物料	10
		116.5
总计		157.7

（3）办事处 2022 年市场费用平衡表，办事处可控市场费用余额为 74.3 万元。

2022 年办事处市场费用平衡

费用来源/万元		656.38
费用去向/万元	重点市场专项投资	424.336
	办事处其他专项投资	157.746
	小计	582.082
费用平衡/万元		74.30

六、预算两张财表

主要用到两张财务报表，对管理者而言，利润表的记账原则是采用权责发生制，必须要求业务人员通过计提做好计划，比如上月工资是下月 15 日发，奖金是年底发，都要计提到上月的利润报表中，这样管理者能直观地掌握经营状况。当然，权责发生制与实际计算考核无关，比如当有赊销的情况时，要求提成或销售是以回款计算而不是出货。现金流量表必须是按照收付实现制记账，就是实际收支才做进去账，两张报表不一致的地方通过备注说明清楚。最后一点是预算的科目和会计科目的一致性说明，这个工作必须是管理者与财务沟通清楚，哪些费用进入哪个科目既符合外账标准，也能够符合经营管理的需要，通常经营者所需要的财务分析的粗细程度跟严格的外账财务报表是不同的，公司财务必须学会了解管理者的要求，合规地、及时地提供财务分析报告。

（一）办事处 2022 年利润 15.4 万元。

2022 年办事处利润预算

项目		合计	1月	2月	3月	4月	5月	6月	7月	8月	9月	10月	11月	12月
销售收入/万元		3200	530	200	115	145	180	105	265	265	420	85	280	610
销售成本/万元		1728	286	108	62	78	97	57	143	143	227	46	151	329
销售毛利/万元		1472	244	92	53	67	83	48	122	122	193	39	129	281
管理费用/万元	固定费用 办公费	31.4	2.4	2.4	5.4	2.4	2.4	2.4	2.4	2.4	2.4	2.4	2.4	2.4
	招待费	7.2	0.6	0.6	0.6	0.6	0.6	0.6	0.6	0.6	0.6	0.6	0.6	0.6
	通信费	4.1	0.2	0.2	0.4	0.3	0.3	0.3	0.4	0.4	0.4	0.4	0.4	0.4
	差旅费	63.3	4.9	4.9	4.9	5.0	5.3	5.5	5.5	5.5	5.5	5.5	5.5	5.5
	车辆补贴	30.1	2.5	2.5	2.5	2.5	2.5	2.5	2.5	2.5	2.5	2.5	2.5	2.5
	会务费	8.4	0.0	0.0	0.0	0.0	0.0	1.4	0.0	0.0	2.8	0.0	0.0	2.8
	人员工资	154.3	5.5	7.1	8.8	11.8	13.9	15.3	15.3	15.3	15.3	15.3	15.3	15.3
	变动 运杂费	144.9	10.1	6.0	5.1	6.4	8.7	9.4	12.0	17.9	19.3	6.0	20.2	23.7
	营业税	182.7	12.8	7.5	6.4	8.1	11.0	11.9	15.1	22.6	24.4	7.5	25.5	29.9
	小计	626.3	38.8	31.1	35.2	37.1	44.7	49.4	53.7	67.3	73.2	40.2	72.5	83.1
市场费用/万元	区域可控投资	248.2	41.1	15.5	8.9	11.2	14.0	8.1	20.6	20.6	32.6	6.6	21.7	47.3
	大区可控 重点市场专项	424.3	70.3	26.5	15.2	19.2	23.9	13.9	35.1	35.1	55.7	11.3	37.1	80.9
	办事处其他项	157.7	26.1	9.9	5.7	7.1	8.9	5.2	13.1	13.1	20.7	4.2	13.8	30.1
	小计	830.3	137.5	51.9	29.8	37.6	46.7	27.2	68.8	68.8	109.0	22.1	72.6	158.3
利润/万元		15.4	67.4	9.0	-12.1	-8.0	-8.6	-28.3	-0.6	-14.1	11.0	-23.2	-16.3	39.3

（二）某商贸公司 2022 年实际现金流量表。

2022 年某商贸公司实际现金流量

项目	期初余额	1月	2月	3月	4月	5月	6月	7月	8月	9月	10月	11月	12月
主营业务收入		125100	10260	6720	71160	36820	155571	274212	133200	688620	90454	160800	39460
营业外收入					620		33			15		550512	131
经营活动现金流入小计		125100	10260	7340	71160	36820	155604	274212	133200	688635	90454	711312	39591
主营业务采购现金支出		90700			165600		279000	206400	73600	14280	0	29335	

续表

项目		期初余额	1月	2月	3月	4月	5月	6月	7月	8月	9月	10月	11月	12月
经营活动产生的现金流量/元	销售费用现金支出	兼职招商奖励		0			0	0		0			0		0
		广宣物料					880	0	20000	0	0	0	0		294
		招待费			0		0					160		0	
		小计		0	0	0	880	0	20000	0	0	160	0	0	294
	管理费用支出	工资		10269	11881	10295	3575	14452	16177	16959	22390	15827	16315	22315	15534
		社保		4323	0	3611	1763	1763	1763	2248	2248	2810	2810	2810	2810
		差旅		0	0	0	0	0	0	222	0	806	0	0	0
		办公费		193	287	169	1602	5580	631	369	1505	1383	344	603	928
		工作餐费		500	500	1500	1000	1500	1500	2000	1606	1228	1000	1414	1500
		车辆费用		0	0	0	0	0	0	0	7500	0	0	11390	0
		快递费		33	0	0	319	86	62	46	72	143	21	21	512
		装修费					13260								62236
		小计		15318	12668	15575	8258	23581	20133	21844	35322	22197	20490	38553	21284
	物流费用现金支出	仓储费		14190	0	0	8190	0	0	10665	1250	1250	8934	2500	1250
		物流费		8261	0	0	420	149	258	1507	323	6427	370	0	858
		小计		22451	0	0	8610	149	258	12172	1573	7677	9304	2500	2108
	财务费用现金支出	营业税及附加		13635	0	0	0	11165	0	472	0	0	0	0	0
		其他财务费用		0	0	0	0	0	0	280	0	0	0	0	50
		小计		13635	0	0	0	11165	0	752	0	0	0	0	50
	经营活动现金流出小计			142104	12668	15575	183348	34695	319391	241168	110494	44314	29794	70388	23736
	经营活动产生的现金流量净额			-17004	-2408	-8236	-112188	2125	-163787	33044	22706	644321	60660	640924	15855
投资活动产生的现金流量/元	收回投资收到的现金														
	取得投资收益收到的现金														
	股权转让溢价收益														
	投资活动现金流入小计			0	0	0	0	0	0	0	0	0	0	0	0
	投资现金支出														
	支付其他与投资活动有关的现金														

续表

项目		期初余额	1月	2月	3月	4月	5月	6月	7月	8月	9月	10月	11月	12月
筹资活动产生的现金流量/元	投资活动现金流出小计		0	0	0	0	0	0	0	0	0	0	0	0
	投资活动产生的现金流量净额		0	0	0	0	0	0	0	0	0	0	0	0
	吸收投资收到的现金 股东投资（×××）													
	吸收投资收到的现金 股东投资（×××）													
	小计	0.0	0	0	0	0	0	0	0	0	0	0	0	0
	取得借款收到的现金						50000	74000	36000					
	筹资活动现金流入小计	0.0	0	0	0	0	50000	74000	36000	0	0	0	0	0
	偿还债务支付的现金									30000				
	分配股利、利润或偿付利息支付的现金													
	支付的其他与筹资活动有关的现金													
	筹资活动现金流出小计	0	0	0	0	0	0	0	0	30000	0	0	0	0
	筹资活动产生的现金流量净额	0.0	0	0	0	0	50000	74000	36000	-30000	0	0	0	0
现金及现金等价物净增加额		0.0	-17004	-2408	-8236	-112188	52125	-89787	69044	-7294	644321	60660	640924	15855
期初现金及现金等价物余额			0	-17004	-19412	-27648	-139836	-87711	-177498	-108454	-115748	528574	589234	1230158
期末现金及现金等价物余额		-16926	-17004	-19412	-27648	-139836	-87711	-177498	-108454	-115748	528574	589234	1230158	1246013

营销计划既要充分发挥一线的主观能动性、调动操盘手的热情，也要适度地给予约束，公司要制定基本的产品策略和基础且重要的营销策略及管理要求，然后充分发挥各级负责人和一线业务的经验进行策略的延展，真正做到"让听得见枪炮声的人指挥战斗"。

价值营销的主要观点

- 营销计划是承接营销战略的具体战术计划，是对营销执行过程的规划。营销计划同时也是营销各层级之间、业务部门和职能部门之间、营销系统和财务系统之间，甚至是职业经理和投资人之间的书面沟通方式。
- 白酒企业的营销计划通常是按年度规划，可以分为公司整体营销计划和销售大区营销计划，它们都遵循基本相同的七个步骤：分析资源能力、确定业务路径、制定目标体系、细化营销策略、管团队管开支、平衡进出费用、预算两张财表。

参 考 文 献

[1] 魏炜，李飞，朱武祥. 商业模式学原理[M]. 北京：北京大学出版社，2020.

[2] 冯卫东. 升级定位[M]. 北京：机械工业出版社，2020.

[3] 东东枪. 文案的基本修养[M]. 北京：中信出版社，2019.

[4] 华杉，华楠. 超级符号就是超级创意：席卷中国市场 17 年的华与华战略营销创意方法[M]. 3 版. 南京：江苏凤凰文艺出版社，2019.

[5] 华杉，华楠. 华与华方法[M]. 上海：文汇出版社，2020.

[6] 华杉，华楠. 超级符号原理[M]. 上海：文汇出版社，2019.

[7] 叶茂中. 冲突[M]. 2 版. 北京：机械工业出版社，2019.

[8] 吴英劼，刘丹. 增长起跑线：数字营销实战指南[M]. 北京：电子工业出版社，2020.

[9] 王赛. 增长结构：不确定时代企业的增长底牌[M]. 北京：中信出版社，2021.

[10] 贺学友. 销售铁军[M]. 北京：中信出版社，2019.

[11] 迈克尔·波特. 竞争战略[M]. 陈小悦，译. 北京：华夏出版社，2004.

[12] 魏庆. 终端销售葵花宝典[M]. 2 版. 北京：北京大学出版社，2018.

[13] 菲利普·科特勒，凯文·莱恩·凯勒. 营销管理[M]. 何佳讯，于洪彦，徐岚，等译. 15 版. 上海：格致出版社，2016.

[14] 张磊. 价值[M]. 杭州：浙江教育出版社，2020.